부당하게 권리와 이익을 침해 받은 경우

행정심판청구
쉽게 해결 합시다

편저 : 김용환

법문 북스

부당하게 권리와 이익을 침해 받은 경우

행정심판청구
쉽게 해결 합시다

편저 : 김 용 환

법문북스

머리말

1951년 소원법(訴願法)이 제정된 이후 우리나라 행정제도가 사회와 경제의 발전에 따라 급변하게 되었으며, 아울러 국민에 대한 행정수요가 양적·질적으로 급속히 팽창되고 이에 따른 규제와 통제가 증가하면서 위법·부당한 행정처분에 대한 쟁송사건이 날로 급증하고 있었으나 그 쟁송절차가 미비하여 국민의 권리를 구제하는 장치는 상당히 미흡한 실정이었습니다.

이와 같은 행정수요의 팽창과 국민의 권익보호의 필요에 부응하고, 나아가 행정심판절차에 사법절차가 준용되어야 한다는 헌법 정신을 반영하여 국민의 권익을 최대한 보호함과 아울러 행정목적 실현에도 지장이 없도록 조화를 이루기 위하여 행정심판법이 탄생하게 되었습니다.

행정심판은 행정심판위원회를 통해 국민의 권리 또는 이익의 침해를 구제하기 위한 심판절차입니다. 행정심판은 행정청의 위법 또는 부당한 처분이나 부작위에 대해 법률상 이익이 있는 사람이 청구할 수 있습니다.

이 책에서는 행정심판과 관련된 법령정보를 종합적으로 제공하고, 나아가 자주 청구되는 행정심판의 유형을 문답식으로 해설하고 관련판례 및 서식을 함께 제시하였으며, 주요 유형별 행정심판청구서 작성례 및 항목별 작성방법을 비롯하여 행정심판재결례도 함께 수록하여 행정심판의 청구 및 구제절차를 누구나 쉽게 이해하는데 도움을 주고자 하였습니다.

이러한 자료들은 법제처의 생활법령, 대법원의 최신 판결례, 중앙행정심판위원회의 행정심판재결례와 대한법률구조공단의 상담사례 및 서식 등을 참고하였으며, 이를 종합적으로 정리·분석하여 일목요연하게 편집하였습니다. 여기에 수록된 상담사례 및 서식들은 개인의 법률문제 해결에 도움을 주고자 게재하였으며, 개개의 문제에서 발생하는 구체적 사안은 동일하지는 않을 수 있으므로 참고자료로 활용하시기 바랍니다.

이 책이 부당하고 억울하게 행정기관으로부터 권리를 침해받고 구제를 청구하려는 분들과 이들에게 조언을 하고자 하는 실무자에게 큰 도움이 되리라 믿으며, 열악한 출판시장임에도 불구하고 흔쾌히 출간에 응해 주신 법문북스 김현호 대표에게 감사를 드립니다.

2019. 5.
편저자 드림

목 차

제1장 행정심판이란 무엇입니까?
제1절 행정심판의 의의 및 기능

제2절 행정심판에는 어떤 종류가 있나요?

제3절 행정심판은 어떤 기관에서 처리하나요?

제2장 행정심판의 청구요건은 어떻게 되나요?
제1절 행정심판의 대상

제2절 행정심판의 당사자

제3절 행정심판의 청구기간

제3장 행정심판은 어떤 절차로 진행하나요?

제4장 행정심판에는 어떤 유형이 있나요?
제1절 운전면허 관련 행정심판

제2절 식품·위생 관련 행정심판

제3절 정보공개 관련 행정심판

제4절 국가유공자 관련 행정심판

부록

행정심판이란 무엇입니까?

제1장 행정심판이란 무엇입니까?

제1절 행정심판의 의의 및 기능

1. 행정심판의 의의

① 행정심판이란 행정청으로부터 면허·허가·인가 등이 부당하게 취소되거나 영업정지처분을 받은 경우 또는 행정청에 면허·허가·인가 등을 신청하였으나 행정청이 부당하게 거부한 경우 기타 행정청으로부터 잘못되고 억울한 처분을 받은 경우에 행정심판을 청구함으로써 행정기관이 스스로 해결하여 바로잡는 절차를 말합니다.

② 대한민국헌법은 재판의 전심절차로서 행정심판을 할 수 있고 그 절차는 법률로 정하되, 사법절차가 준용되어야 한다고 규정해 행정심판이 행정상 분쟁에 관해 재판에 준하는 성질을 가지고 있다는 것을 강조하고 있습니다.

2. 행정심판의 기능

① 자율적 행정통제

행정심판은 행정기관에 의한 행정활동의 자율적 통제기회를 보장하는데 그 취지가 있습니다. 행정관청으로 하여금 그 행정처분을 다시 검토하게 하여 시정할 수 있는 기회를 줌으로써 행정권의 자주성을 존중합니다(대법원 1988. 2. 23. 선고 87누704 판결).

② 사법기능의 보충

행정심판은 행정상의 분쟁을 행정기관이 상대적으로 간이한 절차에 따라 심리·판정하게 함으로써, 행정에 관한 전문지식을 활용하고, 사법절차에 따르는 시간·경비의 낭비를 피하며, 소송경제를 실현해 사법기능을 보충하는 역할을 합니다.

③ 법원과 청구인의 부담경감

행정심판제도가 객관적이고 공정하게 운영되는 경우, 행정상 분쟁의 1차적 여과기능을 수행해 법원의 부담을 경감시키고, 국민에게도 불필요한 시간의 낭비 또는 경비의 지출을 방지해 줄 수 있습니다.

3. 행정심판의 특수성

① 현행법상 우리나라의 행정쟁송은 행정청이 판단의 주체가 되는 행정심판과 법원이 판단의 주체가 되는 행정소송으로 구별할 수 있습니다.

② 행정심판과 행정소송의 관계에서, 구 행정소송법은 행정소송을 제기하기에 앞서 반드시 행정심판을 거쳐야 하는 행정심판전치주의를 규정하고 있었으나, 현행 행정소송법은 행정심판을 청구할 수 있는 경우에도 이를 거치지 않고 행정소송을 제기할 수 있는 행정심판임의주의를 채택하고 있습니다(행정소송법 제18조제1항).

4. 행정심판전치주의

① 행정심판임의주의에 대한 예외가 인정되고 있습니다. 즉, 다른 법률에 해당 처분에 대한 행정심판의 재결을 거치지 않으면 취소소송을 제기할 수 없다는 규정이 있는 때에는 행정심판을 거쳐 행정소송을 제기해야 합니다(행정소송법 제18조제1항 단서).

② 다른 법률이 행정심판전치주의를 채택하고 있는 예

- 공무원에 대한 징계 기타 불이익처분(국가공무원법 제16조, 교육공무원법 제53조, 지방공무원법 제20조의2).
- 각종 세법상의 처분(국세기본법 제56조제2항, 관세법 제120조제2항). 다만, 지방세는 제외됩니다.
- 운전면허 취소·정지 등의 처분(도로교통법 제142조)

③ 행정심판전치주의의 예외

㉮ 다음의 사유가 있으면, 다른 법률에서 행정심판전치주의를 채택하는 경우에도 행정심판을 제기한 뒤에 재결을 거치지 않아도 행정소송을 제기할 수 있습니다(행정소송법 제18조제2항 각호 이외의 부분).

- 행정심판청구가 있은 날로부터 60일이 지나도 재결이 없는 때
- 처분의 집행 또는 절차의 속행으로 생길 중대한 손해를 예 방해야 할 긴급한 필요가 있는 때
- 법령의 규정에 의한 행정심판기관이 의결 또는 재결을 하지 못할 사유가 있는 때
- 그 밖의 정당한 사유가 있는 때
  그 밖의 정당한 사유에 관한 예로는, 시기나 그 밖의 사유로 인하여 행정심판을 거칠 경우에는 그 청구의 목적을 달성키 곤란한 경우가 있습니다(대법원 1953. 4. 15. 선고 4285행상11판결).
- ㉯ 또한 다른 법률에서 행정심판전치주의를 채택하고 있는 경우에도 행정심판을 거치지 않고 직접 취소소송을 제기할 수 있습니다(행정소송법 제18조제3항).
- 동종사건에 관하여 이미 행정심판의 기각재결이 있는 때
- 서로 내용상 관련되는 처분 또는 같은 목적을 위하여 단계적으로 진행되는 처분 중 어느 하나가 이미 행정심판의 재결을 거친 때
- 행정청이 사실심의 변론종결 후 소송의 대상인 처분을 변경하여 당해 변경된 처분에 관하여 소를 제기하는 때
- 처분을 행한 행정청이 행정심판을 거칠 필요가 없다고 잘못 알린 때

■ 행정심판과 행정소송은 어떤 관계입니까?

Q 행정심판과 행정소송은 어떤 관계입니까?

A 1998.3.1. 행정소송법이 개정되면서 행정심판전치주의가 폐지되었습니다. 따라서 청구인은 행정심판을 제기하지 않고 바로 행정소송을 제기할 수 있고, 행정심판과 행정소송을 동시에 제기하실 수도 있습니다. 행정심판과 행정소송은 심급제의 상하관계에 있지 않을 뿐만 아니라 제도의 취지·심리의 범위·재결(판결)의 방식 등을 달리 하는 별개의 독립된 제도입니다. 또한, 행정심판은 소송보다는 절차가 간편하고 형식을 요구하지 않으며, 비용이 들지 않고, 빠른 기간 내에 결과를 받아보실 수 있다는 장점이 있습니다.

⚖ 관련판례

가. 행정소송을 제기함에 있어서 행정심판을 먼저 거치도록 한 것은 행정관청으로 하여금 그 행정처분을 다시 검토케 하여 시정할 수 있는 기회를 줌으로써 행정권의 자주성을 존중하고 아울러 소송사건의 폭주를 피함으로써 법원의 부담을 줄이고자 하는데 그 취지가 있다.

나. 동일한 행정처분에 의하여 여러 사람이 동일한 의무를 부담하는 경우 그 중 한 사람이 적법한 행정심판을 제기하여 행정처분청으로 하여금 그 행정처분을 시정할 수 있는 기회를 가지게 한 이상 나머지 사람은 행정심판을 거치지 아니하더라도 행정소송을 제기할 수 있다(대법원 1988. 2. 23. 선고 87누704 판결).

Q 행정소송을 제기하기 위하여는 반드시 행정심판을 거쳐야 하는지요?

A 종전에는 행정소송을 제기하려면 반드시 먼저 행정심판을 거치도록 되어 있었으나(필요적 전치주의) 1998년 3월 1일부터(개정 1994.7.27.)는 개정된 행정소송법에 따라 원칙적으로 당해 법률에 다른 규정이 있는 경우를 제외하고는 행정심판제기의 유·무 및 그 전·후에 관계없이 행정소송을 제기할 수 있습니다(행정소송법 제18조 제1항 : 임의적 전치주의). 그러므로 당사자의 선택에 따라 행정심판을 청구한 후에 그 결과를 보고 행정소송을 제기하거나 또는 행정심판과 행정소송을 동시에 청구할 수 있으며, 아니면 처음부터 아예 행정심판을 거치지 않고 바로 행정소송을 제기할 수도 있습니다.

또한, 필요적으로 행정심판을 거치도록 되어 있는 종류의 소송이라도 변론종결 시까지 전치의 요건을 충족하면 그 하자는 치유됩니다. 여기서 말하는 행정심판은 실정법상 행정심판, 이의신청, 심사청구, 심판청구 등으로 불리는 모든 경우를 포괄하는 개념입니다.

임의적 전치주의 하에서 굳이 행정심판을 거칠 실익이 있는지 의문을 가질 수도 있으나, 행정심판에서는 행정처분의 위법뿐만 아니라 부당을 주장할 수도 있고, 그 절차가 비교적 간편하며 설사 행정심판으로 권리의 구제를 받지 못하더라도 이후 소송에서 행정심판기록 제출명령제도를 이용하여 간편하게 소송자료를 얻을 수 있는 장점이 있습니다. 현행법상 반드시 선행적으로 행정심판을 거쳐야 하는 대표적인 경우로는 크게 네 가지 경우가 있습니다. 다만 이 경우에도 취소소송 및 부작위위법확인소송이 아닌 무효확인소송이나 당사자소송의 경우에는 애당초 전치절차를 거칠 필요가 없습니다.

첫째, 「국세기본법」, 「관세법」은 '행정소송법' 제18조 제1항 본문의 적용을 배제하고 행정소송의 제기에 앞서 필요적으로 각 해당 법률이 정한 특별행정심판절차를 거칠 것을 요구하고 있습니다(국세기본법 제56조 제2항, 관세법 제120조 제2항).

이에는 세가지 방법이 있는바, 임의적 이의신청절차를 거쳐 세무서장(세관장)을 거쳐 국세청장(관세청장)에게 심사청구를 하거나, 국세심판원장에게 심판청구를 하여 결정을 받거나, 또는 별도로 「감사원법」 제3장에 규정된 심사청구절차를 이용할 수 있습니다. 다만, 이와 같은 행정심판 절차는 중복적으로 진행할 수는 없습니다.

둘째, 공무원에 대한 징계 기타 불이익처분의 경우가 있는바, 일반 공무원의 경우 30일 이내에 소청심사위원회에 심사청구를 하여 이를 거친 후 90일 이내에 행정소송을 제기할 수 있고(국가공무원법 제16조 제1항, 지방공무원법 제20조의2), 교원인 공무원의 경우는 30일 이내에 교원징계재심위원회에 재심청구를 하여 이를 거친 후 90일 이내에 행정소송을 제기할 수 있습니다(교육공무원법 제53조 제1항, 제57조 제1항).

셋째, 노동위원회의 결정에 대한 불복의 경우가 있는바, 이 경우는 10일 이내에 중앙노동위원회에 재심신청을 거친 후 15일 이내에 행정소송을 제기할 수 있습니다(노동위원회법 제26조, 제27조, 노동조합및노동관계조정법 제85조).

넷째, 도로교통법상의 처분(운전면허정지, 운전면허의 취소 등)에 대한 불복으로서 행정소송을 제기하기 위해서는 행정심판재결을 거치지 아니하면 이를 제기할 수 없습니다(도로교통법 제142조).

᭼᭼ 관련판례 1

헌법재판소가 2001. 6. 28. 2000헌바30 결정으로 행정심판의 필요적 전치주의에 관하여 규정한 구 지방세법(1998. 12. 31. 법률 제5615호로 개정되기 전의 것) 제78조 제2항이 헌법에 위반된다고 선언함에 따라 동 규정은 효력을 상실하게 되었고, 위 규정을 제외한 같은 법 제72조 제1항, 제73조, 제74조 규정들에 의하면, 지방세법에 의한 처분에 대하여는 이의신청 및 심사청구를 할 수 있되 다만 심사청구를 하고자 할 때에는 이의신청을 거쳐 그에 대한 결정의 통지를 받은 날부터 소정의 기간 내에 심사청구를 하여야 한다고 되어 있을 뿐이어서, 행정소송법 제18조 제1항 본문에 따라 지방세법상의 이의신청 및 심사청구를 거치지 아니하고도 바로 지방세법에 의한 처분에 대한 취소소송을 제기할 수 있게 되었다(대법원 2003. 8. 22. 선고 2001두3525 판결).

⚖️ 관련판례 2

행정심판법 제19조, 제23조의 규정 취지와 행정심판제도의 목적에 비추어 행정소송의 전치요건이 되는 행정심판청구는 엄격한 형식을 요하지 아니하는 서면행위이므로, 행정청의 위법 부당한 처분 등으로 인하여 권리나 이익을 침해당한 자로부터 처분의 취소나 변경을 구하는 서면이 제출되었을 때에는 그 표제와 제출기관의 여하를 불문하고 이를 행정소송법 제18조 소정의 행정심판청구로 보고, 불비된 사항이 있을 때에는 보정가능하면 보정을 명하고 보정이 불가능하거나 보정명령에 따르지 아니하면 그 때 비로소 부적법 각하를 하여야 할 것이며, 더욱이 심판청구인은 일반적으로 전문적 법률지식을 갖고 있지 못하여 제출된 서면의 취지가 불명확한 경우도 적지 않으나, 이러한 경우에도 행정청으로서는 그 서면을 가능한 한 제출자의 이익이 되도록 해석하고 처리하여야 한다(대법원 1997. 2. 11. 선고 96누14067 판결).

⚖️ 관련판례 3

행정소송법 제18조 제3항 제4호의 규정이 행정청이 행정심판을 거칠 필요가 없다고 잘못 알린 때에는 행정심판을 제기하지 않고도 취소소송을 제기할 수 있도록 행정심판 전치주의에 대한 예외를 두고 있는 것은 행정에 대한 국민의 신뢰를 보호하려는 것이므로, 처분청이 아닌 재결청이 이와 같은 잘못된 고지를 한 경우에도 행정소송법 제18조 제3항 제4호의 규정을 유추·적용하여 행정심판을 제기함이 없이 그 취소소송을 제기할 수 있다고 할 것이고, 이 때에 재결청의 잘못된 고지가 있었는지 여부를 판단함에 있어서는 반드시 행정조직상의 형식적인 권한분장에 구애될 것이 아니라 담당자의 조직상의 지위와 임무, 당해 언동을 하게 된 구체적인 경위 및 그에 대한 행정심판청구인의 신뢰가능성에 비추어 실질에 의하여 판단하여야 한다(대법원 1996. 8. 23. 선고 96누4671 판결).

Q 대통령의 처분에 대하여도 행정심판청구를 할 수 있는지요?

A 행정심판의 대상을 규정하는 입법주의를 살펴보면, 일반적으로 개괄주의(概括主義)와 열거주의(列擧主義)로 나누어 볼 수 있습니다. 이 중 개괄주의란 법률상 특히 예외가 인정된 사항을 제외한 모든 사항에 대하여 행정심판을 인정하는 제도이고, 열거주의란 법률상 특히 열거한 사항에 대해서만 행정심판을 인정하는 제도를 말합니다.

행정심판의 대상에 관하여 「행정심판법」 제3조 제1항은 "행정청의 처분 또는 부작위에 대하여 다른 법률에 특별한 규정이 있는 경우를 제외하고는 이 법에 의하여 행정심판을 제기할 수 있다."라고 규정하여 규정형식상 개괄주의를 채택하고 있다 하겠으나, 행정심판법 제3조 제2항에서 대통령의 처분 또는 부작위에 대해서는, 대통령이 행정부의 수반인 점을 감안하여 다른 법률에 특별한 규정이 있는 경우를 제외하고는 행정심판의 실익이 없다고 보아 행정심판의 대상에서 제외하고 있습니다.

따라서 대통령의 처분에 대하여는 법률에 의한 근거규정이 없다면 행정심판을 제기할 수는 없습니다. 다만 「행정소송법」에서는 이를 배제하지 않고 있으므로 직접 행정소송을 제기할 수 있을 것으로 보입니다.

Q 행정소송에 전치주의가 있다는 말을 듣고 행정심판을 제기하였는데, 재결청 소속 공무원이 행정심판을 거칠 필요가 없다고 알려주어 이를 제기하지 않았습니다. 그런데 이후 제기한 항고소송에서 행정심판을 거치지 않았다 하여 위법하다는 결정을 받았습니다. 재결청 공무원의 말을 믿고 행정심판을 제기하지 않은 것인데 그럼에도 불구하고 항고소송이 부적법한 것인가요?

A 행정심판청구서 제출에 관하여 종전에는 처분청을 경유하여 행정심판을 제기하도록 경유절차를 두고 있었으나, 처분청이 청구인에게 심판청구의 취하를 종용하거나 부당하게 수리조차 않는 폐단이 있어 1995년 개정 행정심판법은 이를 폐지하였습니다. 따라서 청구인이 스스로 그 이익을 포기하고 바로 재결청에 행정심판청구를 하였더라도 그 심판청구는 적법합니다.

행정소송법 제18조 제3항 제4호의 규정이 행정청이 행정심판을 거칠 필요가 없다고 잘못 알린 때에는 행정심판을 제기하지 않고도 취소소송을 제기할 수 있도록 규정하고 있습니다. 그런데 처분을 행한 행정청이 아닌 재결청 소속 공무원이 행정심판을 거칠 필요가 없다고 잘못 알린 경우에 본 규정이 적용될 수 있는 지에 관하여 대법원은 "행정소송법 제18조 제3항 제4호에서 행정심판 전치주의에 대한 예외를 두고 있는 것은 행정에 대한 국민의 신뢰를 보호하려는 것이므로, 처분청이 아닌 재결청이 이와 같은 잘못된 고지를 한 경우에도 행정소송법 제18조 제3항 제4호의 규정을 유추·적용하여 행정심판을 제기함이 없이 그 취소소송을 제기할 수 있다고 할 것이고, 이 때에 재결청의 잘못된 고지가 있었는지 여부를 판단함에 있어서는 반드시 행정조직상의 형식적인 권한분장에 구애될 것이 아니라 담당자의 조직상의 지위와 임무, 당해 언동을 하게 된 구체적인 경위 및 그에 대한 행정심판청구인의 신뢰가능성에 비추어 실질에 의하여 판단하여야 한다."고 판시한 바 있습니다(대법원 1996.8.23, 선고, 96누4671 판결).

이와 같은 판례의 태도로 볼 때, 재결청 소속의 행정심판 업무 담당 공무원이 행정심판을 거칠 필요가 없다고 잘못 알린 경우, 행정심판 제기 없이 그 취소소송을 제기할 수 있다고 판단됩니다.

⚖ 관련판례 1

행정소송법 제20조 제1항에 의하면 취소소송은 원칙적으로 처분 등이 있음을 안 날부터 90일 이내에 제기하여야 하나, 행정청이 행정심판청구를 할 수 있다고 잘못 알려 행정심판의 청구를 한 경우에는 그 제소기간은 행정심판 재결서의 정본을 송달받은 날부터 기산하여야 한다(대법원 2006. 9. 8. 선고 2004두947 판결).

⚖ 관련판례 2

행정소송법(1994. 7. 27. 법률 제4770호로 개정되어 부칙 제1조에 의하여 1998. 3. 1.자로 시행된 것) 제18조 제1항의 규정에 의하면, 위 법률이 시행된 이후에는 원칙적으로 단지 행정심판을 제기할 수 있다는 근거 규정만이 있는 처분에 대하여는 행정심판을 제기하지 아니하고도 취소소송을 제기할 수 있다(대법원 2001. 4. 24. 선고 99두10834 판결).

■ 행정청이 심판청구 기간을 잘못 알린 경우 심판청구가 가능한지요?

Q 현행 행정심판법 상 행정심판은 처분이 있음을 알게 된 날로부터 90일 이내에 청구하여야 함에도 甲 행정청이 처분의 상대방 乙에게 처분이 있음을 알게 된 날로부터 120일 이내에 행정심판을 청구할 수 있다고 잘못 알렸습니다. 이 경우 乙은 처분을 알게 된 날로부터 90일이 도과하였더라도 행정심판을 청구할 수 있는지요?

A 현행 행정심판법 제27조 제1항은 "행정심판은 처분이 있음을 알게 된 날부터 90일 이내에 청구하여야 한다."고 규정하면서도, 제5항에서 "행정청이 심판청구 기간을 제1항에 규정된 기간보다 긴 기간으로 잘못 알린 경우 그 잘못 알린 기간에 심판청구가 있으면 그 행정심판은 제1항에 규정된 기간에 청구된 것으로 본다."고 규정하고 있습니다. 따라서 乙은 처분이 있음을 알게 된 날로부터 120일 이내에 행정심판을 청구하더라도 적법합니다. 다만, 위와 같은 규정은 행정심판에만 적용되는 것이므로, 행정심판 청구기간을 잘못 통지받았다 하더라도 행정소송 제기기간에는 아무런 영향이 없음에 유의하여야 합니다(대법원 2001. 5. 8. 선고 2000두6916 판결 참조).

Q 甲 행정청의 乙, 丙에 대한 국세 부과처분으로 乙, 丙이 동일한 내용의 의무를 부담하고 있습니다. 이 경우 乙만 행정심판을 거치면 乙, 丙 모두 취소소송을 계기할 수 있는 것인지요?

A 행정소송을 제기함에 있어서 행정심판을 먼저 거치도록 한 것은 행정관청으로 하여금 그 행정처분을 다시 검토케 하여 시정할 수 있는 기회를 줌으로써 행정권의 자주성을 존중하고 아울러 소송사건의 폭주를 피함으로써 법원의 부담을 줄이고자 하는데 그 취지가 있으므로, 따라서 동일한 행정처분에 의하여 여러 사람이 동일한 의무를 부담하는 경우 그중 한 사람이 적법한 행정심판을 제기하여 행정처분청으로 하여금 그 행정처분을 시정할 수 있는 기회를 가지게 한 이상 나머지 사람은 행정심판을 거치지 아니하더라도 행정소송을 제기할 수 있다고 할 것입니다(대법원 1988. 2. 23. 선고 87누704 판결 참조). 따라서 乙만 행정심판을 거치더라도 乙, 丙 모두 취소소송을 제기할 수 있습니다.

⚖ 관련판례 1

행정심판법 제19조, 같은 법 제23조의 규정취지와 행정심판제도의 목적에 비추어 보면 행정소송의 전치요건인 행정심판 청구는 엄격한 형식을 요하지 아니하는 서면행위라고 볼 것이므로 행정청의 위법 부당한 처분 등으로 인하여 권리나 이익을 침해당한 자로부터 처분의 취소나 변경을 구하는 서면이 제출되었을 때에는 표제와 제출기관의 여하를 불문하고 행정심판 청구로 보고 심리와 재결을 하여야 하고, 불비된 사항이 있을 때에는 보정 가능한 때에는 보정을 명하고 보정명령에 따르지 아니하거나 보정이 불가능한 때에는 각하하여야 하며, 제출된 서면의 취지가 불명확한 경우에도 행정청으로서는 그 서면을 가능한 한 제출자의 이익이 되도록 해석하고 처리하여야 한다(대법원 1993. 6. 29. 선고 92누19194 판결).

⚖ 관련판례 2

행정심판전치주의에 대한 예외사유에 해당하는 때에는 행정심판에 대한 재결서의 송달이란 있을 수 없는 것이므로 그러한 때에는 행정처분의 상대방이 아닌 제3자가 제기하는 경우라도 그에 대한 취소소송은 행정소송법 제20조 제2항에 의해 정당한 사유가 있음을 증명하지 못하는 한 그 대상인 처분이 있는 것을 안 날로부터 180일, 처분이 있는 날로부터 1년 이내에 제기하지 않으면 안 된다(대법원 1991. 6. 28. 선고 90누6521 판결).

⚖ 관련판례 3

행정소송을 제기함에 있어서 행정심판을 먼저 거치도록 한 것은 행정관청으로 하여금 그 행정처분을 다시 검토케 하여 시정할 수 있는 기회를 줌으로써 행정권의 자주성을 존중하고 아울러 소송사건의 폭주를 피함으로써 법원의 부담을 줄이고자 하는데 그 취지가 있다(대법원 1988. 2. 23. 선고 87누704 판결).

⚖ 관련판례 4

행정심판전치주의는 행정행위의 특수성, 전문성등에 비추어 행정청으로 하여금 그 스스로의 재고, 시정의 기회를 부여함에 그 뜻이 있는 만큼 법률에 특별한 규정이 없는 이상 그 필요를 넘어서 국민에게 지나친 엄격한 절차를 요구할 것이 아니다(대법원 1986. 9. 9. 선고 86누254 판결).

Q 甲 행정청이 乙에게 허가취소처분을 하였는데, 乙은 甲에게 '허가취소처분 취소요청'이라는 문서를 제출하였습니다. 이 경우 乙은 행정심판을 청구한 것으로 볼 여지는 없는지요?

A 행정심판법 제19조, 제23조의 규정 취지와 행정심판제도의 목적에 비추어 보면, 행정심판청구는 엄격한 형식을 요하지 않는 서면행위로 해석되므로, 위법·부당한 행정처분으로 인하여 권리나 이익을 침해당한 자로부터 그 처분의 취소나 변경을 구하는 서면이 제출되었을 때에는 그 표제와 제출기관의 여하를 불문하고 이를 행정소송법 제18조 소정의 행정심판청구로 보아야 하며, 심판청구인은 일반적으로 전문적 법률지식을 갖지 못하여 제출된 서면의 취지가 불명확한 경우가 적지 않을 것이나 이러한 경우 행정청으로서는 그 서면을 가능한 한 제출자에게 이익이 되도록 해석하고 처리하여야 합니다(대법원 2007. 6. 1. 선고 2005두11500 판결 참조).

따라서 乙이 제출한 '허가취소처분 취소요청'이라는 문서는 그 제목에 불구하고 행정심판을 청구한 것으로 선해될 가능성이 있습니다.

Q 행정소송법 제20조 제1항에서 말하는 행정심판의 의미는 무엇인가요?
여기에는 특별행정심판은 포함되는 것은 아닌가요?

A 행정소송법 제20조 제1항에 따르면, 취소소송은 처분 등이 있음을
안 날부터 90일 이내에 제기하여야 하는데, 행정심판청구를 할 수
있는 경우에 행정심판청구가 있은 때의 기간은 재결서의 정본을 송
달받은 날부터 기산합니다.

이와 관련하여 대법원은 "취소소송의 제소기간을 제한함으로써 처
분 등을 둘러싼 법률관계의 안정과 신속한 확정을 도모하려는 입법
취지에 비추어 볼 때, 여기서 말하는 '행정심판'은 행정심판법에 따
른 일반행정심판과 이에 대한 특례로서 다른 법률에서 사안의 전문
성과 특수성을 살리기 위하여 특히 필요하여 일반행정심판을 갈음
하는 특별한 행정불복절차를 정한 경우의 특별행정심판(행정심판법
제4조)을 뜻한다."고 판시한 바 있습니다(대법원 2014.4.24, 2013
두10809 판결).

⚖ **관련판례**

행정처분의 취소를 구하는 항고소송에서 처분청은 당초 처분의 근거로 삼은 사
유와 기본적 사실관계가 동일성이 있다고 인정되는 한도 내에서만 다른 사유를
추가 또는 변경할 수 있고, 이러한 기본적 사실관계의 동일성 유무는 처분사유
를 법률적으로 평가하기 이전의 구체적 사실에 착안하여 그 기초인 사회적 사
실관계가 기본적인 점에서 동일한지에 따라 결정되므로, 추가 또는 변경된 사
유가 처분 당시에 이미 존재하고 있었다거나 당사자가 그 사실을 알고 있었다
고 하여 당초의 처분사유와 동일성이 있다고 할 수 없다. 그리고 이러한 법리
는 행정심판 단계에서도 그대로 적용된다(대법원 2014. 5. 16. 선고 2013두
26118 판결).

Q 甲 행정청이 乙에게 1996. 3. 1. 구 개발이익환수에관한법률에 따라 1억원의 개발부담금을 부과하였다가, 같은 해 12. 1. 개발부담금을 5천만원으로 감액경산하였습니다. 1996. 12. 31. 현재 乙이 甲 행정청을 상대로 개발부담금 부과처분에 대해 행정심판으로 다툴 수 있는지요?

A 구 개발이익환수에관한법률(1997. 8. 30. 법률 제5409호로 개정되기 전의 것) 상 개발부담금의 감액정산은 당초의 부과처분과 다른 별개의 처분이 아니라 당초의 부과처분에 대한 감액의 변경처분에 해당하고, 이 경우 법 제22조 제1항의 규정에 의한 행정심판의 대상은 정산자체에 고유한 위법이 있음을 이유로 하지 아니하는 한 감액경정처분이 아니라 당초처분 중 감액경정처분에 의하여 취소되지 않고 남은 부분이 되므로 심판청구기간의 준수 여부도 여전히 당초처분을 기준으로 판단하여야 합니다(대법원 1998. 10. 13. 선고 96누10621, 10638 판결 참조). 그리고 동법 제22조 제2항은 동법 제10조 제1항 단서의 규정에 의한 개발부담금정산에 이의가 있는 자는 그 정산을 별개의 처분으로 보아 제1항의 규정에 의한 행정심판을 청구할 수 있다고 규정하고 있으나, 이 규정은 개발부담금정산이 다음해에 결정·공고되는 개별공시지가에 의하여 이루어지는 관계로 당초의 부과처분 당시에는 이에 관하여 다툴 수 없었다는 사정 등을 감안, 정산 자체에 고유한 위법이 있으면 이에 대하여도 다툴 수 있는 기회를 주기 위하여 추가적인 별도의 쟁송방법을 마련한 것으로 위 규정에 의하여 행정심판을 청구하려면 정산 자체에 고유한 위법이 있어야 합니다(대법원 1998. 5. 12. 선고 98두1772 판결 참조). 따라서 乙은 감액정산 자체에 고유한 하자가 있음을 이유로 하는 것이 아닌 한, 개발부담금 부과처분 자체에 대해서는 이미 행정심판 청구기간을 도과한 것이므로 더 이상 행정심판으로 다툴 수 없습니다.

⚖ 관련판례

행정심판법 제19조, 제23조의 규정 취지와 행정심판제도의 목적에 비추어 보면 행정소송의 전치요건인 행정심판청구는 엄격한 형식을 요하지 아니하는 서면행위로 해석되므로, 위법 부당한 행정처분으로 인하여 권리나 이익을 침해당한 자로부터 그 처분의 취소나 변경을 구하는 서면이 제출되었을 때에는 그 표제와 제출기관의 여하를 불문하고 이를 행정소송법 제18조 소정의 행정심판청구로 보고, 불비된 사항이 보정가능한 때에는 보정을 명하고 보정이 불가능하거나 보정명령에 따르지 아니한 때에 비로소 부적법 각하를 하여야 할 것이며, 더욱이 심판청구인은 일반적으로 전문적 법률지식을 갖고 있지 못하여 제출된 서면의 취지가 불명확한 경우도 적지 않으나, 이러한 경우에도 행정청으로서는 그 서면을 가능한 한 제출자의 이익이 되도록 해석하고 처리하여야 한다(대법원 2000. 6. 9. 선고 98두2621 판결).

제2절 행정심판에는 어떤 종류가 있나요?

1. 행정심판의 종류

① 행정심판법은 행정심판의 종류로서 취소심판·무효등확인심판·의무이행심판의 3가지를 명시하고 있습니다(행정심판법 제5조).

② 그 밖에 특별행정심판·이의심판·당사자쟁송 등은 개별법에서 인정되고 있습니다.

2. 취소심판

2-1. 취소심판의 의의

① 취소심판이란 행정청의 위법 또는 부당한 처분을 취소하거나 변경하는 행정심판을 말합니다(행정심판법 제5조 제1호). 취소심판은 청구기간의 제한(행정심판법 제27조), 집행부정지의 원칙(행정심판법 제30조 제1항), 사정재결(행정심판법 제44조) 등을 특징으로 합니다.

② 전형적인 취소심판의 예로는 ○○영업정지처분취소청구, ○○불허가처분취소청구 등이 있습니다.

2-2. 취소심판의 특징

① 취소심판의 청구는 처분이 있음을 알게 된 날부터 90일 이내에 청구해야 하는 등 청구기간에 제한이 있습니다(행정심판법 제27조).

② 취소심판에는 집행부정지의 원칙이 적용됩니다(행정심판법 제30조제1항). 예를 들어, 지방경찰청장의 운전면허취소처분에 대해 甲이 취소심판을 청구한다고 해서 바로 운전면허취소처분의 효력이 정지되어 甲이 운전을 할 수 있게 되는 것은 아닙니다.

③ 취소심판에는 사정재결이 가능합니다(행정심판법 제44조).

④ 사정재결이란 심판청구가 이유 있다고 인정되는 경우에도 이를 인용하는 것이 공공복리에 크게 위배될 때에 그 심판청구를 기각하는 재결을

말합니다(행정심판법 제44조제1항). 예를 들어, 구청장의 甲에 대한 단란주점영업허가신청에 대한 거부처분이 위법하다고 해도 구청장에게 단란주점영업허가를 하도록 하거나 행정심판위원회가 직접 단란주점영업허가를 하는 것이 공공복리에 적합하지 않은 경우에는 甲의 청구를 기각할 수도 있습니다.

⑤ 취소심판의 인용재결이 있게 되면 원처분은 처음부터 없는 상태로 됩니다. 즉, 그 재결의 형성력에 의하여 해당 처분은 별도의 행정처분을 기다릴 것 없이 당연히 취소되어 소멸됩니다(대법원 1998. 4.24. 선고 97누17131 판결).

3. 무효등확인심판

3-1. 무효등확인심판의 의의

① 무효등확인심판이란 행정청의 처분의 효력 유무 또는 존재 여부를 확인하는 행정심판을 말합니다(행정심판법 제5조 제2호). 구체적인 내용에 따라 유효확인심판 · 무효확인심판 · 존재확인심판 · 부존재확인심판으로 구분됩니다. 무효등확인심판은 취소심판의 경우와 달리 심판청구 기간의 제한도 없고(행정심판법 제27조 제7항), 사정재결이 인정되지 않습니다(행정심판법 제44조 제3항).

② 무효 또는 부존재인 행정처분은 처음부터 효력이 없지만 이 경우에도 처분의 외형이 존재하므로 처분의 유 · 무효 또는 부존재 여부에 대해 유권적으로 확정할 필요가 있기 때문입니다.

③ 무효등확인심판의 종류로는 처분의 유효확인심판 · 무효확인심판 · 실효확인심판 · 존재확인심판 · 부존재확인심판 등이 있습니다.

3-2. 무효등확인심판의 특징

① 무효등확인심판은 청구기간의 적용을 받지 않고 사정재결을 할 수 없습니다(행정심판법 제27조제7항 및 제44조제3항).

② 무효등확인심판이 인용이 되기 위해서는 취소사유로는 부족하고 그 하

자가 중대·명백한 경우에 한하여 무효로 인정됩니다(대법원 1990. 12. 11. 선고 90누3560 판결).

③ 무효확인을 구하는 행정심판에 있어서는 청구인에게 그 행정처분이 무효인 사유를 주장·입증할 책임이 있습니다(대법원 1992. 3. 10. 선고 91누6030 판결).

4. 의무이행심판

4-1. 의무이행심판의 의의

① 의무이행심판이란 당사자의 신청에 대한 행정청의 위법 또는 부당한 거부처분이나 부작위에 대해 일정한 처분을 하도록 하는 행정심판을 말합니다(행정심판법 제5조제3호).

② 행정청이 소극적 자세를 취해 국민의 권익을 침해하는 경우에 행정청에 적극적 행위를 요구할 수 있다는 점에서 의무이행심판의 실익이 있습니다.

③ 의무이행심판의 예로는 행정정보공개 이행청구, 개인택시운송사업면허 이행청구 등이 있습니다.

4-2. 의무이행심판의 특징

① 의무이행심판은 청구기간의 제한을 받지 않으며 집행정지의 대상도 되지 않습니다(행정심판법 제27조제7항).

② 의무이행심판의 인용재결이 있으면 해당 행정청은 재결의 취지에 따른 처분을 해야 합니다(행정심판법 제49조제3항).

③ 해당 행정청이 처분을 하지 않는 때에는 행정심판위원회가 당사자의 신청에 따라 기간을 정해 서면으로 시정을 명하고 그 기간 내에 이행하지 않는 경우에 직접 해당 처분을 할 수 있습니다(행정심판법 제50조).

④ 의무이행심판은 사정재결이 가능합니다(행정심판법제44조).

⚖ 관련판례

행정심판법 제18조 제7항에 부작위에 대한 의무이행심판청구에는 심판청구기간에 관한 같은 조 제1항 내지 제6항의 규정을 적용하지 아니한다고 규정되어 있지만, 위 법조항 소정의 부작위에 대한 의무이행심판청구에 거부처분에 대한 의무이행 심판청구도 포함된다고 볼 수 없다(대법원 1992. 11. 10. 선고 92누1629 판결).

Q 甲 행정청이 乙에게 징계요구처분을 하였는데 乙이 위 처분에 대한 '이의신청'을 하였다가 기각되었습니다. 이 경우 乙이 위 처분이 있음을 안 날로부터 90일이 도과한 시점에서 취소소송을 제기하였다면 적법한 것인지요?

A 행정소송법 제20조 제1항에 따르면 취소소송은 처분 등이 있음을 안 날부터 90일 이내에 제기하여야 하지만 행정심판청구를 할 수 있는 경우에 행정심판청구가 있은 때의 기간은 재결서의 정본을 송달받은 날부터 기산합니다. 여기서 말하는 '행정심판'은 행정심판법에 따른 일반행정심판과 이에 대한 특례로서 다른 법률에서 사안의 전문성과 특수성을 살리기 위하여 특히 필요하여 일반행정심판을 갈음하는 특별한 행정불복절차를 정한 경우의 특별행정심판(행정심판법 제4조)을 뜻하고, '이의신청'은 여기에 포함되지 않습니다(대법원 2014. 4. 24. 선고 2013두10809 판결 참조).

따라서 乙의 이의신청은 취소소송 제기기간에서의 행정심판에 해당되지 않는 것이므로 乙은 현 시점에서 취소소송을 제기하더라도 부적법합니다.

⚖ 관련판례

행정심판법 제32조제3항에 의하면 재결청은 취소심판의 청구가 이유 있다고 인정할 때에는 처분을 취소·변경하거나 처분청에게 취소·변경할 것을 명한다고 규정하고 있으므로, 행정심판 재결의 내용이 처분청에게 처분의 취소를 명하는 것이 아니라 재결청이 스스로 처분을 취소하는 것일 때에는 그 재결의 형성력에 의하여 당해 처분은 별도의 행정처분을 기다릴 것 없이 당연히 취소되어 소멸되는 것이다(대법원 1998. 4. 24. 선고 97누17131 판결).

Q 甲은 행정처분이 있음을 안 날로부터 90일이 지나 취소소송의 제기기간을 도과하였는데, 이 경우 행정심판을 청구한 뒤 행정심판의 각하 재결을 송달 받고 그로부터 90일 이내에 취소소송을 제기하면 적법한 것인지요?

A 행정소송법 제18조 제1항, 제20조 제1항, 행정심판법 제27조 제1항을 종합해 보면, 행정처분이 있음을 알고 처분에 대하여 곧바로 취소소송을 제기하는 방법을 선택한 때에는 처분이 있음을 안 날부터 90일 이내에 취소소송을 제기하여야 하고, 행정심판을 청구하는 방법을 선택한 때에는 처분이 있음을 안 날부터 90일 이내에 행정심판을 청구하고 행정심판의 재결서를 송달받은 날부터 90일 이내에 취소소송을 제기하여야 합니다.

따라서 처분이 있음을 안 날부터 90일 이내에 행정심판을 청구하지도 않고 취소소송을 제기하지도 않은 경우에는 그 후 제기된 취소소송은 제소기간을 경과한 것으로서 부적법하고, 처분이 있음을 안 날부터 90일을 넘겨 청구한 부적법한 행정심판청구에 대한 재결이 있은 후 재결서를 송달받은 날부터 90일 이내에 원래의 처분에 대하여 취소소송을 제기하였다고 하여 취소소송이 다시 제소기간을 준수한 것으로 되는 것은 아닙니다(대법원 2011. 11. 24. 선고 2011두18786 판결 참조).

따라서 甲은 처분이 있음을 안 날로부터 90일이 지나 취소소송의 제기기간을 도과한 이상 행정심판을 청구한다 하더라도 취소소송을 적법하게 제기할 수는 없을 것입니다.

♣♣ 관련판례

행정소송법 제20조 제1항에 따르면, 취소소송은 처분 등이 있음을 안 날부터 90일 이내에 제기하여야 하는데, 행정심판청구를 할 수 있는 경우에 행정심판청구가 있은 때의 기간은 재결서의 정본을 송달받은 날부터 기산한다. 이처럼 취소소송의 제소기간을 제한함으로써 처분 등을 둘러싼 법률관계의 안정과 신속한 확정을 도모하려는 입법 취지에 비추어 볼 때, 여기서 말하는 '행정심판'은 행정심판법에 따른 일반행정심판과 이에 대한 특례로서 다른 법률에서 사안의 전문성과 특수성을 살리기 위하여 특히 필요하여 일반행정심판을 갈음하는 특별한 행정불복절차를 정한 경우의 특별행정심판(행정심판법 제4조)을 뜻한다 (대법원 2014. 4. 24. 선고 2013두10809).

Q 甲 행정청에게 乙이 정보공개청구를 하였으나 甲이 이를 거부하자 乙은 행정심판으로 다투어 甲은 정보를 공개하라는 이행재결이 되었습니다. 그런데도 甲이 아무런 조치를 취하지 않는 경우, 乙은 다시 甲에게 정보공개청구를 하고 그 거부에 대하여 취소소송으로 다툴 수 있는 것인지요?

A 행정청의 거부처분 이후 동일한 내용의 새로운 신청에 대하여 다시 거부한 경우 위 거부는 새로운 거부처분으로 볼 수 있으므로(대법원 1998. 3. 13. 선고 96누15251 판결 참조), 정보공개거부처분에 대한 행정심판에서 정보를 공개하라는 이행재결을 하였으나 처분청등이 이를 이행하지 아니하자 동일한 내용의 신청을 다시 한 경우 그에 대한 관할 행정청의 거부처분에 대하여는 별도로 취소소송을 제기할 수 있습니다(서울행정법원 2000. 1. 7. 선고 99구19984 판결 참조). 따라서 乙은 甲에게 다시 정보공개청구를 하고 甲이 거부한다면 그 거부처분을 대상으로 취소소송으로 다툴 수 있을 것입니다.

Q 甲 행정청의 乙에 대한 처분에 대하여 乙이 행정심판으로 다투었고, 기각
재결이 있었습니다. 이 경우 乙이 재결의 판단내용이 위법하다는 것을 청
구원인으로 재결취소소송을 할 수 있는지요?

A 행정소송법 제19조는 "취소소송은 처분등을 대상으로 한다. 다만, 재
결취소소송의 경우에는 재결 자체에 고유한 위법이 있음을 이유로
하는 경우에 한한다."고 규정하고 있습니다. 따라서 재결 자체의 고
유한 위법이 아니라 행정심판청구를 기각한 재결의 판단 내용이 위
법하다는 청구원인으로 재결취소소송을 제기하는 것은 위법합니다
(서울고등법원 1987. 3. 18. 선고 86구1003 판결 참조).
따라서 乙은 재결의 판단내용이 위법하다는 것을 청구원인으로 재결
취소소송을 제기하더라도 부적법할 것입니다.

Q 행정소송에 전치주의가 있다는 말을 듣고 행정심판을 제기하였는데, 재결청 소속 공무원이 행정심판을 거칠 필요가 없다고 알려주어 이를 제기하지 않았습니다. 그런데 이후 제기한 항고소송에서 행정심판을 거치지 않았다 하여 위법하다는 결정을 받았습니다. 재결청 공무원의 말을 믿고 행정심판을 제기하지 않은 것인데 그럼에도 불구하고 항고소송이 부적법한 것인가요?

A 행정심판청구서 제출에 관하여 종전에는 처분청을 경유하여 행정심판을 제기하도록 경유절차를 두고 있었으나, 처분청이 청구인에게 심판청구의 취하를 종용하거나 부당하게 수리조차 않는 폐단이 있어 1995년 개정 행정심판법은 이를 폐지하였습니다. 따라서 청구인이 스스로 그 이익을 포기하고 바로 재결청에 행정심판청구를 하였더라도 그 심판청구는 적법합니다.

행정소송법 제18조 제3항 제4호의 규정이 행정청이 행정심판을 거칠 필요가 없다고 잘못 알린 때에는 행정심판을 제기하지 않고도 취소소송을 제기할 수 있도록 규정하고 있습니다. 그런데 처분을 행한 행정청이 아닌 재결청 소속 공무원이 행정심판을 거칠 필요가 없다고 잘못 알린 경우에 본 규정이 적용될 수 있는 지에 관하여 대법원은 "행정소송법 제18조 제3항 제4호에서 행정심판 전치주의에 대한 예외를 두고 있는 것은 행정에 대한 국민의 신뢰를 보호하려는 것이므로, 처분청이 아닌 재결청이 이와 같은 잘못된 고지를 한 경우에도 행정소송법 제18조 제3항 제4호의 규정을 유추·적용하여 행정심판을 제기함이 없이 그 취소소송을 제기할 수 있다고 할 것이고, 이 때에 재결청의 잘못된 고지가 있었는지 여부를 판단함에 있어서는 반드시 행정조직상의 형식적인 권한분장에 구애될 것이 아니라 담당자의 조직상의 지위와 임무, 당해 언동을 하게 된 구체적인 경위 및 그에 대한 행정심판청구인의 신뢰가능성에 비추어 실질에 의하여 판

단하여야 한다."고 판시한 바 있습니다(대법원 1996.8.23, 선고, 96
누4671 판결).

이와 같은 판례의 태도로 볼 때, 재결청 소속의 행정심판 업무 담당
공무원이 행정심판을 거칠 필요가 없다고 잘못 알린 경우, 행정심판
제기 없이 그 취소소송을 제기할 수 있다고 판단됩니다.

⚖ 관련판례 1

행정소송법 제19조는 취소소송은 행정청의 원처분을 대상으로 하되(원처분주의),
다만 "재결 자체에 고유한 위법이 있음을 이유로 하는 경우"에 한하여 행정심판
의 재결도 취소소송의 대상으로 삼을 수 있도록 규정하고 있으므로 재결취소소
송의 경우 재결 자체에 고유한 위법이 있는지 여부를 심리할 것이고, 재결 자체
에 고유한 위법이 없는 경우에는 원처분의 당부와는 상관없이 당해 재결취소소
송은 이를 기각하여야 한다(대법원 1994. 1. 25. 선고 93누16901 판결).

⚖ 관련판례 2

행정처분의 당연무효를 주장하여 그 무효확인을 구하는 행정소송에 있어서는
원고에게 그 행정처분이 무효인 사유를 주장, 입증할 책임이 있다(대법원 1992.
3. 10. 선고 91누6030 판결).

■ 행정처분이 행정심판에서 취소된 경우 국가를 상대로 손해배상청구를 할 수 있는지요?

Q 甲 행정청이 乙에게 허가를 내주었으나 위 허가에 하자가 있다며 직권으로 취소처분 하였고 이에 乙은 행정심판으로 다투었습니다. 행정심판에서 위 취소처분이 위법부당하다는 이유로 취소된 경우, 乙은 국가를 상대로 손해배상청구를 하려고 하는데 인용될 수 있겠는지요?

A 판례에 따르면 어떠한 행정처분이 후에 항고소송에서 취소되었다고 할지라도 그 기판력에 의하여 당해 행정처분이 곧바로 공무원의 고의 또는 과실로 인한 것으로서 불법행위를 구성한다고 단정할 수는 없고(대법원 1999. 9. 17. 선고 96다53413 판결 참조), 취소처분이 행정심판에서 취소되었다는 사실만을 가지고 취소처분이 위법하여 국가배상책임을 인정한 원심의 판단은 국가배상법 제2조 소정의 배상책임의 성립요건에 관한 법리를 오해한 것(대법원 2000. 5. 12. 선고 99다70600 판결 참조)이라고 합니다.

따라서 행정심판에서 어떠한 처분이 취소되었다는 이유만으로는 乙이 국가를 상대로 손해배상청구를 하더라도 반드시 인용된다고 보기는 어렵습니다.

♟ 관련판례

확정판결의 당사자인 처분행정청이 그 행정소송의 사실심 변론종결 이전의 사유를 내세워 다시 확정판결과 저촉되는 행정처분을 하는 것은 허용되지 않는 것으로서 이러한 행정처분은 그 하자가 중대하고도 명백한 것이어서 당연무효라 할 것이다(대법원 1990. 12. 11. 선고 90누3560 판결).

제3절 행정심판은 어떤 기관에서 처리하나요?

1. 행정심판기관

① 행정심판기관이란 행정심판청구를 심리·재결하는 권한을 가진 행정기관을 말합니다.

② 행정심판기관은 행정심판의 객관성·공정성을 확보하기 위해 상당한 독립성이 보장된 합의제 행정기관입니다.

③ 행정심판기관에는 행정심판위원회가 있습니다.

2. 행정심판위원회

행정심판위원회는 행정청의 처분 또는 부작위에 대한 행정심판청구를 심리·재결하는 심판기관입니다(행정심판법 제6조).

2-1. 행정심판위원회의 종류

① 행정심판기관으로는 행정심판위원회와 중앙행정심판위원회가 있습니다(행정심판법 제6조 참조).

행정심판위원회	중앙행정심판위원회
시·도지사 소속	국민권익위원회 소속
직근 상급 행정기관 소속	
해당 행정청 소속	

② 행정심판위원회는 시·도지사 소속, 직근 상급 행정기관 소속, 해당행정청 소속으로 설치됩니다.

2-2. 시·도지사 소속 행정심판위원회

다음의 어느 하나에 속하는 행정청의 처분 또는 부작위에 대한 심판청구에 대해서는 시·도지사 소속으로 두는 행정심판위원회에서 심리·재결합니다(행정심판법 제6조제3항).

- 시·도 소속 행정청
- 시·도의 관할구역에 있는 시·군·자치구의 장, 소속 행정청 또는 시·군·자치구의 의회(의장, 위원회의 위원장, 사무국장, 사무과장 등 의회소속 모든 행정청을 포함)
- 시·도의 관할구역에 있는 둘 이상의 지방자치단체(시·군·자치구)·공공법인 등이 공동으로 설립한 행정청

2-3. 중앙행정심판위원회

다음의 어느 하나에 해당하는 행정청의 처분 또는 부작위에 대한 심판청구에 대해서는 국민권익위원회에 두는 중앙행정심판위원회에서 심리·재결합니다(행정심판법 제6조제2항).
- 행정심판법 제6조제1항에 따른 행정청 외의 국가행정기관의 장 또는 그 소속 행정청
- 특별시장·광역시장·특별자치시장·도지사·특별자치도지사(특별시·광역시·특별자치시·도 또는 특별자치도의 교육감 포함) 또는 특별시·광역시·특별자치시·도·특별자치도의 의회(의장, 위원회의 위원장, 사무처장 등 의회 소속 모든 행정청을 포함)
- 지방자치법에 따른 지방자치단체조합 등 관계 법률에 따라 국가·지방자치단체·공공법인 등이 공동으로 설립한 행정청. 다만, 시·도의 관할구역에 있는 둘 이상의 지방자치단체(시·군·자치구)·공공법인 등이 공동으로 설립한 행정청은 제외

2-4. 직근 상급행정기관 소속 행정심판위원회

법무부 및 대검찰청 소속 특별지방행정기관(직근 상급 행정기관이나 소관 감독행정기관이 중앙행정기관인 경우는 제외)의 장의 처분 또는 부작위에 대한 심판청구에 대해서는 해당 행정청의 직근 상급 행정기관에 두는 행정심판위원회에서 심리·재결합니다(행정심판법 제6조제4항 및 행정심판법 시행령 제3조).

2-5. 해당 행정청 소속 행정심판위원회

① 다음의 어느 하나에 속하는 행정청 또는 그 소속 행정청의 처분 또는 부작위에 대한 행정심판청구(이하 "심판청구"라 함)에 대해서는 해당 행정청에 두는 행정심판위원회에서 심리·재결합니다(행정심판법 제6조 제1항 및 행정심판법 시행령 제2조).

- 감사원, 국가정보원장, 대통령비서실장, 국가안보실장, 대통령경호실장 및 방송통신위원회
- 국회사무총장·법원행정처장·헌법재판소사무처장 및 중앙선거관리위원회 사무총장
- 국가인권위원회, 그 밖에 지위·성격의 독립성과 특수성 등 이 인정되는 행정청

② 소속 행정청이란 행정기관의 계층구조에 관계없이 그 감독을 받거나 위탁을 받은 모든 행정청을 말하며, 위탁을 받은 행정청은 그 위탁받은 사무에 관하여는 위탁한 행정청의 소속 행정청으로 봅니다.

3. 행정심판위원회의 구성 및 회의

3-1. 행정심판위원회의 구성

① 행정심판위원회(중앙행정심판위원회는 제외)는 위원장 1명을 포함하여 50명 이내의 위원으로 구성합니다(행정심판법 제7조제1항).

② 행정심판위원회의 위원장

행정심판위원회의 위원장은 그 행정심판위원회가 소속된 행정청이 되며, 위원장이 없거나 부득이한 사유로 직무를 수행할 수 없거나 위원장이 필요하다고 인정하는 경우에는 다음의 순서에 따라 위원이 위원장의 직무를 대행합니다(행정심판법 제7조제2항).

- 위원장이 사전에 지명한 위원
- 행정심판법 제7조제4항에 따라 지명된 공무원인 위원(2명 이상인 경우에는 직급 또는 고위공무원단에 속하는 공무원의 직무등급이 높은 위원 순서로, 직급 또는 직무등급도 같은 경우에는 위원 재직기간이 긴 위원 순서로, 재직기간도 같은 경우에는 연장자 순서로 함)

③ 시·도지사 소속으로 두는 행정심판위원회의 경우에는 해당 지방자치단

체의 조례로 공무원이 아닌 위원을 위원장으로 정할 수 있고, 이 경우 위원장은 비상임으로 합니다(행정심판법 제7조제3항).

④ 위원의 자격

행정심판위원회의 위원은 해당 행정심판위원회가 소속된 행정청이 다음의 어느 하나에 해당하는 사람 중에서 성별을 고려하여 위촉하거나 그 소속 공무원 중에서 지명합니다(행정심판법 제7조제4항).

– 변호사의 자격을 취득한 후 5년 이상의 실무 경험이 있는 사람
– 고등교육법 제2조제1호부터 제6호까지의 규정에 따른 학교에서 조교수 이상으로 재직하거나 재직하였던 사람
– 행정기관의 4급 이상의 공무원이었거나 고위공무원단에 속하는 공무원이었던 사람
– 박사학위를 취득한 후 해당 분야에서 5년 이상 근무한 경험이 있는 사람
– 그 밖에 행정심판과 관련된 분야의 지식과 경험이 풍부한 사람

3-2. 행정심판위원회의 회의

① 행정심판위원회의 회의는 위원장과 위원장이 회의마다 지정하는 8명의 위원(그중 위에 따른 위촉위원은 6명 이상으로 하되, 위원장이 공무원이 아닌 경우에는 5명 이상으로 한함)으로 구성합니다(행정심판법 제7조제5항 본문).

② 다만, 국회규칙, 대법원규칙, 헌법재판소규칙, 중앙선거관리위원회규칙 또는 행정심판법 시행령(행정심판법 제6조제3항에 따라 시·도지사 소속으로 두는 행정심판위원회의 경우에는 해당 지방자치단체의 조례)으로 정하는 바에 따라 위원장과 위원장이 회의마다 지정하는 6명의 위원(그중 위에 따른 위촉위원은 5명 이상으로 하되, 공무원이 아닌 위원이 위원장인 경우에는 4명 이상으로 함)으로 구성할 수 있습니다(행정심판법 제7조제5항 단서).

③ 의결정족수

행정심판위원회는 구성원 과반수의 출석과 출석위원 과반수의 찬성으로 의결합니다(행정심판법 제7조제6항).

4. 중앙행정심판위원회의 구성 및 회의

4-1. 중앙행정심판위원회의 구성

① 중앙행정심판위원회는 위원장 1명을 포함하여 70명 이내의 위원으로 구성하되, 위원 중 상임위원은 4명 이내로 합니다(행정심판법 제8조제1항).

② 위원장

중앙행정심판위원회의 위원장은 국민권익위원회의 부위원장 중 1명이 되며, 위원장이 없거나 부득이한 사유로 직무를 수행할 수 없거나 위원장이 필요하다고 인정하는 경우에는 상임위원(상임으로 재직한 기간이 긴 위원 순서로, 재직기간이 같은 경우에는 연장자 순서로 함)이 위원장의 직무를 대행합니다(행정심판법 제8조제2항).

③ 위원의 자격

1. 상임위원 : 중앙행정심판위원회의 상임위원은 일반직공무원으로서 국가공무원법 제26조의5에 따른 임기제공무원으로 임명하되, 3급 이상 공무원 또는 고위공무원단에 속하는 일반직공무원으로 3년 이상 근무한 사람이나 그 밖에 행정심판에 관한 지식과 경험이 풍부한 사람 중에서 중앙행정심판위원회 위원장의 제청으로 국무총리를 거쳐 대통령이 임명합니다(행정심판법 제8조제3항).

2. 비상임위원 : 행정심판위원회의 위원과 동일한 자격을 가진 사람 중에서 중앙행정심판위원회 위원장의 제청으로 국무총리가 성별을 고려하여 위촉합니다(행정심판법 제8조제4항).

4-2. 중앙행정심판위원회의 회의

4-2-1. 중앙행정심판위원회

중앙행정심판위원회의 회의는 위원장, 상임위원 및 위원장이 회의마다 지정하는 비상임위원을 포함해 총 9명으로 구성합니다(행정심판법 제8조제5항). 이 경우 2명 이상의 상임위원이 포함되어야 합니다(행정심판법 시행령 제6조제1항).

4-2-2. 소위원회

① 중앙행정심판위원회는 심판청구사건 중 도로교통법에 따른 자동차운전면허 행정처분에 관한 사건(소위원회가 중앙행정심판위원회에서 심리·의결하도록 결정한 사건은 제외)을 심리·의결하게 하기 위해 4명의 위원으로 구성하는 소위원회를 둘 수 있습니다(행정심판법 제8조제6항).

② 소위원회의 위원장은 중앙행정심판위원회의 위원장이 상임위원 중에서 지정합니다(행정심판법 시행령 제7조제1항).

③ 소위원회는 중앙행정심판위원회의 상임위원 2명(소위원회의 위원장 1명 포함)과 중앙행정심판위원회의 위원장이 지명하는 2명의 비상임위원으로 구성합니다(행정심판법 시행령 제7조제2항).

4-2-3. 전문위원회

① 중앙행정심판위원회는 위원장이 지정하는 사건을 미리 검토하도록 필요한 경우에는 전문위원회를 둘 수 있습니다(행정심판법 제8조제8항).

② 전문위원회는 중앙행정심판위원회의 위원장이 지정하는 행정심판의 청구 사건을 미리 검토해 그 결과를 중앙행정심판위원회에 보고합니다(행정심판법 시행령 제8조제1항).

③ 전문위원회는 중앙행정심판위원회의 상임위원을 포함해 중앙행정심판위원회의 위원장이 지정하는 5명 이내의 위원으로 구성하며, 위원장은 중앙행정심판위원회의 위원장이 지정하는 위원이 됩니다(행정심판법 시행령 제8조제2항·제3항).

4-2-4. 의결정족수

중앙행정심판위원회 및 소위원회는 회의 구성원 과반수의 출석과 출석위원 과반수의 찬성으로 의결합니다(행정심판법 제8조제7항).

5. 행정심판위원회의 심리관할

① 중앙행정심판위원회

　　중앙행정기관(각 부·처·청 등), 특별시, 광역시·도, 중앙행정기관 소속 특별지방행정기관(지방경찰청, 지방병무청, 지방식품의약품안정청, 지방환경청, 지방고용노동청 등)의 처분 또는 부작위에 대한 심판청구사건

② 17개 시·도 행정심판위원회

　　시장·군수·구청장의 처분 또는 부작위에 대한 심판청구사건

③ 17개 시·도 교육청 행정심판위원회

　　소속 교육장 등의 처분 또는 부작위에 대한 심판청구사건

④ 5개 고등검찰청 행정심판위원회

　　소속 지방검찰청검사장, 지청장의 처분 또는 부작위에 대한 심판청구사건

⑤ 4개 지방교정청 행정심판위원회

　　소속 교도소장, 구치소장의 처분 또는 부작위에 대한 심판청구사건

⑥ 감사원 행정심판위원회

　　감사원장의 처분 또는 부작위에 대한 심판청구사건

⑦ 국가정보원 행정심판위원회

　　국가정보원장의 처분 또는 부작위에 대한 심판청구사건

⑧ 방송통신위원회 행정심판위원회

　　방송통신위원회의 처분 또는 부작위에 대한 심판청구사건

⑨ 국가인권위원회 행정심판위원회

　　국가인권위원회 사무처장의 처분 또는 부작위에 대한 심판청구사건

⑩ 국회사무처 행정심판위원회

　　국회 사무총장의 처분 또는 부작위에 대한 심판청구사건

⑪ 법원행정처 행정심판위원회

　　대법원 및 각급법원의 장, 법원행정처장 등의 처분 또는 부작위에 대한 심판청구사건

⑫ 헌법재판소 사무처 행정심판위원회

　　헌법재판소 사무처장의 처분 또는 부작위에 대한 심판청구사건

⑬ 중앙선거관리위원회 행정심판위원회

　　중앙선거관리위원장 등의 처분 또는 부작위에 대한 심판청구사건

■ 행정심판 기간 등을 안내하는 고지문을 보내지 않은 경우 이를 이유로 처분의 효력에 대하여 문제를 삼을 수 있는지요?

Q 행정기관이 처분을 내리면서 행정심판 기간 등을 안내하는 고지문을 보내지 않았습니다. 이러한 안내를 하지 않았다는 이유로 처분의 효력에 대하여 문제를 삼을 수 있는지, 그리고 언제까지 불복을 할 수 있는지요?

A 행정청이 처분을 할 때에는 처분의 상대방에게 처분에 대하여 행정심판을 청구할 수 있는지의 여부, 행정심판을 청구하는 경우의 심판청구절차 및 심판청구기간을 알려야 합니다(행정심판법 제58조 제1항). 다만, 이러한 고지절차에 관한 규정은 그 처분에 대한 행정심판의 절차를 밟는데 있어 편의를 제공하려는 것에 있으며 처분청이 위 규정에 따른 고지의무를 이행하지 않았다고 하더라도 심판의 대상이 되는 행정처분 자체에 하자가 수반된다고 볼 수는 없습니다(대법원 1987. 11. 24.선고 87누529판결). 그러나 행정심판 제기기간 등을 안내하는 통지를 고지지 않은 경우에는, 처분이 있었다는 것을 안 경우에도 해당 처분이 있는 날로부터 180일 이내에 청구할 수 있어(행정심판법 제27조 제6항), 권리구제를 위한 보완이 마련되어 있습니다.

⚖ 관련판례

통상 고시 또는 공고에 의하여 행정처분을 하는 경우에는 그 처분의 상대방이 불특정 다수인이고, 그 처분의 효력이 불특정 다수인에게 일률적으로 적용되는 것이므로, 그에 대한 행정심판 청구기간도 그 행정처분에 이해관계를 갖는 자가 고시 또는 공고가 있었다는 사실을 현실적으로 알았는지 여부에 관계없이 고시가 효력을 발생하는 날인 고시 또는 공고가 있은 후 5일이 경과한 날에 행정처분이 있음을 알았다고 보아야 한다(대법원 2000. 9. 8. 선고 99두11257 판결).

Q 甲 행정청의 乙에 대한 처분에 대해 乙이 행정심판으로 다투고 있습니다. 그런데 재결청이 행정처분 이후에 작성되어 제출된 자료를 근거로 처분이 위법하거나 부당하지 않다고 판단한다면, 이는 잘못된 것이 아닌지요?

A 행정심판에 있어서 행정처분의 위법·부당 여부는 원칙적으로 처분시를 기준으로 판단하여야 할 것이나, 재결청은 처분 당시 존재하였거나 행정청에 제출되었던 자료뿐만 아니라 재결 당시까지 제출된 모든 자료를 종합하여 처분 당시 존재하였던 객관적 사실을 확정하고 그 사실에 기초하여 처분의 위법·부당 여부를 판단할 수 있는 것입니다 (대법원 2001. 7. 27. 선고 99두5092 판결 참조).

따라서 재결청이 행정처분 이후에 작성되어 제출된 자료를 근거로 처분이 위법하거나 부당하지 않다고 판단할 수 있습니다.

♌ 관련판례 1

행정심판에 있어서 행정처분의 위법·부당 여부는 원칙적으로 처분시를 기준으로 판단하여야 할 것이나, 재결청은 처분 당시 존재하였거나 행정청에 제출되었던 자료뿐만 아니라, 재결 당시까지 제출된 모든 자료를 종합하여 처분 당시 존재하였던 객관적 사실을 확정하고 그 사실에 기초하여 처분의 위법·부당 여부를 판단할 수 있다(대법원 2001. 7. 27. 선고 99두5092 판결).

♌ 관련판례 2

지방세법시행규칙 제44조 소정의 심사청구절차는 처분청의 토지등급결정에 대하여 불복하여 제기하는 행정심판절차에 해당하므로, 그 심사청구에 대하여 재결청이 행한 재결에는 기속력이 있어 그에 위배되는 처분청의 토지등급결정은 무효라고 보아야 하지만, 구 지방세법시행규칙(1993.12.31. 내무부령 제602호로 개정되기 전의 것) 제45조 제1항 소정의 토지등급 설정·수정신청절차는 이미 설정 또는 수정된 토지등급에 대하여 불복하여 제기하는 행정심판절차에 해당하지 아니하므로 처분청이 그 설정·수정신청에 대하여 행한 결정에 기속력 또는 이와 유사한 효력이 생길 여지가 없다(대법원 1995. 3. 28. 선고 93누23565 판결).

Q 甲 행정청이 乙에게 골프장 사업계획승인을 하였는데, 이후 행정심판 절차에서 丙 재결청이 위 처분을 국민정서와 자연환경 보호 등을 근거로 취소하였습니다. 이 경우 위 재결은 위법한 것이 아닌지요?

A 행정심판법 제5조 제1호에 따르면 취소심판은 행정청의 위법 또는 부당한 처분을 취소하거나 변경하는 행정심판입니다. 그런데 행정심판의 대상인 국립공원 내 골프장 건설 허가 처분 자체는 위법하거나 부당하지는 아니하다고 인정하면서도 국민정서와 변화된 정책의 합목적성의 차원에서 자연환경 보호라는 공익이 현저히 크다는 이유로 원처분을 취소하고 있다면, 이는 결국 행정심판법 소정의 처분을 취소할 사유가 처분 자체에 존재하지 아니함에도 처분 자체에 내재하지 아니하는 처분 외적 사유인 국민정서와 변화된 정책의 합목적성이라는 같은 법이 규정하지 아니하는 별개의 사유를 들어 원처분을 취소하는 것이라고 해석할 수밖에 없다는 점에서 그 재결은 위법합니다(서울고등법원 1996. 6. 19. 선고 95구24052 판결 참조). 따라서 丙 재결청의 재결은 행정심판법에 어긋난 위법한 것이라 하겠습니다.

⚖ 관련판례

행정심판법 제32조 제3항에 의하면 재결청은 취소심판의 청구가 이유 있다고 인정할 때에는 처분을 취소·변경하거나 처분청에게 취소·변경할 것을 명한다고 규정하고 있으므로, 행정심판 재결의 내용이 처분청에게 처분의 취소를 명하는 것이 아니라 재결청이 스스로 처분을 취소하는 것일 때에는 그 재결의 형성력에 의하여 당해 처분은 별도의 행정처분을 기다릴 것 없이 당연히 취소되어 소멸되는 것이다(대법원 1998. 4. 24. 선고 97누17131 판결).

Q 甲 행정청이 乙에게 국가유공자등록거부처분을 하였는데 乙의 먼 친척으로 청구인적격이 없는 丙이 위 거부처분에 대해 행정심판을 제기하였으나 부적법 각하되었습니다. 이 경우 재결청이 丙에게 청구인적격이 없음을 알려주지 않고 행정심판을 각하한 것은 위법하지 않은지요?

A 행정심판법 제13조는 청구인적격이라는 표제 아래 제1항에서 취소심판은 처분의 취소 또는 변경을 구할 법률상 이익이 있는 자가 청구할 수 있다고 규정하고 있고, 청구인적격이 없는 자가 제기한 행정심판은 부적법합니다. 또한 판례에 따르면 청구인적격이 없는 자의 명의로 제기된 행정심판청구에 대하여 행정청이나 재결청에게 행정심판청구인을 청구인적격이 있는 자로 변경할 것을 요구하는 보정을 명할 의무가 없습니다(대법원 1999. 10. 8. 선고 98두10073 판결 참조).

따라서 재결청이 丙에게 청구인적격이 없음을 알려주지 않고 행정심판을 각하하더라도 재결에 위법이 있는 것은 아닙니다.

⚖ 관련판례

행정심판법 제32조 제3항에 의하면 재결청은 취소심판의 청구가 이유 있다고 인정되는 때에는 처분을 취소 또는 변경하거나 처분청에게 취소 또는 변경할 것을 명한다고 규정하고 있으므로, 행정심판에 있어서 재결청의 재결 내용이 처분청의 취소를 명하는 것이 아니라 처분청의 처분을 스스로 취소하는 것일 때에는 그 재결의 형성력이 발생하여 당해 행정처분은 별도의 행정처분을 기다릴 것 없이 당연히 취소되어 소멸되는 것이다(대법원 1997. 5. 30. 선고 96누14678 판결).

Q 행정심판위원회가 피청구인이 아닌 자로부터 제출된 답변서를 송달하여 청구인으로 하여금 답변서에 대하여 반박할 기회를 주었다면, 청구인이 피청구인으로 한 자의 답변서 제출과 그 송달 없이 한 행정심판의 재결에 고유한 위법이 있다고 할 수 있나요?

A 행정심판청구에 대한 피청구인의 답변서 제출 및 송달은 행정심판위원회의 의결의 편의와 청구인에게 주장을 보충하고 답변에 대한 반박의 기회를 주기 위한 것일 뿐입니다. 따라서 행정심판위원회가 피청구인이 아닌 자로부터 제출된 답변서를 청구인인 원고에게 송달하여 원고로 하여금 그 주장을 보충하고 답변서에 대하여 반박할 기회를 주었다면 원고가 피청구인으로 한 자의 답변서 제출과 그 송달 없이 한 행정심판의 재결에 고유한 위법이 있다고 할 수 없다 할 것입니다 (대법원 1992. 2. 28. 91누6979 판결참조).

이러한 판례의 태도에 따르면, 피청구인이 아닌 자로부터 제출된 답변서를 송달하여 청구인으로 하여금 답변서에 대하여 반박할 기회를 주었다면, 청구인이 피청구인으로 한 자의 답변서 제출과 그 송달 없이 한 행정심판의 재결에 고유한 위법이 있다고 볼 수 없다할 것입니다.

행정심판의 청구요건은
어떻게 되나요?

제2장 행정심판의 청구요건은 어떻게 되나요?

제1절 행정심판의 대상

1. 행정심판의 대상

행정심판법은 행정청의 처분 또는 부작위에 대해서는 다른 법률에 특별한 규정이 있는 경우 외에는 이 법에 따라 행정심판을 청구할 수 있다고 규정해 행정심판의 대상을 '행정청의 위법·부당한 처분이나 부작위'로 명시하고 있습니다(행정심판법 제3조제1항).

2. 행정청

2-1. 행정청의 의미

① 행정청이란 행정에 관한 의사를 결정해 표시하는 국가 또는 지방자치단체의 기관, 그 밖에 법령 또는 자치법규에 따라 행정권한을 가지고 있거나 위탁을 받은 공공단체나 그 기관 또는 사인을 말합니다(행정심판법 제2조제4호).

② 공기업 및 공공시설기관도 그 권한의 범위 내에서는 행정청이 될 수 있습니다. 예를 들어, 한국토지주택공사는 공익사업을 위한 토지 등의 취득 및 보상에 관한 법률에 따라 실시하는 이주대책 대상자선정행위에 있어서 행정청의 지위를 가지고, 근로복지공단은 산업재해보상보험법에 따라 부과하는 산업재해보상보험료 부과행위에 있어서 행정청의 지위를 가집니다.

③ 법원이나 국회도 행정처분을 하는 범위 내에서는 행정청에 포함됩니다. 예를 들어, 국회 또는 법원의 직원에 대한 징계, 법원장의 법무사합동법인설립인가 등에 있어서는 법원이나 국회도 행정청의 지위를 가집니다.

2-2. 권한의 승계

행정심판에 있어서의 행정청은 해당 처분 또는 부작위를 한 행정청을 가리키는 것이 원칙입니다. 다만, 처분이나 부작위가 있은 뒤에 그 처분이나 부작위에 관한 권한이 다른 행정청에 승계된 때에는 권한을 승계한 행정청이 피청구인이 됩니다(행정심판법 제17조제1항).

3. 처분

3-1. 처분의 의미

행정심판법은 행정심판의 대상인 처분을 행정청이 행하는 구체적 사실에 관한 법집행으로서의 공권력의 행사 또는 그 거부와 그 밖에 이에 준하는 행정작용이라고 정의하고 있습니다(행정심판법 제2조제1호).

3-2. 구체적 사실에 관한 법집행

구체적 사실에 관한 법집행이란 특정사항에 대해 법규에 의한 권리를 설정하거나, 의무를 부담하도록 하거나, 그 밖에 법률상 효과를 발생하게 하는 등 국민의 권리의무에 직접관계가 있는 행위를 말합니다. 따라서 상대방인 국민 또는 그 밖에 관계자들의 법률상 지위에 직접적인 법률적 변동을 일으키지 않는 행위는 행정심판의 대상이 되는 처분이 아닙니다(대법원 1999. 10. 22. 선고, 98두18435 판결 참고).

3-3. 공권력의 행사 또는 그 거부

공권력의 행사 또는 그 거부란 행정청이 우월한 지위에서 하는 권력적인 행위를 말합니다.

3-4. 그 밖에 이에 준하는 행정작용

행정청의 공권력의 행사나 그 거부처분은 아니라 하더라도 대외적 작용으로서 개인의 권익에 구체적으로 영향을 미치는 작용은 행정심판의 대상이 되는 처분이 됩니다.

4. 부작위

4-1. 부작위의 의미

부작위란 행정청이 당사자의 신청에 대해 상당한 기간 내에 일정한 처분을 해야 할 법률상의 의무가 있음에도 불구하고 처분을 하지 않는 것을 말합니다(행정심판법 제2조제2호).

4-2. 부작위의 성립요건

① 법규상·조리상 신청권이 있는 자의 신청이 있을 것

부작위가 성립하기 위해서는 법규상 또는 조리상 일정한 행정처분을 요구할 수 있는 당사자의 신청이 있어야 합니다.

법규상·조리상의 신청권이 없는 자가 행정청의 직권발동을 촉구하는데 지나지 않는 신청을 한 것에 대해 무응답한 것은 부작위위법확인소송의 대상이 될 수 없습니다(대법원 1993. 4. 23. 선고 92누17099 판결).

② 상당한 기간이 경과할 것

행정소송의 대상인 부작위가 되기 위해서는 행정청이 일정한 처분을 해야 할 상당한 시간이 지나도 아무런 처분을 하지 않아야 합니다.

상당한 기간이란 행정청이 신청에 대해 처분을 하는 데 통상 필요로 하는 기간으로, 행정절차법에 따라 공포된 처리기간이 상당한 기간을 판단하기 위한 기준이 될 수 있습니다(행정절차법 제19조).

③ 행정청에 일정한 처분을 할 법률상 의무가 있을 것

부작위는 행정청이 신청을 인용하는 처분이나 기각하는 처분 등을 해야 할 법률상 의무가 있음에도 이를 하지 않는 경우에 성립합니다.

법률상 의무에는 명문의 규정에 따라 인정되는 경우는 물론, 법령의 해석상 인정되는 경우도 포함됩니다(대법원 1991. 2.11. 선고 90누5825 판결).

④ 행정청이 아무런 처분도 하지 않을 것

부작위위법확인소송은 처분이 존재하지 않는 경우에 허용되는 것이고, 처분이 존재하는 이상은 가령 그 처분이 무효인 행정처분처럼 중대하고 명백한 하자로 말미암아 처음부터 당연히 효력이 발생하지 않은 경우라도 부작위위법확인소송의 대상이 될 수 없습니다(대법원 1990. 12. 11. 선고 90누 4266 판결).

5. 예외사항

① 행정심판이 행정청의 처분이나 부작위를 대상으로 한다고 하더라고 대통령의 처분 또는 부작위에 대해서는 다른 법률에서 행정심판을 청구할 수 있도록 정한 경우 외에는 행정심판을 청구할 수 없습니다(행정심판법 제3조제2항).

② 행정심판에 대한 재결이 있으면 그 재결 및 같은 처분 또는 부작위에 대해 다시 행정심판을 청구할 수 없습니다(행정심판법 제51조).

Q 행정청의 乙에 대한 산업재해요양보상급여취소처분에 대하여 乙이 행정심판을 제기하였으나 기각재결이 확정되었고 취소소송 제기기간이 도과하였습니다. 이 경우 乙은 다시 요양급여를 청구할 수 없는 것인지요?

A 일반적으로 행정처분이나 행정심판 재결이 불복기간의 경과로 인하여 확정될 경우 그 확정력은, 그 처분으로 인하여 법률상 이익을 침해받은 자가 당해 처분이나 재결의 효력을 더 이상 다툴 수 없다는 의미일 뿐, 더 나아가 판결에 있어서와 같은 기판력이 인정되는 것은 아니어서 그 처분의 기초가 된 사실관계나 법률적 판단이 확정되고 당사자들이나 법원이 이에 기속되어 모순되는 주장이나 판단을 할 수 없게 되는 것은 아닙니다. 따라서 종전의 산업재해 요양보상급여취소처분이 불복기간의 경과로 인하여 확정되었더라도 요양급여청구권이 없다는 내용의 법률관계까지 확정된 것은 아니며 원고로서는 소멸시효에 걸리지 아니한 이상 다시 요양급여를 청구할 수 있고, 그것이 거부된 경우 이는 새로운 거부처분으로서 그 위법여부를 소구할 수 있습니다(대법원 1993. 4. 13. 선고 92누17181 판결 참조).
따라서 법원은 기각재결의 법률적 판단에 구속되지 않고 乙은 다시 요양급여를 청구할 수 있습니다.

⚖ 관련판례 1

부작위위법확인의 소는 부작위상태가 계속되는 한 그 위법의 확인을 구할 이익이 있다고 보아야 하므로 원칙적으로 제소기간의 제한을 받지 않는다. 그러나 행정소송법 제38조 제2항이 제소기간을 규정한 같은 법 제20조를 부작위위법확인소송에 준용하고 있는 점에 비추어 보면, 행정심판 등 전심절차를 거친 경우에는 행정소송법 제20조가 정한 제소기간 내에 부작위위법확인의 소를 제기하여야 한다(대법원 2009. 7. 23. 선고 2008두10560 판결).

⚖ 관련판례 2

부작위위법확인소송은 처분의 신청을 한 자로서 부작위의 위법확인을 구할 법률상 이익이 있는 자만이 제기할 수 있다 할 것이며 이를 통하여 구하는 행정청의 응답행위는 「행정소송법」 제2조제1항제1호 소정의 처분에 관한 것이라야 하므로 당사자가 행정청에 대하여 어떠한 행정행위를 하여 줄 것을 신청하지 아니하였거나 신청을 하였더라도 당사자가 행정청에 대하여 그러한 행정행위를 하여 줄 것을 요구할 수 있는 법규상 또는 조리상 권리를 갖고 있지 아니하든지 또는 행정청이 당사자의 신청에 대하여 거부처분을 한 경우에는 원고적격이 없거나 항고소송의 대상인 위법한 부작위가 있다고 볼 수 없어 그 부작위위법확인의 소는 부적법하다(대법원 1993. 4. 23. 선고 92누17099 판결).

Q 행정심판청구의 방식이 별도로 존재하나요? 지방자치단체의 변상금부과처분에 대하여 '답변서'란 표제로 토지 점유 사실이 없어 변상금을 납부할 수 없다는 취지의 서면을 제출한 것이 행정심판청구로 볼 수 있나요?

A 행정심판법 제28조에서는 행정심판청구는 서면으로 하여야 한다고 하면서, 심판청구서에 기재해야할 내용을 규정하고 있습니다. 하지만 이와 같이 행정심판청구를 서면으로 한다면, 그 서면의 표제가 반드시 행정심판이어야 하는 것은 아닙니다. 대법원도 이와 같은 입장입니다(대법원 1985. 7. 9. 선고 83누189 판결).

이와 같은 판례의 입장에 따르면, 지방자치단체의 변상금부과처분에 대하여 '답변서'란 표제로 토지 점유 사실이 없어 변상금을 납부할 수 없다는 취지의 서면을 제출한 것을 서면의 표제나 형식 여하에 불구하고 행정심판청구로 볼 수 있다고 판단됩니다.

⚖ 관련판례 1

검사의 임용에 있어서 임용권자가 임용여부에 관하여 어떠한 내용의 응답을 할 것인지는 임용권자의 자유재량에 속하므로 일단 임용거부라는 응답을 한 이상 설사 그 응답내용이 부당하다고 하여도 사법심사의 대상으로 삼을 수 없는 것이 원칙이나, 적어도 재량권의 한계 일탈이나 남용이 없는 위법하지 않은 응답을 할 의무가 임용권자에게 있고 이에 대응하여 임용신청자로서도 재량권의 한계 일탈이나 남용이 없는 적법한 응답을 요구할 권리가 있다고 할 것이며, 이러한 응답신청권에 기하여 재량권 남용의 위법한 거부처분에 대하여는 항고소송으로서 그 취소를 구할 수 있다고 보아야 하므로 임용신청자가 임용거부처분이 재량권을 남용한 위법한 처분이라고 주장하면서 그 취소를 구하는 경우에는 법원은 재량권남용 여부를 심리하여 본안에 관한 판단으로서 청구의 인용 여부를 가려야 한다(대법원 1991. 2. 12. 선고 90누5825 판결).

⚖ 관련판례 2

「행정소송법」 제4조제3호에 규정된 부작위위법확인소송은 행정청이 당사자의 신청에 대하여 상당한 기간내에 일정한 처분을 하여야 할 법률상 의무가 있음에도 불구하고 이를 하지 아니하는 경우에 그 부작위가 위법하다는 것을 확인하는 소송으로서 당사자의 신청에 대한 행정청의 처분이 존재하지 아니하는 경우에 허용되는 것이므로, 당사자의 신청에 대하여 행정청이 거부처분을 한 경우에는 그 거부처분에 대하여 취소소송을 제기하여야 하고 행정처분의 부존재를 전제로 한 부작위위법확인소송을 제기할 수 없는 것이다(대법원 1990. 12. 11. 선고 90누4266 판결).

제2절 행정심판의 당사자

1. 심판청구인

1-1. 심판청구인

심판청구인이란 심판청구의 대상이 되는 처분 등에 불복해 행정심판을 청구하는 자를 말합니다. 반드시 처분이 상대방만을 의미하는 것은 아니고 제3자도 심판청구인이 될 수 있습니다.

1-2. 청구인적격

① 청구인적격이란 특정의 행정심판에 있어서 청구인으로 행정심판을 청구하고 본안에 관한 재결을 받기에 적합한 자격을 말합니다.

② 행정심판에서는 심판청구의 대상인 특정 처분의 위법·부당 여부의 확정에 관해 법률상 이익을 가지는 자가 정당한 당사자가 됩니다.

1-3. 청구인적격의 요건

① 취소심판의 경우에는 처분의 취소 또는 변경을 구할 법률상 이익이 있는 자가 행정심판을 청구할 수 있습니다(행정심판법 제13조제1항 전단).

② 다만, 취소심판의 경우 처분의 효과가 기간의 경과, 처분의 집행 그 밖의 사유로 인해 소멸된 뒤에도 그 처분의 취소로 회복되는 법률상 이익이 있는 자도 행정심판을 청구할 수 있습니다(행정심판법 제13조제1항 후단).

> ※ 법률상 이익
>
> ① 법률상 이익이란 원칙적으로 해당 처분 등의 근거 법률에 따라 보호되고 있는 직접적이고 구체적인 이익이어야 하고 공익보호의 결과로 국민 일반이 가지는 추상적·평균적·일반적 이익이나 반사적 이익과 같이 간접적이거나 사실적·경제적 이익까지 포함하는 것은 아닙니다(대법원 1992.12.8. 선고 91누13700 판결).
> ② 법에 따라 보호되는 이익은, 해당 처분의 근거 법규를 기본으로 하되,

개인의 이익을 보호하는 명문의 규정이 없더라도 근거 법규와 관련 법규의 합리적 해석상, 처분의 근거가 된 법규가 행정청을 제약하는 이유가 순수 공익이 아닌 개인적 구체적 이익을 보호하는 취지가 포함되어 있다고 해석되는 경우에는 법률상 보호되는 이익으로 취급됩니다(대법원 1975. 5. 13. 선고 73누96 판결).

③ 행정심판청구인이 아닌 제3자라도 당해 행정심판청구를 인용하는 재결로 인하여 권리 또는 법률상 이익을 침해받게 되는 경우에는 그 재결의 취소를 구할 수 있으나, 이 경우 법률상 이익이란 당해 처분의 근거 법률에 의하여 직접 보호되는 구체적인 이익을 말하므로 제3자가 단지 간접적인 사실상 경제적인 이해관계를 가지는 경우에는 그 재결의 취소를 구할 원고적격이 없습니다(대법원 2000. 9. 8. 선고 98두13072 판결).

③ 무효등확인심판의 경우에는 처분의 효력 유무 또는 존재 여부에 대한 확인을 구할 법률상 이익이 있는 자가 행정심판을 청구할 수 있습니다 (행정심판법 제13조제2항).

④ 의무이행심판의 경우에는 처분을 신청한 자로서 행정청의 거부처분 또는 부작위에 대해 일정한 처분을 구할 법률상 이익이 있는 자가 행정심판을 청구할 수 있습니다(행정심판법 제13조제3항).

1-4. 대리인의 선임

① 대리인이란 청구인 또는 피청구인을 위해 대리권의 범위 안에서 자기의 의사에 따라 행정심판에 관한 행위를 하는 사람을 말하며, 이 때 그 행위의 효과는 직접 청구인 또는 피청구인에게 귀속되게 됩니다.

② 청구인은 대리인을 선임해 해당 심판청구에 관한 행위를 대리하게 할 수 있습니다.

③ 청구인은 다음에 해당하는 사람을 대리인으로 선임할 수 있습니다(행정심판법 제18조제1항).

- 법정대리인
- 청구인의 배우자, 청구인 또는 배우자의 사촌 이내의 혈족
- 청구인이 법인이거나 청구인능력이 있는 법인이 아닌 사단 또는 재단인 경

우 그 소속 임직원

- 변호사
- 다른 법률에 따라 심판청구를 대리할 수 있는 사람
- 그 밖에 행정심판위원회의 허가를 받은 사람

④ 대리인은 청구인을 위해 그 사건에 관한 모든 행위를 할 수 있습니다. 다만, 심판청구를 취하하려면 청구인의 동의를 받아야 하며, 이 경우 동의받은 사실을 서면으로 소명해야 합니다(행정심판법 제18조제3항 및 제15조제3항).

⑤ 청구인은 필요하다고 인정할 때에는 대리인을 해임하거나 변경할 수 있습니다(행정심판법 제18조제3항, 제15조제5항).

⑥ 청구인이 경제적 능력으로 인해 대리인을 선임할 수 없는 경우는 다음 중 어느 하나에 해당하는 사람으로 위원회에 심리기일 전까지 국선대리인을 선임하여 줄 것을 신청할 수 있습니다(행정심판법 제18조의2제1항, 행정심판법 시행령 제16조의2제1항 및 제2항).

- 국민기초생활 보장법 제2조제2호에 따른 수급자
- 한부모가족지원법 제5조 및 제5조의2에 따른 지원대상자
- 기초연금법 제2조제3호에 따른 기초연금 수급자
- 장애인연금법 제2조제4호에 따른 수급자
- 북한이탈주민의 보호 및 정착지원에 관한 법률 제2조제2호에 따른 보호대상자
- 그 밖에 위원장이 경제적 능력으로 인하여 대리인을 선임할 수 없다고 인정하는 사람

⑦ 위원회는 위의 신청에 따른 국선대리인 선정 여부에 대한 결정을 하고, 지체 없이 청구인에게 그 결과를 통지해야 합니다(행정심판법 제18조의2제2항 전단).

2. 피청구인

2-1. 피청구인 적격

① 행정심판은 처분을 한 행정청(의무이행심판의 경우에는 청구인의 신청을 받은 행정청)을 피청구인으로 하여 청구해야 합니다(행정심판법 제

17조제1항 본문).

② 다만, 심판청구의 대상과 관계되는 권한이 다른 행정청에 승계된 경우에는 이를 승계한 행정청을 피청구인으로 해야 합니다(행정심판법 제17조제1항 단서).

2-2. 피청구인의 경정

① 청구인이 피청구인을 잘못 지정한 경우에는 행정심판위원회는 직권으로 또는 당사자의 신청에 따라 결정으로써 피청구인을 경정할 수 있습니다(행정심판법 제17조제2항).

② 행정심판위원회가 위에 따라 피청구인의 경정결정을 한 때에는 그 결정 정본을 당사자(종전의 피청구인과 새로운 피청구인을 포함)에게 송달해야 합니다(행정심판법 제17조제3항).

③ 피청구인의 경정결정이 있는 때에는 종전의 피청구인에 대한 심판청구는 취하되고 종전의 피청구인에 대한 행정심판이 청구된 때에 새로운 피청구인에 대한 행정심판이 청구된 것으로 봅니다(행정심판법 제17조제4항).

④ 행정심판위원회는 행정심판이 청구된 후에 피청구인이 승계된 경우에는 직권으로 또는 당사자의 신청에 따라 결정으로써 피청구인을 경정합니다(행정심판법 제17조제5항).

피청구인 경정신청서		
접수번호	접수일	
사건명		
청구인	성명	
	주소	
피청구인		
신청 취지		
신청 이유		

「행정심판법」 제17조제2항·제5항 및 같은 법 시행령 제15조제1항에 따라 위와 같이 신청합니다.

년   월   일

신청인   (서명 또는 인)

○○행정심판위원회 귀중

첨부서류	없음	수수료 없음

2-3. 대리인의 선임

① 심판청구의 피청구인은 대리인을 선임해 해당 심판청구에 관한 행위를 대리하게 할 수 있습니다.

② 피청구인은 다음에 해당하는 자를 대리인으로 선임할 수 있습니다(행정심판법 제18조제2항).

- 변호사
- 다른 법률에 따라 심판청구를 대리할 수 있는 자
- 그 밖에 행정심판위원회의 허가를 받은 자

③ 대리인은 피청구인을 위해 그 사건에 관한 모든 행위를 할 수 있습니다. 다만, 심판청구를 취하하려면 청구인의 동의를 받아야 하며 이 경우 동의 받은 사실을 서면으로 소명해야 합니다(행정심판법 제18조제3

항 및 제15조제3항).

④ 대리인을 선정한 당사자는 필요하다고 인정할 때에는 선정대표자를 해임하거나 변경할 수 있습니다(행정심판법 제18조제3항 및 제15조제5항).

[서식 예] 대리인 선임서(위임장)

<table>
<tr><td colspan="3" align="center">대리인 선임서(위임장)</td></tr>
<tr><td>접수번호</td><td>접수일</td><td></td></tr>
<tr><td>사건명</td><td colspan="2"></td></tr>
<tr><td rowspan="2">청구인</td><td colspan="2">성명</td></tr>
<tr><td colspan="2">주소</td></tr>
<tr><td>피청구인</td><td colspan="2"></td></tr>
<tr><td rowspan="3">대리인이
될 자</td><td colspan="2">성명</td></tr>
<tr><td colspan="2">주소</td></tr>
<tr><td colspan="2">주민등록번호(법인등록번호, 외국인등록번호)</td></tr>
<tr><td>선임 이유</td><td colspan="2"></td></tr>
<tr><td>대리인과의
관계</td><td colspan="2"></td></tr>
<tr><td>증명 방법</td><td colspan="2"></td></tr>
<tr><td colspan="3">「행정심판법」 제18조에 따라 위와 같이 대리인을 선임합니다.

년 월 일

신청인 (서명 또는 인)

○○행정심판위원회 귀중</td></tr>
<tr><td>첨부서류</td><td>없음</td><td>수수료
없음</td></tr>
</table>

3. 심판의 참가

3-1. 참가인(이해관계자)

① 심판결과에 이해관계가 있는 제3자 또는 행정청이 그 사건에 참가하는 것을 심판참가라 하고, 참가하는 그 자를 참가인이라고 합니다.

② 심판참가제도는 이해관계자를 심판절차에 참여시킴으로써 적정하고도 공정한 심리를 도모할 뿐만 아니라 이해관계자의 권익도 보호함을 목적으로 합니다.

③ 이해관계자는 해당 처분 자체에 대해 이해관계가 있는 자는 물론이고, 재결의 내용 여하에 따라 불이익을 받게 될 자도 포함됩니다. 예를 들어, 공해공장에 대한 규제권의 발동을 구하는 의무이행심판에 있어서 관계 공장주 또는 공매처분의 취소심판에 있어서의 매수자는 이해관계자가 될 수 있습니다.

3-2. 허가에 의한 참가

3-2-1. 의의

행정심판의 결과에 이해관계가 있는 제3자나 행정청은 해당 심판청구에 대한 행정심판위원회의 의결이 있기 전까지 그 사건에 대해 심판참가를 할 수 있습니다(행정심판법 제20조).

3-2-2. 신청

① 심판참가를 하려는 자는 참가의 취지와 이유를 적은 참가신청서를 행정심판위원회에 제출해야 합니다. 이 경우 당사자의 수만큼 참가신청서 부본을 함께 제출해야 합니다.

② 행정심판위원회는 참가신청서를 받으면 참가신청서 부본을 당사자에게 송달하고, 기간을 정해 다른 당사자와 다른 참가인에게 제3자의 참가신청에 대한 의견을 제출하도록 할 수 있으며, 당사자와 다른 참가인이 그 기간에 의견을 제출하지 않으면 의견이 없는 것으로 봅니다(행정심판법 제20조제3·4항).

[서식 예] 심판참가 허가신청서

심판참가 허가신청서			
접수번호		접수일	
사건명			
청구인	성명		
	주소		
피청구인			
참가 신청인	성명		
	주소		
	주민등록번호(외국인등록번호)		
신청 취지			
신청 이유			
「행정심판법」 제20조제2항에 따라 위와 같이 심판참가 허가를 신청합니다. 　　　　　　　　　　　　　　　　　　　년　　　월　　　일 　　　　　　　　　　　신청인　　　　　　　(서명 또는 인) ○○행정심판위원회 귀중			
첨부서류	없음		수수료 없음

3-2-3. 허가

　　　행정심판위원회가 심판참가 신청을 받으면, 허가여부를 결정하고 지체 없이 신청인에게는 결정서 정본을 당사자와 다른 참가인에게는 결정서 등본을 송달해야 합니다(행정심판법 제20조제5항).

3-2-4. 이의신청

신청인은 허가여부에 대한 결정서 정본의 송달을 받은 날부터 7일 이내에 행정심판위원회에 이의신청을 할 수 있습니다(행정심판법 제20조제6항).

3-3. 요구에 의한 참가

① 행정심판위원회는 필요하다고 인정하면 그 행정심판 결과에 이해관계 있는 제3자나 행정청에 그 사건 심판에 참가할 것을 요구할 수 있습니다(행정심판법 제21조제1항).

② 행정심판참가의 요구를 받은 제3자나 행정청은 지체 없이 그 사건 심판에 참가할 것인지 여부를 행정심판위원회에 통지해야 합니다(행정심판법 제21조제2항).

3-4. 참가인의 지위

① 참가인은 행정심판절차에서 당사자가 할 수 있는 심판절차상의 행위를 할 수 있습니다(행정심판법 제22조제1항).

② 당사자가 행정심판위원회에 서류를 제출할 때에는 참가인의 수만큼 부본을 제출해야 하고, 행정심판위원회가 당사자에게 통지를 하거나 서류를 송달할 때에는 참가인에게도 통지하거나 송달해야 합니다(행정심판법 제22조제2항).

4. 당사자의 권리

4-1. 위원·직원에 대한 기피신청권

① 당사자는 행정심판위원회의 위원에게 공정한 심리·의결을 기대하기 어려운 경우 기피신청을 할 수 있습니다(행정심판법 제10조제2항).

② 행정심판위원회의 위원장은 기피신청을 받으면 기피여부에 대한 결정을 하고, 지체 없이 신청인에게 결정서 정본을 송달해야 합니다(행정심판법 제10조제6항).

4-2. 보충서면 제출권

① 당사자는 심판청구서·보정서·답변서 또는 참가신청서에서 주장한 사실을 보충하고 다른 당사자의 주장을 다시 반박하기 위해 필요하면 행정심판위원회에 보충서면을 제출할 수 있습니다(행정심판법 제33조제1항).

② 행정심판위원회가 보충서면의 제출기한을 정한 때에는 그 기한 내에 제출해야 합니다(행정심판법 제33조제2항).

4-3. 구술심리신청권

당사자는 행정심판위원회에 구술심리를 신청할 수 있습니다(행정심판법 제40조제1항 단서).

[서식 예] 구술심리 신청서

구술심리 신청서			
접수번호	접수일		
사건명			
청구인	성명		
	주소		
피청구인			
신청 취지			
신청 이유			

「행정심판법」 제40조제1항 단서 및 같은 법 시행령 제27조에 따라 위와 같이 구술심리를 신청합니다.

년　　월　　일

신청인　　　　　　(서명 또는 인)

○○행정심판위원회 귀중

첨부서류	없음	수수료 없음

4-4. 증거제출권

당사자는 행정심판위원회에 그의 주장을 뒷받침하는 증거서류나 증거물을 제출할 수 있습니다(행정심판법 제34조제1항).

4-5. 증거조사 신청권

당사자는 그의 주장을 뒷받침하기 위해 필요할 때에는, 행정심판위원회에 당사자·관계인 신문, 증거자료의 제출 요구, 감정, 조사·검증 등 증거조사를 할 것을 신청할 수 있습니다.

[서식 예] 증거조사 신청서

<table>
<tr><td colspan="3" align="center">증거조사 신청서</td></tr>
<tr><td>접수번호</td><td colspan="2">접수일</td></tr>
<tr><td>사건명</td><td colspan="2"></td></tr>
<tr><td rowspan="2">청구인</td><td colspan="2">성명</td></tr>
<tr><td colspan="2">주소</td></tr>
<tr><td>피청구인</td><td colspan="2"></td></tr>
<tr><td>증거 할 사실</td><td colspan="2"></td></tr>
<tr><td>증거방법</td><td colspan="2"></td></tr>
<tr><td colspan="3">「행정심판법」 제36조제1항 및 같은 법 시행령 제25조제1항에 따라 위와 같이 증거조사를 신청합니다.

년 월 일

신청인　　　　　(서명 또는 인)

○○행정심판위원회 귀중</td></tr>
<tr><td>첨부서류</td><td>없음</td><td>수수료
없음</td></tr>
</table>

■ 행정심판 결과에 따라 불이익을 받을 수도 있는 이해관계인도 행정심판에 참가할 수 있을까요?

Q 저는 행정심판의 당사자는 아니지만 행정심판 결과에 따라 불이익을 받을 수도 있는 이해관계인입니다. 저도 행정심판에 참가할 수 있을까요?

A 행정심판의 당사자가 아니더라도 심판결과에 대하여 이해관계가 있는 제3자나 행정청은 행정심판위원회의 허가를 받아 그 사건에 참가할 수 있습니다. 여기서의 이해관계는 사실상의 이해관계가 아닌 법률상의 이해관계를 말합니다.

　◇ 행정심판의 참가

① 행정심판의 결과에 이해관계가 있는 제3자나 행정청은 해당 심판청구에 대한 행정심판위원회의 의결이 있기 전까지 그 사건에 대해 심판참가를 할 수 있습니다.

② 심판참가를 하려는 자는 참가의 취지와 이유를 적은 참가신청서를 행정심판위원회에 제출해야 합니다. 이 경우 당사자의 수만큼 참가신청서 부본을 함께 제출해야 합니다.

③ 행정심판위원회는 참가신청서를 받으면 참가신청서 부본을 당사자에게 송달하고, 기간을 정해 다른 당사자와 다른 참가인에게 제3자의 참가신청에 대한 의견을 제출하도록 할 수 있으며, 당사자와 다른 참가인이 그 기간에 의견을 제출하지 않으면 의견이 없는 것으로 봅니다.

⚖ 관련판례 1

행정심판청구인이 아닌 제3자라도 당해 행정심판청구를 인용하는 재결로 인하여 권리 또는 법률상 이익을 침해받게 되는 경우에는 그 재결의 취소를 구할 수 있으나, 이 경우 법률상 이익이란 당해 처분의 근거 법률에 의하여 직접 보호되는 구체적인 이익을 말하므로 제3자가 단지 간접적인 사실상 경제적인 이해관계를 가지는 경우에는 그 재결의 취소를 구할 원고적격이 없다(대법원 2000.9.8, 선고, 98두13072, 판결).

⚖ 관련판례 2

행정심판제출기관의 표시가 잘못되었을 뿐 적법한 행정심판의 제기는 있는 것으로 인정되려면 법령상 당해 처분에 대한 아무런 심사 및 재결의 권한 없는 행정기관을 제출기관으로 표시하였으나 실제로는 정당한 재결권한 있는 행정기관에 행정심판을 제기한 것으로 볼 수 있는 경우라야 하는데, 감사원법의 규정에 의한 심사청구를 한다는 취지를 명백히 한 경우는 제출기관의 표시가 잘못된 경우라고는 할 수 없는 것이어서 이를 일반행정심판으로 보아 행정소송법 소정의 전심절차를 경유하였다고 할 수 없다(대법원 1991. 10. 22. 선고 91누5259 판결).

■ 청구인적격이 있는 자로 청구인변경을 할 수 있는지요?

Q 甲 행정청이 버스운송업자 乙에게 버스운송사업계획변동인가처분을 하였고 버스운송업자들의 동업자단체인 버스운송사업조합 丙이 위 처분을 대상으로 행정심판을 청구한 경우, 丙에서 乙로 청구인 변경을 할 수 있는지요?

A 버스운송업자 乙에 대한 버스운송사업계획변동인가처분으로 인해 버스운송업자가 아닌 조합 丙 자신의 법률상 이익이 침해된다거나 직접적이고 구체적인 이해관계를 가진다고 보기는 어려우므로, 丙은 행정심판의 청구인적격이 없는 것으로 보입니다. 그런데 이 경우 丙에서 乙로 청구인 변경을 할 수 있는지에 대해 판례는 "행정심판법에 의한 행정심판절차에서 임의적인 청구인의 변경은 원칙적으로 허용되지 않는 것이므로, 청구인적격이 없는 자가 제기한 심판청구는 부적법한 것으로서 흠결이 보정될 수 없는 것(대법원 1990. 2. 9. 선고 89누4420 판결)"이라고 판시하였습니다. 따라서 丙은 乙로 청구인 변경을 하지 못할 것으로 보입니다.

🛱 관련판례

면허받은 장의자동차운송사업구역에 위반하였음을 이유로 한 행정청의 과징금부과처분에 의하여 동종업자의 영업이 보호되는 결과는 사업구역제도의 반사적 이익에 불과하기 때문에 그 과징금부과처분을 취소한 재결에 대하여 처분의 상대방 아닌 제3자는 그 취소를 구할 법률상 이익이 없다(대법원 1992.12.8.선고 91누13700 판결).

Q 피청구인이 아닌 자로부터 답변서가 제출되면 문제가 되는지요?

A 일단은 아닙니다. 다음 판례를 참고하십시오. "대법원 1992.2.28, 선고, 91누6979, 판결"입니다.

행정심판청구에 대한 피청구인의 답변서 제출 및 송달은 행정심판위원회의 의결의 편의와 청구인에게 주장을 보충하고 답변에 대한 반박의 기회를 주기 위한 것일 뿐이므로 행정심판위원회가 피청구인이 아닌 자로부터 제출된 답변서를 청구인에게 송달하여 청구인으로 하여금 그 주장을 보충하고 답변서에 대하여 반박할 기회를 주었다면 청구인이 피청구인으로 한 자의 답변서 제출과 그 송달 없이 한 행정심판의 재결에 고유한 위법이 있다고 할 수 없다고 한 사례입니다.

⚖ **관련판례**

청구인적격이 없는 자의 명의로 제기된 행정심판청구에 대하여 행정청이나 재결청에게 행정심판청구인을 청구인적격이 있는 자로 변경할 것을 요구하는 보정을 명할 의무가 없고, 행정심판절차에서 임의적인 청구인의 변경은 원칙적으로 허용되지 아니한다(대법원 1999. 10. 8. 선고 98두10073 판결).

Q 저는 행정청으로부터 골프장 사업계획승인을 얻어 사업시설 착공계획서를 제출하여 수리 받았습니다. 그런데 인근 주민들이 이 수리처분에 대하여 행정심판을 청구하여 수리처분이 취소당하였습니다. 이에 대해 행정소송을 제기하고 싶은데, 제가 행정심판청구의 당사자가 아님에도 인용재결에 대해 항고소송을 제기할 수 있나요?

A 항고소송의 대상이 되는 '처분 등'에는 행정심판의 재결이 포함됩니다 (행정소송법 제2조 1항 제1호). 다만 재결에 관하여 항고소송을 제기하기 위해서는 원처분의 하자가 아닌 재결 고유의 하자가 있을 경우여야 합니다. 이른바 복효적 행정행위, 특히 제3자효를 수반하는 행정행위에 대한 행정심판청구에 있어서 그 청구를 인용하는 내용의 재결로 인하여 비로소 권리이익을 침해받게 되는 자는 그 인용재결에 대하여 다툴 필요가 있고, 그 인용재결은 원처분과 내용을 달리하는 것이므로 그 인용재결의 취소를 구하는 것은 원처분에는 없는 재결에 고유한 하자를 주장하는 셈이어서 당연히 항고소송의 대상이 된다고 할 것입니다(대법원 2001. 5. 29. 선고 99두10292 판결참조).

따라서 행정청이 골프장 사업계획승인을 얻은 자의 사업시설 착공계획서를 수리한 것에 대하여 인근 주민들이 그 수리처분의 취소를 구하는 행정심판을 청구하자 재결청이 그 청구를 인용하여 수리처분을 취소하는 형성적 재결을 한 경우, 그 수리처분 취소 심판청구는 행정심판의 대상이 되지 아니하여 부적법 각하하여야 함에도 위 재결은 그 청구를 인용하여 수리처분을 취소하였으므로 재결 자체에 고유한 하자가 있다 할 것입니다.

Q 甲 행정청이 乙에게 사업허가를 내어 주었는데, 이 사실을 뒤늦게 알게
된 丙은 자신이 甲의 乙에 대한 사업허가처분에 이해관계가 있다고 생각
하여 행정심판으로 다투려고 합니다. 이 경우 丙의 행정심판 청구기간은
어떻게 되는지요?

A 행정처분의 상대방이 아닌 제3자는 일반적으로 처분이 있는 것을 바
로 알 수 없는 처지에 있으므로 처분이 있은 날로부터 180일이 경과
하더라도 특별한 사유가 없는 한 행정심판법 제27조 제3항 단서 소
정의 정당한 사유가 있는 것으로 보아 심판청구가 가능합니다. 단, 제
3자가 어떤 경위로든 행정처분이 있음을 알았거나 쉽게 알 수 있는
등 행정심판법 제27조 제1항 소정의 심판청구기간 내에 심판청구가
가능하였다는 사정이 있는 경우에는 그 때로부터 90일 이내에 심판
청구를 하여야 하고, 이 경우 제3자가 그 청구기간을 지키지 못하였
음에 정당한 사유가 있는지 여부는 문제가 되지 않습니다(대법원
2002. 5. 24. 선고 2000두3641 판결 참조).

따라서 丙은 甲의 乙에 대한 사업허가처분이 있은 날로부터 180일이
도과하였더라도, 丙 자신이 그 처분이 있음을 안 날로부터 90일이 도
과하지 않은 한 행정심판을 적법하게 청구할 수 있습니다.

⚖ 관련판례 1

행정처분의 상대방이 아닌 제3자는 일반적으로 처분이 있는 것을 바로 알 수
없는 처지에 있으므로 처분이 있은 날로부터 180일이 경과하더라도 특별한 사
유가 없는 한 구 행정심판법(1995. 12. 6. 법률 제5000호로 개정되기 전의 것)
제18조 제3항 단서 소정의 정당한 사유가 있는 것으로 보아 심판청구가 가능하
나, 그 제3자가 어떤 경위로든 행정처분이 있음을 알았거나 쉽게 알 수 있는
등 같은 법 제18조 제1항 소정의 심판청구기간 내에 심판청구가 가능하였다는
사정이 있는 경우에는 그 때로부터 60일 이내에 심판청구를 하여야 하고, 이
경우 제3자가 그 청구기간을 지키지 못하였음에 정당한 사유가 있는지 여부는
문제가 되지 아니한다(대법원 2002. 5. 24. 선고 2000두3641 판결).

⚖ 관련판례 2

행정처분의 상대방이 아닌 제3자가 이해관계인으로서 행정심판을 청구하는 경우에 그가 행정심판법 제18조 제3항 본문의 청구기간 내에 심판청구를 제기하지 아니하였다 하더라도 그 심판청구기간 내에 심판청구가 가능하였다는 특별한 사정이 없는 한 동 조항 단서에서 규정하고 있는 기간을 지키지 못한 정당한 사유가 있는 때에 해당한다고 보아 심판청구기간의 제한을 받지 아니한다고 할 것이다(대법원 1991. 5. 28. 선고 판결).

⚖ 관련판례 3

행정처분의 상대방이 아닌 제3자는 일반적으로 처분이 있는 것을 바로 알 수 없는 처지에 있으므로 처분이 있은 날로부터 180일이 경과하더라도 특별한 사유가 없는 한 구 행정심판법(1995. 12. 6. 법률 제5000호로 개정되기 전의 것) 제18조 제3항 단서 소정의 정당한 사유가 있는 것으로 보아 심판청구가 가능하나, 그 제3자가 어떤 경위로든 행정처분이 있음을 알았거나 쉽게 알 수 있는 등 행정심판법 제18조 제1항 소정의 심판청구기간 내에 심판청구가 가능하였다는 사정이 있는 경우에는 그 때로부터 60일 이내에 행정심판을 청구하여야 한다(대법원 1996. 9. 6. 선고 95누16233 판결).

⚖ 관련판례 4

행정심판법 제18조 제3항에 의하면 행정처분의 상대방이 아닌 제3자라도 처분이 있은 날로부터 180일을 경과하면 행정심판청구를 제기하지 못하는 것이 원칙이지만, 다만 정당한 사유가 있는 경우에는 그러하지 아니하도록 규정되어 있는바, 행정처분의 직접 상대방이 아닌 제3자는 일반적으로 처분이 있는 것을 바로 알 수 없는 처지에 있으므로, 위와 같은 심판청구기간 내에 심판청구를 제기하지 아니하였다고 하더라도, 그 기간 내에 처분이 있은 것을 알았거나 쉽게 알 수 있었기 때문에 심판청구를 제기할 수 있었다고 볼 만한 특별한 사정이 없는 한, 위 법조항 본문의 적용을 배제할 "정당한 사유"가 있는 경우에 해당한다고 보아 위와 같은 심판청구기간이 경과한 뒤에도 심판청구를 제기할 수 있다(대법원 1992. 7. 28. 선고 91누12844 판결).

■ 행정심판절차에서 당사자 아닌 자를 선정대표자로 선정할 수 있나요?

Q 행정심판절차에서 선정당사자제도가 있다고 하는데, 당사자가 아닌 자가 선정대표자로 선정할 수 있나요?

A 행정심판법 제15조는 '여러 명의 청구인이 공동으로 심판청구를 할 때에는 청구인들 중에서 3명 이하의 선정대표자를 선정할 수 있다'고 규정하고 있습니다. 해당 조문의 문언 상 선정대표자는 '청구인들 중'에서 선정되어야 할 것입니다. 대법원도 당사자가 아닌 자를 선정대표자로 선정한 경우 이는 규정에 위반한 것으로 무효인 것으로 판시한 바 있습니다(대법원 1991. 1. 25. 선고 90누7791 판결참조).

따라서 당사자 이외의 자를 선정대표자로 선정한 행위는 그 효력이 없다고 할 것입니다.

♣♣ 관련판례

주거지역 안에서는 도시계획법 19조 1항과 개정전 건축법 32조 1항에 의하여 공익상 부득이 하다고 인정될 경우를 제외하고는 거주의 안녕과 건전한 생활환경의 보호를 해치는 모든 건축이 금지되고 있을뿐 아니라 주거지역내에 거주하는 사람이 받는 위와 같은 보호이익은 법률에 의하여 보호되는 이익이라고 할 것이므로 주거지역내에 위 법조 소정 제한면적을 초과한 연탄공장 건축허가처분으로 불이익을 받고 있는 제3거주자는 비록 당해 행정처분의 상대자가 아니라 하더라도 그 행정처분으로 말미암아 위와 같은 법률에 의하여 보호되는 이익을 침해받고 있다면 당해행정 처분의 취소를 소구하여 그 당부의 판단을 받을 법률상의 자격이 있다(대법원 1975.5.13, 선고, 73누96, 판결).

Q 甲 행정청의 乙, 丙, 丁 법인에 대한 처분에 대하여 乙, 丙, 丁이 乙의 대표이사인 A를 선정대표자로 선정하여 행정심판을 진행하게 할 수 있는지요?

A 행정심판법 제15조 제1항은 "여러 명의 청구인이 공동으로 심판청구를 할 때에는 청구인들 중에서 3명 이하의 선정대표자를 선정할 수 있다."고 규정하고 있습니다. 판례는 법인에 대한 처분이 있은 경우 법인의 대표이사는 그 당사자가 아니며, 행정심판 절차에서 당사자가 아닌 법인의 대표이사 개인을 선정대표자로 선정한 바 있더라도 행정심판법에 의하면 선정대표자는 청구인 중에서 이를 선정하여야 하는 것이므로 당사자가 아닌 원고 개인에 대한 선정행위는 그 효력을 갖는 것은 아니어서 그 선정으로 말미암아 원고 개인이 위 행정심판 절차의 당사자가 되는 것도 아니라는 취지(대법원 1991. 1. 25. 선고 90누7791 판결 참조)로 판시하였습니다.

따라서 乙, 丙, 丁 법인에 대한 처분에 대하여 乙의 대표이사 A가 선정대표자가 될 수는 없습니다.

⚖ 관련판례 1

행정심판법에 의한 행정심판절차에서 임의적인 청구인의 변경은 원칙적으로 허용되지 않는 것이므로, 청구인적격이 없는 자가 제기한 심판청구는 부적법한 것으로서 흠결이 보정될 수 없는 것이다(대법원 1990. 2. 9. 선고 89누4420 판결).

⚖ 관련판례 2

행정소송의 대상이 되는 행정처분이란 행정청 또는 그 소속기관이나 법령에 의하여 행정권한의 위임 또는 위탁을 받은 공공단체 등이 국민의 권리·의무에 관계되는 사항에 관하여 직접 효력을 미치는 공권력의 발동으로서 하는 공법상의 행위를 말하며, 그것이 상대방의 권리를 제한하는 행위라 하더라도 행정청 또는 그 소속기관이나 권한을 위임받은 공공단체 등의 행위가 아닌 한 이를 행정처분이라고 할 수 없다(대법원 2008. 1. 31. 선고 2005두8269 판결).

제3절 행정심판의 청구기간

1. 행정심판의 청구기간

① 행정심판법은 행정상 법률관계를 조속히 안정시키기 위해 심판청구기간에 제한을 두고 있습니다.

② 심판청구기간은 취소심판청구와 거부처분에 대한 의무이행심판청구에만 적용되고, 그 성질상 무효등확인심판청구와 부작위에 대한 의무이행심판청구에는 적용되지 않습니다(행정심판법 제27조제7항).

2. 원칙적 행정심판 청구기간

2-1. 원칙적 행정심판 청구기간

① 행정심판은 처분이 있음을 알게 된 날부터 90일 이내 또는 처분이 있었던 날부터 180일 이내에 청구해야 합니다(행정심판법 제27조제1항·제3항).

② 위의 청구기간 중 어느 하나라도 도과하면 해당 심판청구는 부적법한 청구로서 각하됩니다(행정심판법 제43조제1항).

2-2. 처분이 있음을 알게 된 날

① 처분이 있음을 알게 된 날이란 당사자가 통지, 공고 그 밖의 방법에 의해 해당 처분이 있음을 현실적·구체적으로 알게 된 날을 의미합니다(대법원 2006. 4. 28. 선고 2005두14851 판결).

② 서면통지 하는 경우에는 그 서면이 상대방에게 도달한 날을 말합니다.

③ 공시송달의 경우는 서면이 상대방에게 도달한 것으로 간주되는 날을 말합니다.

④ 사실행위의 경우에는 그 행위가 있었고 그것이 자기의 권익을 침해하고 있음을 인식하게 된 날을 말합니다. 다만, 처분을 기재한 서류가 당사자의 주소에 송달되는 등으로 사회통념상 처분이 있음을 당사자가 알

수 있는 상태에 놓여진 때에는 반증이 없는 한 그 처분이 있음을 알았다고 추정됩니다(대법원 1995. 12. 28. 선고 99두9742 판결).

2-3. 처분이 있었던 날

① 처분이 있었던 날이란 처분이 통지에 따라 외부에 표시되고 그 효력이 발생한 날을 말합니다(대법원 1977. 11. 22. 선고 77누195 판결).

② 처분은 송달되어 상대방에게 도달할 때 처분의 효력이 발생합니다(행정절차법 제15조제1항).

③ 송달받을 자의 주소 등을 통상의 방법으로 확인할 수 없는 경우나 송달이 불가능한 경우에는 송달받을 자가 알기 쉽도록 관보·공보·게시판·일간신문 중 하나 이상 그리고 인터넷에 공고됩니다(행정절차법 제14조제4항).

④ 고시 또는 공고에 따라 행정처분을 하는 경우에는 고시일 또는 공고일에 그 행정처분이 있었음을 알았던 것으로 보아 청구기간을 기산해야 합니다(대법원 2000. 9. 8. 선고 99두11257 판결).

⑤ 여기서 고시일 또는 공고일이란, 고시 또는 공고의 효력이 발생된 날을 말하며, 처분의 효력은 공고일 부터 14일이 경과된 날에 발생합니다(행정절차법 제15조제3항).

3. 예외적 기간

3-1. 90일에 대한 예외

① 청구인이 천재·지변·전쟁·사변이나 그 밖의 불가항력으로 청구기간 내에 심판청구를 할 수 없었을 때에는 그 사유가 소멸한 날부터 14일 이내에 행정심판을 청구하면 됩니다.

② 다만, 국외에서는 행정심판을 청구하는 경우에는 30일 이내에 청구를 하면 됩니다(행정심판법 제27조제2항).

3-2. 180일에 대한 예외

① 행정심판은 정당한 사유가 있는 경우에는 처분이 있었던 날부터 180일을 경과한 후에도 행정심판을 청구할 수 있습니다(행정심판법 제27조제3항).

② 정당한 사유에 해당하는 사례 : 개별토지가격 결정의 처분이 있음을 모른 경우(대법원 1995. 8. 25. 선고 94누13121 판결)

3-3. 심판청구기간의 오고지(誤告知) 또는 불고지(不告知)

① 행정청은 처분을 하는 경우에 그 처분의 상대방에게 해당 처분에 대하여 행정심판을 청구할 수 있는지의 여부와 행정심판을 청구하는 경우의 심판청구 절차 및 심판청구 기간을 알려야 합니다(행정심판법 제58조제1항).

② 이 경우 행정청이 심판청구 기간을 소정의 기간(처분이 있음을 알게 된 날부터 90일, 이하 같음)보다 긴 기간으로 잘못 알린 경우 그 잘못 알린 기간에 심판청구가 있으면 그 행정심판은 소정의 기간에 청구된 것으로 봅니다(행정심판법 제27조제5항).

③ 행정청이 심판청구 기간을 알리지 않은 경우에는 처분이 있었던 날부터 180일 이내에 심판청구를 할 수 있습니다(행정심판법 제27조제6항).

4. 기간의 계산방법

4-1. 기간의 계산방법

행정심판법은 기간의 계산에 관해 특별한 규정을 두지 않고 있으므로 민법의 기간계산 방법에 따릅니다(민법 제155조).

4-2. 기간의 기산점

기간을 일, 주, 월 또는 연으로 정한 때에는 기간의 초일은 산입하지 않습니다. 다만, 그 기간이 오전 영시로부터 시작하는 때에는 기간의 초일을 산입합니다(민법 제157조).

4-3. 기간의 만료점

① 기간을 일, 주, 월 또는 연으로 정한 때에는 기간말일의 종료로 기간이 만료됩니다(민법 제159조).

② 기간의 말일이 토요일 또는 공휴일에 해당한 때에는 기간은 말일의 다음 날에 만료됩니다(민법 제161조).

4-4. 청구기간 계산의 예

① 서면통지 하는 경우에 처분이 있음을 알게 된 날은 그 서면이 상대방에게 도달한 날을 말합니다.

② 예를 들어, 처분이 있음을 안 날이 4월 20일이라면, 청구기간의 기산일은 그 다음날인 4월 21일이 되므로, 90일이 되는 날인 7월 19일까지는 심판청구서를 제출해야 합니다.

③ 심판청구 기간을 계산할 때에는 피청구인인 행정청 또는 행정심판위원회와 행정기관에 심판청구서가 제출된 때에 행정심판이 청구된 것으로 봅니다(행정심판법 제23조제4항).

■ 행정청으로부터 50일 전에 영업정지처분을 한다는 내용의 문서를 받았는데, 지금도 행정심판을 청구할 수 있나요?

Q 행정청으로부터 50일 전에 영업정지처분을 한다는 내용의 문서를 받았습니다. 지금도 행정심판을 청구할 수 있나요?

A 네, 청구할 수 있습니다.

행정심판은 처분이 있음을 안 날부터 90일 이내, 처분이 있은 날부터 180일 이내에 청구해야 합니다.

◇ 행정심판의 청구기간

① 행정심판은 처분이 있음을 알게 된 날부터 90일 이내 또는 처분이 있었던 날부터 180일 이내에 청구해야 합니다.

② 위의 청구기간 중 어느 하나라도 도과하면 해당 심판청구는 부적법한 청구로서 각하됩니다.

③ 처분이 있음을 알게 된 날이란 처분이 있음을 알게 된 날이란 당사자가 통지, 공고 그 밖의 방법에 의해 해당 처분이 있음을 현실적·구체적으로 알게 된 날을 의미합니다.

④ 처분이 있었던 날이란 처분이 있었던 날이란 처분이 통지에 따라 외부에 표시되고 그 효력이 발생한 날을 말합니다.

⚖ **관련판례 1**

행정소송법 제20조 제1항 소정의 제소기간 기산점인 '처분이 있음을 안 날'이라 함은 당사자가 통지, 공고 기타의 방법에 의하여 당해 처분이 있었다는 사실을 현실적으로 안 날을 의미하는바, 특정인에 대한 행정처분을 주소불명 등의 이유로 송달할 수 없어 관보·공보·게시판·일간신문 등에 공고한 경우에는, 공고가 효력을 발생하는 날에 상대방이 그 행정처분이 있음을 알았다고 볼 수는 없고, 상대방이 당해 처분이 있었다는 사실을 현실적으로 안 날에 그 처분이 있음을 알았다고 보아야 한다(대법원 2006.4.28, 선고, 2005두14851, 판결).

⚖ **관련판례 2**

행정처분의 상대방이 아닌 제3자는 일반적으로 처분이 있는 것을 바로 알 수 있는 처지에 있지 아니하므로 처분이 있은 날로부터 180일이 경과하더라도 특별한 사유가 없는 한 구 행정심판법(1995. 12. 6. 법률 제5000호로 개정되기 전의 것) 제18조 제3항 단서 소정의 정당한 사유가 있는 것으로 보아 심판청구가 가능하다고 할 것이나, 그 제3자가 어떤 경위로든 행정처분이 있음을 알았거나 쉽게 알 수 있는 등 행정심판법 제18조 제1항 소정의 심판청구기간 내에 심판청구가 가능하였다는 사정이 있는 경우에는 그 때로부터 60일 이내에 행정심판을 청구하여야 한다(대법원 1997. 9. 12. 선고 96누14661 판결).

⚖ 관련판례 3

택지개발촉진법 제27조와 행정심판법 제18조 제1항, 제3항, 제6항, 제42조 제1항, 제43조 제2항 등의 관계 규정을 종합하면, 택지개발사업의 시행자가 택지개발촉진법에 의하여 서면으로 처분을 하면서 상대방에게 행정심판을 제기할 수 있는지의 여부와 그 청구기간 등을 알리지 아니한 경우, 상대방은 처분이 있은 날로부터 3월 내에 행정심판을 제기할 수 있고, 그 기간을 경과하여 제기한 행정심판청구는 부적법하다(대법원 1996. 3. 8. 선고 95누18147 판결).

⚖ 관련판례 4

행정심판법 제18조 제1항, 제3항, 제6항, 제42조 제1항, 제43조 제2항, 택지개발촉진법 제27조 등의 규정을 종합하면, 택지개발사업의 시행자가 택지개발촉진법에 의하여 서면으로 처분을 하는 경우에는 그 상대방에게 처분에 관하여 행정심판을 제기할 수 있는지 여부, 제기하는 경우의 재결청·경유절차 및 청구기간을 알려야 하고 만약 이를 알리지 아니한 경우 상대방이 그 처분에 대하여 이의가 있는 때에는 당해 처분이 있음을 알았다고 하더라도 처분이 있은 날로부터 3월 내에 행정심판을 제기할 수 있고 그 기간을 경과하여 제기한 행정심판청구는 부적법한 것이다(대법원 1996. 2. 9. 선고 95누16844 판결).

Q 저는 얼마 전 행정처분을 받았으나 부당하다고 생각하므로 이에 불복하여 행정심판을 청구하고자 합니다. 그 청구기간 및 청구방법은 어떻게 되는지요?

A 행정심판의 청구는 처분이 있음을 알게 된 날부터 90일 이내에, 처분이 있었던 날부터 180일 이내에 제기하여야 하며 두 기간 중 어느 하나라도 경과하면 심판청구를 제기하지 못함이 원칙입니다(행정심판법 제27조 제1항 및 제3항).

위 규정상 '처분이 있음을 알게 된 날'이라 함은 통지·고지 기타의 방법에 의하여 당해 행정처분이 있은 것을 현실적으로 안 날을 말하며, '처분이 있었던 날'이라 함은 당해 처분이 처분으로서 효력이 발생한 날을 가리킵니다.

이와 관련하여 판례는 "행정심판법 제18조 제1항 소정의 심판청구기간 기산점인 '처분이 있음을 안 날'이라 함은 당사자가 통지·공고 기타의 방법에 의하여 당해 처분이 있었다는 사실을 현실적으로 안 날을 의미하고 추상적으로 알 수 있었던 날을 의미하는 것은 아니라 할 것이며, 다만 처분을 기재한 서류가 당사자의 주소에 송달되는 등으로 사회통념상 처분이 있음을 당사자가 알 수 있는 상태에 놓여진 때에는 반증이 없는 한 그 처분이 있음을 알았다고 추정할 수는 있다."라고 하였습니다(대법원 2002. 8. 27. 선고 2002두3850 판결). 다만, 위 제기기간에 대한 예외로서 청구인이 천재지변·전쟁·사변 그밖에 불가항력으로 90일의 제기기간 내에 심판청구를 할 수 없을 때에는 그 사유가 소멸한 날로부터 14일(국외에서는 30일) 이내에 심판청구를 제기할 수 있고, 처분이 있은 날부터 180일 이내에 심판청구를 하지 못할 정당한 사유가 있는 경우에는 180일이 경과하게 되더라도 심판청구를 제기할 수 있습니다(행정심판법 제27조 제2항, 제3항 단서).

여기서 '정당한 사유'에 관하여 판례는 "행정소송법 제20조 제2항 소정의 '정당한 사유'란 불확정 개념으로서 그 존부는 사안에 따라 개별적·구체적으로 판단하여야 하나 민사소송법 제160조(현행 민사소송법 제173조)의 '당사자가 그 책임을 질 수 없는 사유'나 행정심판법 제27조 제2항 소정의 '천재지변, 전쟁, 사변 그밖에 불가항력적인 사유'보다는 넓은 개념이라고 풀이되므로, 제소기간도과의 원인 등 여러 사정을 종합하여 지연된 제소를 허용하는 것이 사회통념상 상당하다고 할 수 있는가에 의하여 판단하여야 한다."라고 하였습니다 (대법원 1991. 6. 28. 선고 90누6521 판결).

그리고 「행정심판법」 제27조 제7항에 의하면 위 행정심판 제기기간의 제한규정은 무효 등 확인심판청구와 부작위에 대한 의무이행심판청구에는 적용되지 않고, 취소심판 즉, 행정청의 위법 또는 부당한 처분의 취소 또는 변경을 하는 심판에는 적용됩니다. 또한, 행정심판의 청구는 행정심판청구서 및 행정처분의 위법, 부당성을 설명하는 자료를 작성하여 위원회와 피청구인인 행정청 중 하나를 선택하여 서면으로 제출하여야 합니다(같은 법 제28조 제1항, 제23조 1항 1문).

피청구인이 제23조제1항·제2항 또는 제26조제1항에 따라 심판청구서를 접수하거나 송부받으면 10일 이내에 심판청구서(제23조제1항·제2항의 경우만 해당된다)와 답변서를 위원회에 보내야 합니다(같은 법 24조 1항 본문). 그러나 제23조제1항·제2항 또는 제26조제1항에 따라 심판청구서를 받은 피청구인은 그 심판청구가 이유 있다고 인정하면 심판청구의 취지에 따라 직권으로 처분을 취소·변경하거나 확인을 하거나 신청에 따른 처분(이하 이 조에서 "직권취소등"이라 한다)을 할 수 있으며. 이 경우 서면으로 청구인에게 알려야 한다(같은 법 25조 1항).

위원회는 제23조제1항에 따라 심판청구서를 받으면 지체 없이 피청구인에게 심판청구서 부본을 보내야 한다합니다(같은 법 26조 1항). 그리고 위원회는 제24조제1항 본문에 따라 피청구인으로부터 답변서가 제출되면 답변서 부본을 청구인에게 송달하여야 한다(같은 법 26조 2항).만약 제3자 심판청구의 경우에는 지체 없이 처분의 상대방에게 통지를 하여야 합니다(같은 법 24조 2항).

한편, 행정심판의 남용을 막고, 행정목적의 원활한 수행을 저해하지 않으려는 입법 정책적 고려에서 행정심판의 청구는 처분의 효력, 집행 또는 절차의 속행에 영향을 주지 않음이 원칙입니다(같은 법 제30조 제1항).

그러나 예외적으로 집행정지의 대상인 처분이 존재하고, 심판청구가 계속됨을 전제로 회복하기 어려운 손해예방에 필요하고, 집행정지의 필요성이 절박하여 재결을 기다릴 여유가 없는 경우에는 집행정지를 인정하고 있습니다(같은 법 제30조 제2항 본문). 다만, 집행정지로 인하여 공공복리에 중대한 영향을 미칠 우려가 있는 경우에는 집행정지를 할 수 없습니다(같은 법 제30조 제3항). 청구인 또는 참가인은 재결이 있을 때까지 서면으로 각각 심판청구 또는 참가신청을 취하할 수 있습니다.

☗☗ 관련판례 1

국세기본법의 적용을 받는 처분과 달리 행정심판법의 적용을 받는 처분인 과징금부과처분에 대한 심판청구기간의 기산점인 행정심판법 제18조 제1항 소정의 '처분이 있음을 안 날'이라 함은 당사자가 통지·공고 기타의 방법에 의하여 당해 처분이 있었다는 사실을 현실적으로 안 날을 의미하고, 추상적으로 알 수 있었던 날을 의미하는 것은 아니라 할 것이며, 다만 처분을 기재한 서류가 당사자의 주소에 송달되는 등으로 사회통념상 처분이 있음을 당사자가 알 수 있는 상태에 놓여진 때에는 반증이 없는 한 그 처분이 있음을 알았다고 추정할 수는 있다(대법원 2002. 8. 27. 선고 2002두3850 판결).

☗☗ 관련판례 2

통상 고시 또는 공고에 의하여 행정처분을 하는 경우에는 그 처분의 상대방이 불특정 다수인이고, 그 처분의 효력이 불특정 다수인에게 일률적으로 적용되는 것이므로, 그에 대한 행정심판 청구기간도 그 행정처분에 이해관계를 갖는 자가 고시 또는 공고가 있었다는 사실을 현실적으로 알았는지 여부에 관계없이 고시가 효력을 발생하는 날인 고시 또는 공고가 있은 후 5일이 경과한 날에 행정처분이 있음을 알았다고 보아야 한다(대법원 2000. 9. 8. 선고 99두11257 판결).

⚖ 관련판례 3

교육공무원에 대한 해임처분을 함에 있어 소청심사청구기간의 고지의무를 이행하지 아니하였다는 사유와 공립유치원 전임강사의 근무관계의 법적 성질이 불확실하여 법률에 관한 전문지식이 없는 원고가 해임처분에 대하여 무효확인의 민사소송을 제기하여 그 제1심판결 선고 후에야 그 법적 성질을 옳게 파악하여 그때로부터 법정기간 내에 소청심사청구를 하였다 할지라도 이것은 이른바 법의 무지에 기인한 것이라고 할 것으로서 행정심판법 제18조 제3항에서 말하는 "정당한 사유"가 있는 때에 해당하지 아니한다(대법원 1992. 5. 26. 선고 92누206 판결).

Q 국민건강보험공단이 甲에게 과징금을 부과하는 처분을 하여 甲의 동료가 이를 수령하였는데, 甲이 그때부터 90일을 넘겨 행정심판을 청구하여 청구기간 경과를 이유로 각하재결을 받았고, 그 후 재결서를 송달받은 때부터 90일 이내에 원처분에 대하여 취소소송을 제기하였습니다. 이러한 소제기가 부적법한가요?

A 행정심판법 제27조 제1항에서는 '행정심판은 처분이 있음을 알게 된 날부터 90일 이내에 청구하여야 한다'고 규정하고 있습니다. 따라서 처분을 송달받은 날로부터 90일을 넘겨 행정심판을 청구하였다면 청구기간 경과로 부적법한 청구에 해당합니다.

이렇게 행정심판청구가 청구기간 도과로 부적법하다면, 재결서 송달일로부터 90일 이내에 원처분에 대해 취소소송을 제기하더라도 이것이 적법한 소제기라고 볼 수 없습니다. 이와 관련하여 대법원도 "행정소송법 제18조 제1항, 제20조 제1항, 구 행정심판법(2010. 1. 25. 법률 제9968호로 전부 개정되기 전의 것) 제18조 제1항을 종합해 보면, 행정처분이 있음을 알고 처분에 대하여 곧바로 취소소송을 제기하는 방법을 선택한 때에는 처분이 있음을 안 날부터 90일 이내에 취소소송을 제기하여야 하고, 행정심판을 청구하는 방법을 선택한 때에는 처분이 있음을 안 날부터 90일 이내에 행정심판을 청구하고 행정심판의 재결서를 송달받은 날부터 90일 이내에 취소소송을 제기하여야 한다. 따라서 처분이 있음을 안 날부터 90일 이내에 행정심판을 청구하지도 않고 취소소송을 제기하지도 않은 경우에는 그 후 제기된 취소소송은 제소기간을 경과한 것으로서 부적법하고, 처분이 있음을 안 날부터 90일을 넘겨 청구한 부적법한 행정심판청구에 대한 재결이 있은 후 재결서를 송달받은 날부터 90일 이내에 원래의 처분에 대하여 취소소송을 제기하였다고 하여 취소소송이 다시 제소기간을 준수한 것으로 되는 것은 아니다"라고 판시한 바 있습니다

(대법원 2011. 11. 24. 선고 2011두18786 판결).

따라서 행정심판청구가 청구기한을 도과하여 각하재결을 받은 경우, 재결서 송달받은 때로부터 90일 이내에 원처분에 대하여 취소소송을 제기하더라도 적법한 소제기로 볼 수 없다고 판단됩니다.

⚖ 관련판례 1

구 국세기본법(1996. 12. 30. 법률 제5189호로 개정되기 전의 것) 제61조 제1 항은 심사청구는 당해 처분이 있는 것을 안 날(처분의 통지를 받은 때에는 그 받은 날)로부터 60일 내에 하여야 한다고 규정하고 있으니, 과세관청이 조세처분을 하면서 행정심판 청구기간을 고지하지 않았다 하더라도 그 심사청구기간은 당해 처분이 있은 것을 안 날(처분의 통지를 받은 때에는 그 받은 날)로부터 60일 내라 할 것이고, 행정심판법 제18조 제6항, 제3항 본문에 의하여 행정청이 행정심판청구기간을 알리지 아니한 때에는 180일 내에 심판청구를 할 수 있다 하더라도, 구 국세기본법(1996. 12. 30. 법률 제5189호로 개정되기 전의 것) 제56조 제1항이 조세처분에 대하여는 행정심판법의 규정을 적용하지 아니한다고 규정하고 있으므로, 그 심판청구기간을 처분이 있은 날로부터 180일 내라고 볼 수는 없다 (대법원 2001. 11. 13. 선고 2000두536 판결).

⚖ 관련판례 2

「행정심판법」 제18조제1항 소정의 심판청구기간 기산점인 '처분이 있음을 안 날'이라 함은 당사자가 통지·공고 기타의 방법에 의하여 당해 처분이 있었다는 사실을 현실적으로 안 날을 의미하고, 추상적으로 알 수 있었던 날을 의미하는 것은 아니지만, 처분에 관한 서류가 당사자의 주소지에 송달되는 등 사회통념상 처분이 있음을 당사자가 알 수 있는 상태에 놓여진 때에는 반증이 없는 한 그 처분이 있음을 알았다고 추정할 수 있다(대법원 1999. 12. 28. 선고 99두 9742 판결).

⚖ 관련판례 3

정당한 사유가 있는 경우에는 행정심판법 제18조 제3항 본문의 행정심판청구기간이 경과하여도 행정심판청구를 제기할 수 있다는 같은 항 단서는 행정처분에 대한 행정심판을 구하는 경우에 적용되는 규정인바, 근로기준법 제27조의3 제1항, 제2항에 따른 부당해고구제신청은 행정청의 위법 또는 부당한 처분 등에 대한 행정심판절차가 아니라 단지 행정처분인 노동위원회의 구제명령을 구하는 행위에 불과하여 행정처분 등에 대한 행정쟁송절차로서의 행정심판절차와는 그 법률적 성격이 전혀 상이하므로, 행정심판법의 위 규정을 부당해고구제신청의 경우에 유추 적용할 수는 없다(대법원 1997. 2. 14. 선고 96누5926 판결).

■ 행정심판 청구기간의 도과 여부가 자백의 대상인지요?

Q 甲 행정청의 乙에 대한 국세 부과처분에 대하여 乙이 심판 청구기간 내에 적법하게 행정심판을 청구하였고, 그 기각재결 이후 乙이 취소소송을 제기하였습니다. 그런데 乙이 위 소송절차에서 자신이 행정심판 청구기간을 도과하여 심판청구 하였다고 자백한다면 법원은 이에 구속되는지요?

A 행정심판법 상 행정심판 청구기간을 준수하였는지 여부는 행정소송의 소송요건으로서 법원의 직권조사사항으로서 자백의 적용이 없습니다 (대법원 1988. 5. 24. 선고 87누990 판결 참조).

따라서 乙이 취소소송 절차에서 행정심판 청구기간을 도과하였다고 진술하였다 하더라도 법원으로서는 그에 기속되지 않고 乙이 행정심판 청구기간을 준수하였는지 여부를 직권으로 조사하여 판단하게 됩니다.

⚖ 관련판례 1

개별토지가격결정에 대한 재조사 또는 행정심판의 청구기간은 그 처분의 상대방이 실제로 그 처분이 있음을 안 날로부터 기산하여야 하므로, 「개별토지가격 합동조사지침」(국무총리훈령 제241호, 제248호) 제12조의2제1항 소정의 "개별 토지가격이 결정된 날로부터"는 위와 같은 의미로 해석하여야 하고, 시장, 군수 또는 구청장이 상대방에 대하여 별도의 고지절차를 취하지 않는 경우에는 원칙적으로 특별히 그 처분을 알았다고 볼만한 사정이 없는 한 개별토지가격결정에 대한 재조사청구 또는 행정심판청구는 「행정심판법」 제18조제3항 소정의 처분이 있은 날로부터 180일 이내에 이를 제기하면 되나, 나아가 개별토지가격결정의 경우에 있어서와 같이 그 처분의 통지가 없는 경우에는 그 개별토지가격결정의 대상토지 소유자가 심판청구기간 내에 심판청구가 가능하였다는 특별한 사정이 없는 한 「행정심판법」 제18조제3항 단서 소정의 정당한 사유가 있는 때에 해당한다(대법원 1995. 8. 25. 선고 94누13121 판결).

⚖ 관련판례 2

건축허가처분과 같이 상대방이 있는 행정처분에 있어서는 달리 특별한 규정이 없는 한 그 처분을 하였음을 상대방에게 고지하여야 그 효력이 발생한다고 할 것이어서 위의 행정처분이 있은 날이라 함은 위와 같이 그 행정처분의 효력이 발생한 날을 말한다(대법원 1977. 11. 22. 선고 77누195 판결).

⚖ 관련판례 3

행정심판과 행정소송은 그 성질, 불복사유, 제기기간, 판단기관 등에서 본질적인 차이점이 있고, 임의적 전치주의는 당사자가 행정심판과 행정소송의 유·불리를 스스로 판단하여 행정심판을 거칠지 여부를 선택할 수 있도록 한 취지에 불과하므로 어느 쟁송 형태를 취한 이상 그 쟁송에는 그에 관련된 법률 규정만이 적용될 것이지 두 쟁송 형태에 관련된 규정을 통틀어 당사자에게 유리한 규정만이 적용된다고 할 수는 없으며, 행정처분시나 그 이후 행정청으로부터 행정심판 제기기간에 관하여 법정 심판청구기간보다 긴 기간으로 잘못 통지받은 경우에 보호할 신뢰 이익은 그 통지받은 기간 내에 행정심판을 제기한 경우에 한하는 것이지 행정소송을 제기한 경우에까지 확대된다고 할 수 없으므로, 당사자가 행정처분시나 그 이후 행정청으로부터 행정심판 제기기간에 관하여 법정 심판청구기간보다 긴 기간으로 잘못 통지받아 행정소송법상 법정 제소기간을 도과하였다고 하더라도, 그것이 당사자가 책임질 수 없는 사유로 인한 것이라고 할 수는 없다(대법원 2001. 5.8.선고 2000두6916 판결).

⚖ 관련판례 4

행정처분의 취소를 구하는 항고소송의 전심절차인 행정심판청구가 기간도과로 인하여 부적법한 경우에는 행정소송 역시 전치의 요건을 충족치 못한 것이 되어 부적법 각하를 면치 못하는 것이고, 이 점은 행정청이 행정심판의 제기기간을 도과한 부적법한 심판에 대하여 그 부적법을 간과한 채 실질적 재결을 하였다 하더라도 달라지는 것이 아니다(대법원 1991. 6. 25. 선고 90누8091 판결).

⚖ 관련판례 5

국방부장관이 주한 미군에 근무하면서 특수업무를 수행하는 한국인 군무원에 대하여 한 직권면직의 인사발령이 행정처분임을 전제로 하고 다만 중복제소에 해당한다는 이유로 직권면직처분부존재·무효확인의 주위적 청구에 관한 소를, 행정심판청구기간 및 제소기간의 도과를 이유로 직권면직처분취소의 예비적 청구에 관한 소를 각 각하한 원심판결에는 항고소송의 대상이 되는 행정처분에 관한 법리를 오해한 위법이 있지만, 결과적으로 위 두 소송은 행정처분이 아닌 것을 대상으로 하는 항고소송이어서 부적법하므로 원심판결을 파기하고 다시 소각하의 자판을 한 사례(대법원 1997. 11. 11. 선고 97누1990 판결).

Q 재결청의 재조사결정에 대한 행정심판청구기간은 언제부터 기산되나요?

A 과거 재조사결정에 따른 행정소송의 제소기간은 원칙적으로 납세자가 재결청으로부터 재조사결정의 통지를 받은 날부터 기산된다는 취지로 판시한 예가 있습니다(대법원 1997. 10. 24. 선고 96누10768 판결 등 참조).

그런데 대법원은 2010. 6. 25. 선고 2007두12514 전원합의체 판결에서 "이의신청 등에 대한 결정의 한 유형으로 실무상 행해지고 있는 재조사결정은 처분청으로 하여금 하나의 과세단위의 전부 또는 일부에 관하여 당해 결정에서 지적된 사항을 재조사하여 그 결과에 따라 과세표준과 세액을 경정하거나 당초 처분을 유지하는 등의 후속 처분을 하도록 하는 형식을 취하고 있다. 이에 따라 재조사결정을 통지받은 이의신청인 등은 그에 따른 후속 처분의 통지를 받은 후에야 비로소 다음 단계의 쟁송절차에서 불복할 대상과 범위를 구체적으로 특정할 수 있게 된다. 이와 같은 재조사결정의 형식과 취지, 그리고 행정심판제도의 자율적 행정통제기능 및 복잡하고 전문적·기술적 성격을 갖는 조세법률관계의 특수성 등을 감안하면, 재조사결정은 당해 결정에서 지적된 사항에 관해서는 처분청의 재조사결과를 기다려 그에 따른 후속 처분의 내용을 이의신청 등에 대한 결정의 일부분으로 삼겠다는 의사가 내포된 변형결정에 해당한다고 볼 수밖에 없다. 그렇다면 재조사결정은 처분청의 후속 처분에 의하여 그 내용이 보완됨으로써 이의신청 등에 대한 결정으로서의 효력이 발생한다고 할 것이므로, 재조사결정에 따른 심사청구기간이나 심판청구기간 또는 행정소송의 제소기간은 이의신청인 등이 후속 처분의 통지를 받은 날부터 기산된다고 봄이 타당하다"고 판시한 바 있습니다.

이와 같은 판결의 입장에 따르면, 재조사결정에 따른 심판청구기간 기산점은 이의신청인 등이 후속 처분의 통지를 받은 날부터 기산된다고 봄이 타당하다 할 것입니다.

♨ 관련판례

부동산 가격공시 및 감정평가에 관한 법률 제12조, 행정소송법 제20조 제1항, 행정심판법 제3조 제1항의 규정 내용 및 취지와 아울러 부동산 가격공시 및 감정평가에 관한 법률에 행정심판의 제기를 배제하는 명시적인 규정이 없고 부동산 가격공시 및 감정평가에 관한 법률에 따른 이의신청과 행정심판은 그 절차 및 담당 기관에 차이가 있는 점을 종합하면, 부동산 가격공시 및 감정평가에 관한 법률이 이의신청에 관하여 규정하고 있다고 하여 이를 행정심판법 제3조 제1항에서 행정심판의 제기를 배제하는 '다른 법률에 특별한 규정이 있는 경우'에 해당한다고 볼 수 없으므로, 개별공시지가에 대하여 이의가 있는 자는 곧바로 행정소송을 제기하거나 부동산 가격공시 및 감정평가에 관한 법률에 따른 이의신청과 행정심판법에 따른 행정심판청구 중 어느 하나만을 거쳐 행정소송을 제기할 수 있을 뿐 아니라, 이의신청을 하여 그 결과 통지를 받은 후 다시 행정심판을 거쳐 행정소송을 제기할 수도 있다고 보아야 하고, 이 경우 행정소송의 제소기간은 그 행정심판 재결서 정본을 송달받은 날부터 기산한다(대법원 2010. 1. 28. 선고 2008두19987 판결).

■ 고시 또는 공고에 의한 행정처분의 심판청구기간의 기산방법은 어떻게 되나요?

Q 고시 또는 공고에 의한 행정처분의 심판청구기간의 기산방법은 어떻게 되나요?

A 고시 또는 공고의 효력발생일이 행정심판 청구기간의 기산일입니다. 다음 판례를 참고하세요. "대법원 2000.9.8, 선고, 99두11257, 판결"은 통상 고시 또는 공고에 의하여 행정처분을 하는 경우에는 그 처분의 상대방이 불특정 다수인이고, 그 처분의 효력이 불특정 다수인에게 일률적으로 적용되는 것이므로, 그에 대한 행정심판 청구기간도 그 행정처분에 이해관계를 갖는 자가 고시 또는 공고가 있었다는 사실을 현실적으로 알았는지 여부에 관계없이 고시가 효력을 발생하는 날인 고시 또는 공고가 있은 후 5일이 경과한 날에 행정처분이 있음을 알았다고 보아야 한다는 입장입니다.

⚖ 관련판례 1

통상 고시 또는 공고에 의하여 행정처분을 하는 경우에는 그 처분의 상대방이 불특정 다수인이고, 그 처분의 효력이 불특정 다수인에게 일률적으로 적용되는 것이므로, 그에 대한 행정심판 청구기간도 고시일 또는 공고일에 그 행정처분이 있음을 알았던 것으로 보아 기산하여야 한다(대법원 1998. 11. 27. 선고 96누13927 판결).

⚖ 관련판례 2

행정심판을 제기하지 아니하거나 그 재결을 거치지 아니하는 사건에 대한 제소기간을 규정한 행정소송법 제20조 제2항에서 "처분이 있은 날"이라 함은 상대방이 있는 행정처분의 경우는 특별한 규정이 없는 한 의사표시의 일반적 법리에 따라 그 행정처분이 상대방에게 고지되어 효력이 발생한 날을 말한다고 할 것이다(대법원 1990. 7. 13. 선고 판결).

제3장

행정심판은 어떤 절차로
진행하나요?

제3장 행정심판은 어떤 절차로 진행하나요?

1. 행정심판 절차 개관

1-1. 심판청구서의 제출

① 행정심판을 청구하려는 자는 심판청구서를 작성해 피청구인이나 소관 행정심판위원회에 제출해야 합니다.

② 이 경우 피청구인의 수만큼 심판청구서 부본을 함께 제출해야 합니다 (행정심판법 제23조제1항).

1-2. 답변서의 제출

① 청구인의 행정심판청구가 있으면 행정심판의 상대방인 처분청은 청구인의 청구에 대한 반박 자료인 답변서를 심판청구서를 받은 날부터 10일 이내에 작성해 심판청구서와 함께 행정심판위원회에 제출합니다(행정심판법 제24조제1항).

② 행정심판위원회는 피청구인의 답변서를 청구인에게 송달해 청구인이 처분청의 주장을 알 수 있도록 합니다.

③ 온라인으로 행정심판을 청구하는 경우에는 중앙행정심판위원회 웹사이트에서 온라인상으로 답변서를 열람하실 수 있습니다.

[서식 예] 답변서

답 변 서
(일반)

사건번호   2016 - ○○○○○
사 건 명   영업정지처분 취소청구
청 구 인   ○○○(주민번호)
                (주소)
피청구인   ○○○장관
청 구 일   2016. ○○. ○○.

위 사건에 대하여 피청구인은 다음과 같이 답변 합니다.

청구 취지에 대한 답변

"청구인의 청구 내용을 기각(각하)한다."라는 재결을 구합니다.

청구 원인에 대한 답변

1. 사건 개요

2. 해결방안(합의 등)
- 청구인 주장 전부수용 또는 일부수용 여부
- 기타 청구인의 주장에 대한 다른 대안 제시 여부
※ 청구인의 입장에서 문제해결을 위한 최선의 대안이 있다면 제시해 주시기 바랍니다.

3. 청구인 주장에 대한 피청구인의 주장(위 2번에 해당되지 않는 경우)

　가. 관련 법령

나. 처분 경위

다. 주장

4. 결 론

입 증 방 법

1. 을제1호증   처분서

2016. ○○. ○○.

피청구인 : ○○장관
심판수행자 :
연 락 처 :

중 앙 행 정 심 판 위 원 회 귀 중

1-3. 사건회부

처분청은 제출된 청구인의 청구서와 답변서를 지체 없이 행정심판위원회
에 회부해 행정심판위원회가 심판청구사건을 신속히 심리할 수 있도록
합니다.

1-4. 심리

① 행정심판위원회는 처분청으로부터 회부된 사건에 대해 청구인과 피청구
인의 주장을 충분히 검토한 후, 심리기일을 정해 행정처분의 위법·부
당여부를 판단하는 심리를 합니다.

② 심리가 이루어지면 행정심판위원회는 심리결과를 처분청 및 청구인에게
송부합니다.

1-4. 재결

① 행정심판위원회의 재결은 행정심판청구사건에 대한 판단을 대외적으로 청구인과 피청구인에게 알리는 것으로 재결서를 청구인과 피청구인에게 송달합니다.

② 행정심판의 효력은 재결서가 송달되어야 발생합니다.

2. 심판의 청구서의 작성

2-1. 심판의 청구서의 작성

① 심판청구는 서면으로 해야 합니다(행정심판법 제28조제1항).

② 심판청구서에 기재해야 할 사항(행정심판법 제28조제2항 · 제3항)

㉮ 처분에 대한 심판청구
- 청구인의 이름과 주소 또는 사무소(주소 또는 사무소 외의 장소에서 송달 받기를 원하면 송달장소를 추가로 기재)
- 피청구인과 행정심판위원회
- 심판청구의 대상이 되는 처분의 내용
- 처분이 있음을 알게 된 날
- 심판청구의 취지와 이유
- 피청구인의 행정심판 고지유무와 그 내용

㉯ 부작위에 대한 심판청구
- 청구인의 이름, 주소 또는 사무소(주소 또는 사무소 외의 장소에서 송달받기를 원하면 송달장소를 추가로 기재)
- 피청구인과 행정심판위원회
- 심판청구의 취지와 이유
- 그 부작위의 전제가 되는 신청의 내용과 날짜

③ 청구인이 법인이거나 청구인능력이 있는 법인이 아닌 사단 또는 재단이거나 행정심판이 선정대표자나 대리인에 의해서 청구되는 것일 때에는 위의 사항과 함께 그 대표자 · 관리인 · 선정대표자나 대리인의 이름과 주소를 적어야 합니다(행정심판법 제28조제4항).

④ 심판청구서에는 청구인 · 대표자 · 관리인 · 선정대표자 또는 대리인이 서

명하거나 날인해야 합니다(행정심판법 제28조제5항).

⑤ 행정심판청구의 필요적 기재사항에 흠결이 있는 경우에는 보정요구를 받을 수 있습니다(행정심판법 제32조).

2-2. 행정심판 청구서 양식

행정심판 청구서의 서식은 다음과 같습니다(행정심판법 시행규칙 별지 제30호서식).

[서식 예] 행정심판 청구서

행정심판 청구서

접수번호		접수일	
청구인	성명		
	주소		
	주민등록번호(외국인등록번호)		
	전화번호		
[ ] 대표자 [ ] 관리인 [ ] 선정대표자 [ ] 대리인	성명		
	주소		
	주민등록번호(외국인등록번호)		
	전화번호		
피청구인			
소관 행정심판위원회	[ ] 중앙행정심판위원회　　[ ] ○○시·도행정심판위원회 [ ] 기타		
처분 내용 또는 부작위 내용			
처분이 있음을 안 날			
청구 취지 및 청구 이유	별지로 작성		
처분청의불복절 차 고지 유무			
처분청의불복절 차 고지 내용			
증거 서류			

「행정심판법」 제28조 및 같은 법 시행령 제20조에 따라 위와 같이 행정심판을 청구합니다.

년　　　월　　　일

신청인　　　　　　　　(서명 또는 인)

○○행정심판위원회 귀중

첨부서류	1. 대표자, 관리인, 선정대표자 또는 대리인의 자격을 소명하는 서류(대표자, 관리인,선정대표자 또는 대리인을 선임하는 경우에만 제출합니다.) 2. 주장을 뒷받침하는 증거서류나 증거물	수수료 없음

2-3. 심판청구서의 제출

① 행정심판을 청구하려는 자는 심판청구서를 작성해 피청구인이나 행정심판위원회에 제출해야 합니다. 이 경우 피청구인의 수만큼 심판청구서 부본을 함께 제출해야 합니다(행정심판법 제23조제1항).

② 행정청이 처분을 하면서 행정심판을 청구할 수 있는지의 여부 등을 고지하지 않거나 잘못 고지해 청구인이 심판청구서를 다른 행정기관에 제출한 경우에는 해당 행정기관은 그 심판청구서를 지체 없이 정당한 권한이 있는 피청구인(행정청)에게 보내야 합니다. 이 때 심판청구서를 보낸 행정기관은 지체 없이 그 사실을 청구인에게 알려야 합니다(행정심판법 제23조제2항·제3항).

2-4. 행정심판위원회의 심판청구서 등의 접수·처리

행정심판위원회는 심판청구서를 받으면 지체 없이 피청구인에게 심판청구서 부본을 보내야 합니다(행정심판법 제26조제1항).

2-5. 전자정보처리조직을 통한 행정심판

① 행정심판법에 따른 행정심판절차를 밟는 사람은 심판청구서와 그 밖의 서류를 전자문서화 하고 이를 정보통신망을 이용해 행정심판위원회에서 지정·운영하는 전자정보처리조직(행정심판 절차에 필요한 전자문서를 작성·제출·송달할 수 있도록 하는 하드웨어, 소프트웨어, 데이터베이스, 네트워크, 보안요소 등을 결합해 구축한 정보처리능력을 갖춘 전자적 장치를 말함. 이하 같음)을 통해 제출할 수 있습니다(행정심판법 제52조제1항).

② 행정심판위원회에서 지정·운영하는 전자정보처리조직은 다음과 같이 구분합니다(행정심판법 시행령 제34조).

- 중앙행정심판위원회 : 온라인행정심판시스템
- 해당행정청·시도지사·직근 상급 행정기관 소속 행정심판위원회(전자정보처리조직을 갖춘 행정심판위원회만 해당) : 해당 행정심판위원회에서 지정하는 시스템

③ 위에 따라 제출된 전자문서는 행정심판법에 따라 제출된 것으로 보며, 부본을 제출할 의무는 면제됩니다(행정심판법 제52조제2항).

④ 위에 따라 제출된 전자문서는 그 문서를 제출한 사람이 정보통신망을 통해 전산정보처리조직에서 제공하는 접수번호를 확인하였을 때에 전자정보처리조직에 기록된 내용으로 접수된 것으로 봅니다(행정심판법 제52조제3항). 이 경우 심판청구 기간을 계산할 때에는 해당 접수가 된 것으로 본 때에 행정심판이 청구된 것으로 봅니다(행정심판법 제52조제4항).

⑤ 사용자 등록

전자정보처리조직을 이용하려는 사람은 행정심판위원회가 지정하는 방식으로 다음의 사항을 기재해 사용자등록을 해야 합니다(행정심판법 시행령 제35조제1항).

– 사용자의 이름
– 사용자의 생년월일
– 사용자의 주소
– 사용자의 전화번호
– 사용자의 아이디(전자정보처리조직의 사용자를 식별하기 위한 식별부호를 말함)
– 사용자의 전자우편주소

⑥ 전자정보처리조직을 이용한 행정심판 절차의 수행을 위해 행정심판위원회가 필요하다고 인정하는 경우 피청구인인 행정청은 행정심판위원회가 지정하는 방식으로 전자정보처리조직에 다음의 사항을 기재해 등록해야 합니다(행정심판법 시행령 제35조제2항).

– 피청구인의 명칭
– 피청구인의 주소
– 피청구인의 아이디
– 전자정보처리조직을 사용할 담당부서 및 담당자

2-6. 행정심판 청구의 효과

2-6-1. 행정심판위원회에 대한 효과

심판청구가 제기되면 행정심판위원회는 심판을 심리·재결할 의무를 집니다.

2-6-2.. 처분에 대한 효과

① 집행부정지의 원칙

행정심판의 남용을 막고, 행정목적의 원활한 수행을 저해하지 않으려는 입법정책적 고려(통설)에서 행정심판의 청구는 처분의 효력, 집행 또는 절차의 속행에 영향을 주지 않음이 원칙입니다(행정심판법 제30조 제1항).

② 집행정지결정의 요건

집행부정지의 원칙을 취하면서도 예외적으로 처분, 처분의 집행 또는 절차의 속행 때문에 중대한 손해가 생기는 것을 예방할 필요성이 긴급하다고 인정될 때에는 위원회는 처분의 효력, 처분의 집행 또는 절차의 속행의 전부 또는 일부의 정지(집행정지)를 결정할 수 있습니다. 다만, 처분의 효력정지는 처분의 집행 또는 절차의 속행을 정지함으로써 그 목적을 달성할 수 있을 때에는 허용되지 않습니다(행정심판법 제30조 제2항). 이러한 집행정지는 공공복리에 중대한 영향을 미칠 우려가 있는 경우에는 허용되지 않습니다(행정심판법 제30조 제3항).

③ 집행정지결정의 절차

집행정지는 당사자의 신청 또는 직권에 의하여 행정심판위원회가 결정합니다(행정심판법 제30조 제2항). 다만, 위원회의 심리·결정을 기다릴 경우 중대한 손해가 생길 우려가 있다고 인정되면 위원장은 직권으로 위원회의 심리·결정을 갈음하는 결정을 할 수 있습니다. 이 경우 위원장은 지체 없이 위원회에 그 사실을 보고하고 추인을 받아야 하며, 위원회의 추인을 받지 못하면 위원장은 집행정지에 관한 결정을 취소하여야 합니다(행정심판법 제30조 제6항).

④ 집행정지결정의 내용 및 효력

집행정지결정은 처분의 효력이나 그 집행 또는 절차의 속행의 전부 혹은 일부를 정지하는 것을 내용으로 하며, 이는 당사자인 신청인과 피청구인은 물론 관계행정청과 제3자에게도 미치며, 특별한 규정이 없는 때에는 당해 심판청구에 대한 재결이 확정될 때까지 존속하는 것으로 봅니다.

⑤ 집행정지결정의 취소

집행정지가 공공복리에 중대한 영향을 미치거나 그 정지사유가 없어진 때에는 위원회는 당사자의 신청 또는 직권에 의하여 당해 집행정지결정을 취소할 수 있습니다(행정심판법 제30조 제4항). 이 경우에도 행정심판위원회의 심리·의결을 거쳐야 하며, 위원장이 직권으로 위원회의 심리·의결에 갈음하는 결정을 한 경우에는 이에 대한 위원회의 추인을 받아야 합니다(행정심판법 제30조 제6항).

Q 甲 구청장의 도로점용료 부과처분에 대하여 처분 상대방 乙은 지방자치법 상 이의신청으로 다투어야 함에도 '행정심판청구서'를 제출하여 각하되었습 니다. 이후 乙은 행정소송으로도 다투어 볼 수 없는 것인지요?

A 현행 지방자치법 제140조 제3항은 "사용료·수수료 또는 분담금의 부 과나 징수에 대하여 이의가 있는 자는 그 처분을 통지받은 날부터 90일 이내에 그 지방자치단체의 장에게 이의신청할 수 있다"고 규정 하고 있고, 제5항은 "사용료·수수료 또는 분담금의 부과나 징수에 대 하여 행정소송을 제기하려면 제4항에 따른 결정을 통지받은 날부터 90일 이내에 처분청을 당사자로 하여 소를 제기하여야 한다"고 규정 하고 있습니다. 그런데 이의신청은 행정심판과는 구별되는 별개의 제 도이지만, 본질에 있어서는 두 제도 모두 행정처분으로 인하여 권리 나 이익을 침해당한 상대방의 권리구제에 그 목적이 있고, 행정소송 에 앞서 먼저 행정기관의 판단을 받는 데에 목적을 둔 엄격한 형식을 요하지 않는 서면행위라 할 것이므로, 이의신청을 제기하여야 할 사 람이 처분청에 표제를 행정심판청구서로 한 서류를 제출한 경우라 할 지라도 서류의 내용에 있어서 이의신청의 요건에 맞는 불복취지와 그 사유가 충분히 기재되어 있다면 그 표제에도 불구하고 이를 그 처분 에 대한 이의신청으로 볼 수 있습니다(대법원 2012. 3. 29. 선고 2011두26886 판결 참조).

따라서 乙은 행정심판청구가 각하되었다 할지라도 이의신청을 한 것 으로 선해 되어 행정소송으로 다툴 수 있는 가능성이 있습니다.

⚖ 관련판례 1

지방자치법 제140조 제3항에서 정한 이의신청은 행정청의 위법·부당한 처분에 대하여 행정기관이 심판하는 행정심판과는 구별되는 별개의 제도이나, 이의신청 과 행정심판은 모두 본질에 있어 행정처분으로 인하여 권리나 이익을 침해당한 상대방의 권리구제에 목적이 있고, 행정소송에 앞서 먼저 행정기관의 판단을 받는 데에 목적을 둔 엄격한 형식을 요하지 않는 서면행위이므로, 이의신청을 제기해야 할 사람이 처분청에 표제를 '행정심판청구서'로 한 서류를 제출한 경우라 할지라도 서류의 내용에 이의신청 요건에 맞는 불복취지와 사유가 충분히 기재되어 있다면 표제에도 불구하고 이를 처분에 대한 이의신청으로 볼 수 있다(대법원 2012. 3. 29. 선고 2011두26886 판결).

⚖ 관련판례 2

행정심판청구는 엄격한 형식을 요하지 아니하는 서면행위이므로 행정청의 위법·부당한 처분으로 인하여 권리나 이익을 침해당한 사람이 당해 행정청에 그 처분의 취소나 변경을 구하는 취지의 서면을 제출하였다면 서면의 표제나 형식 여하에 불구하고 행정심판청구로 봄이 옳다(대법원 1999. 6. 22. 선고 99두2772 판결).

⚖ 관련판례 3

당해 지방자치단체의 주민을 상대로 한 모든 행정기관의 행정처분에 대한 행정심판청구를 지원하는 것을 내용으로 하는 조례안은 지방자치단체의 사무에 관한 조례제정권의 한계를 벗어난 것일 뿐 아니라, 가사 그 조례안이 당해 지방자치단체의 행정처분에 대한 행정심판청구만을 지원한다는 의미로 이해한다고 하더라도, 그 지원 여부를 결정하기 위한 전제로서 당해 행정처분의 정당성 여부를 지방의회에서 판단하도록 규정하고 있다면 이는 결국 지방의회가 스스로 행정처분의 정당성 판단을 함으로써 자치단체의 장을 견제하려는 것으로서 이는 법률에 규정이 없는 새로운 견제장치를 만드는 것이 되어 지방자치단체의 장의 고유권한을 침해하는 것이 되어 효력이 없다(대법원 1997. 3. 28. 선고 96추60 판결).

⚖ 관련판례 4

행정심판법 제43조는 행정심판에 관하여 다른 법률에서 특례를 정한 경우에도 그 법률에서 규정하지 아니한 사항에 관하여는 이 법이 정하는 바에 의한다고 규정하고 있고, 한편 같은 법 제17조 제2항은 행정청이 심판청구의 경유절차를 알리지 아니하였거나 잘못 알려서 청구인이 심판청구서를 다른 행정기관에 제출한 때에는 당해 행정기관은 그 심판청구서를 지체 없이 정당한 권한 있는 행정청에 송부하여야 한다고 규정하고, 같은 조 제7항은 제18조의 규정에 의한 심판청구기간을 계산함에 있어서 제2항의 규정에 의한 행정기관에 심판청구서가 제출된 때에 심판청구가 제기된 것으로 본다고 규정하고 있으므로, 지방공무원의 불이익처분에 대한 소청절차규정에 같은 법 제17조의 규정을 배제하거나 이와 저촉되는 내용의 규정이 없는 한 그 소청절차에 관하여도 위 제17조의 규정이 적용된다(대법원 1992. 6. 23. 선고 92누1834 판결).

3. 집행정지 신청서의 제출

3-1. 집행정지

집행정지란 행정심판이 진행되는 동안 청구인에게 회복하기 어려운 손해가 발생할 우려가 있어 처분의 효력이나 집행을 행정심판의 재결이 있을 때까지 정지하도록 하는 제도입니다.

3-2. 집행부정지의 원칙 및 예외

① 행정심판이 청구되어도 원칙적으로 처분의 효력이나 그 집행 또는 절차의 속행은 영향을 받지 않습니다(행정심판법 제30조제1항).

② 예를 들어, 구청장이 甲에게 단란주점영업허가취소처분을 하자 甲이 단란주점영업허가취소처분에 대한 취소심판을 청구하더라도 구청장이 甲에게 한 단란주점영업허가취소처분의 효력이 정지되어 甲이 영업을 할수 있게 되는 것은 아닙니다.

③ 행정심판위원회는 처분, 처분의 집행 또는 절차의 속행 때문에 중대한 손해가 생기는 것을 예방할 필요성이 긴급하다고 인정할 때에는 직권으로 또는 당사자의 신청에 따라 처분의 효력, 처분의 집행 또는 절차의 속행의 전부 또는 일부의 정지(이하 "집행정지"라 함)를 결정할수 있습니다(행정심판법 제30조제2항 본문).

④ 다만, 처분의 효력정지는 처분의 집행 또는 절차의 속행을 정지함으로써 그 목적을 달성할 수 있을 때에는 허용되지 않습니다(행정심판법 제30조제2항 단서).

3-3. 집행정지의 요건

① 집행정지의 대상인 처분이 존재할 것

처분의 집행이 이미 완료되었거나 그 목적이 달성된 경우에는 집행정지의 대상인 처분의 실체가 없으므로 집행정지는 불가능합니다.

- 거부처분에 대한 집행정지신청은 실익이 없습니다(대법원 1991. 5. 2. 선고 91두15 결정). 거부처분의 경우에는 처분의 효력이 정지되더라도 그

처분이 없었던 것과 같은 상태를 만드는 것에 지나지 않고 그 이상 행정청에 대해 어떠한 처분을 명하는 등 적극적인 상태를 만들어 내는 경우를 포함하지 않기 때문입니다.

② 본안 행정심판이 계속되고 있을 것

처분에 대한 집행정지는 취소심판 등 본안 행정심판이 계속 중에 있어야 합니다(대법원 2007. 6.15.선고 2006무89 결정).

③ 중대한 손해가 생기는 것을 예방할 필요성이 긴급하다고 인정될 것(행정심판법 제30조제2항).

④ 집행정지가 공공복리에 중대한 영향을 미칠 우려가 없을 것(행정심판법 제30조제3항).

  - 공공복리에 중대한 영향이란 단순히 공익실현에 지장이 있는 정도를 넘어서, 개인에게 회복할 수 없는 손해가 발생하더라도 이를 개인이 감수해야 하는 정도의 것을 말합니다.

⑤ 본안청구가 이유 없음이 명백하지 않을 것

본안 소송에서의 처분의 취소가능성이 없음에도 처분의 효력이나 집행의 정지를 인정하는 것은 제도의 취지에 반하기 때문입니다(대법원 1999. 11. 26. 선고 99부3 결정).

3-4. 집행정지의 대상 및 범위

① 집행정지의 대상은 처분의 효력, 처분의 집행 또는 절차의 속행이고, 집행정지의 범위는 그 전부 또는 일부입니다(행정심판법 제30조제2항 본문).

② 이 경우 처분의 효력정지는 처분의 집행 또는 절차의 속행을 정지함으로써 그 목적을 달성할 수 있을 때에는 허용되지 않습니다(행정심판법 제30조제2항 단서).

3-5. 집행정지 신청서의 제출

3-5-1. 집행정지의 신청

① 당사자가 집행정지 신청을 하려는 때에는 심판청구와 동시에 또는 심판청구에 대한 위원회나 소위원회의 의결이 있기 전까지 신청의

취지와 원인을 기재한 서면을 행정심판위원회에 제출해야 합니다
(행정심판법 제30조제5항 본문).
② 행정심판청구서를 행정청(피청구인)에 제출한 경우로서 심판청구와
동시에 집행정지 신청을 할 때에는 심판청구서 사본과 접수증명서
를 함께 제출해야 합니다(행정심판법 제30조제5항 단서).

[서식 예] 집행정지 신청서

집행정지 신청서			
접수번호		접수일	
사건명			
청구인	성명		
	주소		
피청구인			
신청 취지			
신청 원인			
소명 방법			

「행정심판법」 제30조제5항 및 같은 법 시행령 제22조제1항에 따라 위와 같이
집행정지를 신청합니다.

년   월   일

신청인   (서명 또는 인)

○○행정심판위원회 귀중

첨부서류	1. 신청의 이유를 소명하는 서류 또는 자료 2. 행정심판청구와 동시에 집행정지 신청을 하는 경우에 는 심판청구서 사본과 접수증명서	수수료 없음

3-5-2. 집행정지의 결정

① 집행정지의 결정은 행정심판위원회가 합니다(행정심판법 제30조제2항).

② 위원장은 행정심판위원회의 심리·결정을 기다릴 경우 중대한 손해가 생길 우려가 있다고 인정되면, 직권으로 행정심판위원회의 심리·결정에 갈음하는 결정을 할 수 있습니다(행정심판법 제30조제6항 전단).

③ 위원장이 직권으로 집행정지 결정을 한 경우에는 행정심판위원회에 그 사실을 보고하고 추인을 받아야 합니다. 이 때 행정심판위원회의 추인을 받지 못하면 위원장은 집행정지 또는 집행정지 취소에 관한 결정을 취소해야 합니다(행정심판법 제30조제6항 후단).

④ 행정심판위원회는 집행정지 또는 집행정지의 취소에 관해 심리·결정하면 지체 없이 당사자에게 결정서 정본을 송달해야 합니다(행정심판법 제30조제7항).

3-5-3. 집행정지 결정의 효과

① 집행정지신청이 받아들여지면 해당 처분의 효력이나 집행은 행정심판의 재결이 있을 때까지 정지됩니다.

② 집행정지의 효력은 당사자인 신청인과 피신청인 뿐만 아니라, 관계 행정청과 제3자에게도 미칩니다.

3-6. 집행정지의 취소

① 행정심판위원회는 집행정지를 결정한 후에 집행정지가 공공복리에 중대한 영향을 미치거나 그 정지사유가 없어진 때에는 직권 또는 당사자의 신청으로 집행정지 결정을 취소할 수 있습니다(행정심판법 제30조제4항).

② 당사자가 집행정지의 취소신청을 하려는 때에는 집행정지결정 후 심판청구에 대한 위원회나 소위원회의 의결이 있기 전까지 신청의 취지와 원인을 기재한 서면에 심판청구서 사본 및 접수 증명서를 행정심판위원회에 제출해야 합니다(행정심판법 제30조제5항).

행정소송법 제24조 제1항에서 규정하고 있는 집행정지 결정의 취소사유는 특별한 사정이 없는 한 집행정지 결정이 확정된 이후에 발생한 것이어야 하고, 그 중 '집행정지가 공공복리에 중대한 영향을 미치는 때'라 함은 일반적·추상적인 공익에 대한 침해의 가능성이 아니라 당해 집행정지 결정과 관련된 구체적·개별적인 공익에 중대한 해를 입힐 개연성을 말하는 것이다(대법원 2005. 7. 15. 자 2005무16 결정).

4. 임시처분의 신청

4-1. 임시처분 제도

행정심판위원회는 처분 또는 부작위가 위법·부당하다고 상당히 의심되는 경우로서 처분 또는 부작위 때문에 당사자가 받을 우려가 있는 중대한 불이익이나 당사자에게 생길 급박한 위험을 막기 위해 임시지위를 정해야 할 필요가 있는 경우에는 직권으로 또는 당사자의 신청에 의해 임시처분을 결정할 수 있습니다(행정심판법 제31조제1항).

4-2. 임시처분의 요건(행정심판법 제31조제1항)

① 처분 또는 부작위가 위법·부당하다고 상당히 의심되는 경우일 것
② 처분 또는 부작위 때문에 당사자에게 중대한 불이익이나 급박한 위험이 생길 우려가 있을 것
③ 당사자의 중대한 불이익이나 급박한 위험을 막기 위한 임시 지위를 정할 필요가 있을 것
④ 임시처분이 공공복리에 중대한 영향을 미칠 우려가 없을 것(행정심판법 제31조제2항 및 제30조제3항).

4-3. 임시처분의 신청 및 결정

4-3-1. 임시처분의 신청

① 당사자가 임시처분을 하려는 때에는 심판청구와 동시에 또는 심판청구에 대한 위원회나 소위원회의 의결이 있기 전까지 신청의 취지

와 원인을 기재한 서면을 행정심판위원회에 제출해야 합니다(행정심판법 제31조제2항 및 제30조제5항).

② 행정심판청구서를 피청구인(행정청)에게 제출한 경우, 심판청구와 동시에 임시처분 신청을 할 때에는 심판청구서 사본과 접수증명서를 함께 제출해야 합니다(행정심판법 제31조제2항 및 제30조제5항 단서).

4-3-2. 임시처분의 결정

① 임시처분의 결정은 행정심판위원회가 합니다(행정심판법 제31조제1항).

② 위원장은 행정심판위원회의 심리·결정을 기다릴 경우 중대한 불이익이나 급박한 위험이 생길 우려가 있다고 인정되면, 직권으로 행정심판위원회의 심리·결정을 갈음하는 결정을 할 수 있습니다(행정심판법 제31조제2항 및 제30조제6항 전단).

③ 위원장이 직권으로 임시처분을 한 경우에는 행정심판위원회에 그 사실을 보고하고 추인을 받아야 합니다. 이 때 행정심판위원회의 추인을 받지 못하면 위원장은 임시처분 또는 임시처분 취소에 관한 결정을 취소해야 합니다(행정심판법 제31조제2항 및 제30조제6항 후단).

④ 임시처분은 집행정지로 목적을 달성할 수 있는 경우에는 허용되지 않습니다(행정심판법 제31조제3항).

[서식 예] 임시처분 신청서

<table>
<tr><td colspan="4" align="center">임시처분 신청서</td></tr>
<tr><td>접수번호</td><td>접수일</td><td></td><td></td></tr>
<tr><td>사건명</td><td colspan="3"></td></tr>
<tr><td rowspan="2">청구인</td><td colspan="3">성명</td></tr>
<tr><td colspan="3">주소</td></tr>
<tr><td>피청구인</td><td colspan="3"></td></tr>
<tr><td>신청 취지</td><td colspan="3"></td></tr>
<tr><td>신청 원인</td><td colspan="3"></td></tr>
<tr><td>소명 방법</td><td colspan="3"></td></tr>
<tr><td colspan="4">「행정심판법」 제31조제2항에 따라 위와 같이 임시처분을 신청합니다.

년   월   일

신청인   (서명 또는 인)

○○행정심판위원회 귀중</td></tr>
<tr><td>첨부서류</td><td colspan="2">1. 신청의 이유를 소명하는 서류 또는 자료
2. 행정심판청구와 동시에 임시처분 신청을 하는 경우에는 심판청구서 사본과 접수증명서</td><td>수수료
없음</td></tr>
</table>

Q 행정심판을 청구하려고 합니다. 행정심판 청구 절차는 어떻게 진행되나요?

A 행정심판 청구 절차는 ① 행정심판청구서 작성·제출 → ② 처분청의 답변서 제출 → ③ 행정심판위원회에 회부 → ④ 청구인과 피청구인의 주장 검토·심리 → ⑤ 재결의 과정을 거쳐 진행됩니다.

◇ 행정심판절차의 단계별 과정

① 심판청구서의 제출

행정심판을 청구하려는 자는 심판청구서를 작성해 피청구인이나 소관 행정심판위원회에 제출해야 합니다. 이 경우 피청구인의 수만큼 심판청구서 부본을 함께 제출해야 합니다(「행정심판법」 제23조제1항).

② 답변서의 제출

청구인의 행정심판청구가 있으면 행정심판의 상대방인 처분청은 청구인의 청구에 대한 반박 자료인 답변서를 심판청구서를 받은 날부터 10일 이내에 작성해 심판청구서와 함께 행정심판위원회에 제출합니다(행정심판법 제24조제1항). 온라인으로 행정심판을 청구하는 경우에는 중앙행정심판위원회 웹사이트에서 온라인상으로 답변서를 열람하실 수 있습니다.

③ 사건회부

처분청은 제출된 청구인의 청구서와 답변서를 지체 없이 행정심판위원회에 회부해 행정심판위원회가 심판청구사건을 신속히 심리할 수 있도록 합니다.

④ 심리

행정심판위원회는 처분청으로부터 회부된 사건에 대해 청구인과 피청구인의 주장을 충분히 검토한 후, 심리기일을 정해 행정처분의 위법·부당여부를 판단하는 심리를 합니다. 심리가 이루어지면 행정심판위원회는 심리결과를 처분청 및 청구인에게 송부합니다.

⑤ 재결

행정심판위원회의 재결은 행정심판청구사건에 대한 판단을 대외적으로 청구인과 피청구인에게 알리는 것으로 재결서를 청구인과 피청구인에게 송달합니다. 행정심판의 효력은 재결서가 송달되어야 발생합니다.

Q 행정심판을 청구하면 해당 처분의 집행이 정지됩니까?

A 행정심판을 청구하여도 행정처분은 원칙적으로 그 집행이나 효력이 정지되지 않습니다. 행정심판위원회는 처분, 처분의 집행 또는 절차의 속행 때문에 중대한 손해가 생기는 것을 예방할 필요성이 긴급하다고 인정할 때에는 직권으로 또는 당사자의 신청에 따라 처분의 효력, 처분의 집행 또는 절차의 속행의 전부 또는 일부의 정지(집행정지)를 결정할 수 있습니다.

◇ 집행정지

집행정지제도란 행정쟁송이 진행되는 동안 청구인의 손해를 예방하기 위해 예외적으로 행정쟁송의 대상인 처분 등의 효력이나 그 집행 또는 절차의 속행의 전부 또는 일부를 정지하는 제도로서, 이는 처분의 효력정지는 처분 등의 집행 또는 절차의 속행을 정지함으로써 목적을 달성할 수 있는 경우에는 허용되지 않습니다.

◇ 집행정지의 요건

집행정지를 하기 위해서는 일반적으로 다음과 같은 요건이 요구됩니다.

①집행정지의 대상인 처분이 존재할 것, ②본안 행정심판이 계속되고 있을 것, ③중대한 손해가 생기는 것을 예방할 필요성이 긴급하다고 인정될 것, ④집행정지가 공공복리에 중대한 영향을 미칠 우려가 없을 것, ⑤본안청구가 이유 없음이 명백하지 않을 것

♨ 관련판례

「행정소송법」 제23조제2항은 '취소소송이 제기된 경우에 처분 등이나 그 집행 또는 절차의 속행으로 인하여 생길 회복하기 어려운 손해를 예방하기 위하여 긴급한 필요가 있다고 인정할 때에는 본안이 계속되고 있는 법원은 당사자의 신청 또는 직권에 의하여 처분 등의 효력이나 그 집행 또는 절차의 속행의 전부 또는 일부의 정지를 결정할 수 있다'고 규정하고 있고, 이는 같은 법 제38조 제1항의 무효등확인소송의 경우에 준용되고 있으므로, 행정처분에 대한 집행정지는 취소소송 또는 무효확인소송 등 본안소송이 제기되어 계속중에 있음을 그 요건으로 한다고 할 것이다(대법원 2007. 6. 15. 자 2006무89 결정).

Q 행정기관이 처분을 내리면서 행정심판 기간 등을 안내하는 고지문을 보내지 않았습니다. 이러한 안내를 하지 않았다는 이유로 처분의 효력에 대하여 문제를 삼을 수 있는지, 그리고 언제까지 불복을 할 수 있는지요?

A 행정청이 처분을 할 때에는 처분의 상대방에게 처분에 대하여 행정심판을 청구할 수 있는지의 여부, 행정심판을 청구하는 경우의 심판청구절차 및 심판청구기간을 알려야 합니다(행정심판법 제58조 제1항). 다만, 이러한 고지절차에 관한 규정은 그 처분에 대한 행정심판의 절차를 밟는데 있어 편의를 제공하려는 것에 있으며 처분청이 위 규정에 따른 고지의무를 이행하지 않았다고 하더라도 심판의 대상이 되는 행정처분 자체에 하자가 수반된다고 볼 수는 없습니다(대법원 1987. 11. 24.선고 87누529판결). 그러나 행정심판 제기기간 등을 안내하는 통지를 고지지 않은 경우에는, 처분이 있었다는 것을 안 경우에도 해당 처분이 있는 날로부터 180일 이내에 청구할 수 있어(행정심판법 제27조 제6항), 권리구제를 위한 보완이 마련되어 있습니다.

ॐ 관련판례

행정처분의 효력정지나 집행정지를 구하는 신청사건에 있어서는 행정처분 자체의 적법 여부는 궁극적으로 본안재판에서 심리를 거쳐 판단할 성질의 것이므로 원칙적으로 판단할 것이 아니고, 그 행정처분의 효력이나 집행을 정지할 것인가에 관한 「행정소송법」 제23조제2항 소정의 요건의 존부만이 판단의 대상이 된다고 할 것이지만, 나아가 집행정지는 행정처분의 집행부정지원칙의 예외로서 인정되는 것이고 또 본안에서 원고가 승소할 수 있는 가능성을 전제로 한 권리보호수단이라는 점에 비추어 보면 집행정지사건 자체에 의하여도 신청인의 본안청구가 적법한 것이어야 한다는 것을 집행정지의 요건에 포함시켜야 한다(대법원 1999. 11. 26. 자 99부3 결정).

Q 甲 행정청이 乙에게 면허정지처분을 하였고 乙이 그 처분이 있음을 안 날로부터 90일이 도과하였습니다. 그런데 위 처분의 효력이 정지된 기간이 있었고 그 기간을 공제하면 아직 90일이 도과되지 않았는데, 乙은 행정심판을 청구할 수 없는 것인지요?

A 행정심판법 제27조 제1항은 "행정심판은 처분이 있음을 알게 된 날부터 90일 이내에 청구하여야 한다."고 규정하고 있으므로, 위 기간을 도과한 뒤의 행정심판 청구는 부적법합니다. 그런데 처분의 효력이 정지된 기간이 있었던 경우 그 기간을 행정심판 청구기간에서 공제할 수 있는지에 대하여 판례는, 행정처분효력이 정지된 기간은 이를 행정심판 제기기간에서 공제하여야 한다거나 그렇지 않다 하더라도 위와 같은 사유는 법정기한 내에 행정심판을 제기하지 못한 데 정당한 사유가 있는 경우에 해당된다는 주장은 독자적인 견해에 불과하다는 취지로 판시하여 부정적인 입장입니다(대법원 1996. 12. 23. 선고 96누13101 판결 참조). 따라서 乙은 행정심판을 청구하더라도 부적법하여 각하될 것입니다.

☗☗ 관련판례

가. 행정처분의 효력정지나 집행정지를 구하는 신청사건에 있어서는 행정처분자체의 적법 여부를 판단할 것이 아니고 그 행정처분의 효력이나 집행 등을 정지시킬 필요가 있는지의 여부, 즉 「행정소송법」 제23조제2항 소정 요건의 존부만이 판단대상이 되는 것이므로 이러한 요건을 결여하였다는 이유로 효력정지신청을 기각한 결정에 대하여 행정처분 자체의 적법 여부를 가지고 불복사유로 할 수 없다.

나. 허가신청에 대한 거부처분은 그 효력이 정지되더라도 그 처분이 없었던 것과 같은 상태를 만드는 것에 지나지 아니하는 것이고 그 이상으로 행정청에 대하여 어떠한 처분을 명하는 등 적극적인 상태를 만들어 내는 경우를 포함하지 아니하는 것이므로, 교도소장이 접견을 불허한 처분에 대하여 효력정지를 한다 하여도 이로 인하여 위 교도소장에게 접견의 허가를 명하는 것이 되는 것도 아니고 또 당연히 접견이 되는 것도 아니어서 접견허가거부처분에 의하여 생길 회복할 수 없는 손해를 피하는 데 아무런 보탬도 되지 아니하니 접견허가거부처분의 효력을 정지할 필요성이 없다(대법원 1991. 5. 2. 자 91두15 결정).

5. 심판청구서 등의 접수·처리

5-1. 피청구인(행정청)의 처리

5-1-1. 피청구인의 심판청구서 등의 접수·처리

① 피청구인이 심판청구서를 접수하거나 행정심판위원회로부터 송부받으면 10일 이내에 심판청구서(직접 접수한 경우만 해당)와 답변서를 행정심판위원회에 보내야 합니다. 다만, 청구인이 심판청구를 취하한 경우에는 그렇지 않습니다(행정심판법 제24조제1항).

② 피청구인이 심판청구서를 보낼 때에는 심판청구서에 행정심판위원회가 표시되지 않았거나 잘못 표시된 경우에도 정당한 권한 있는 행정심판위원회에 보내야 합니다(행정심판법 제24조제3항).

③ 이 경우 행정청은 심판청구서의 송부사실을 지체 없이 청구인에게 알려야 합니다(행정심판법 제24조제5항).

5-1-2. 행정청의 직권취소 등

심판청구서를 받은 피청구인이 그 심판청구가 이유 있다고 인정하면 심판청구의 취지에 따라 직권으로 처분을 취소·변경하거나 확인을 하거나 신청에 따른 처분(이하 '직권취소 등'이라 함)을 할 수 있습니다. 이 경우 서면으로 청구인에게 알려야 합니다(행정심판법 제25조제1항).

5-1-3. 제3자의 심판청구

피청구인은 처분의 상대방이 아닌 제3자가 심판청구를 한 경우에는 지체 없이 처분의 상대방에게 그 사실을 알려야 합니다. 이 경우 심판청구서 사본을 함께 보내야 합니다(행정심판법 제24조제2항).

5-1-4. 답변서의 제출

① 피청구인은 심판청구서의 부본을 받은 날부터 10일 이내에 다음의 사항을 적은 답변서를 행정심판위원회에 제출해야 합니다. 답변서를 보낼 때에는 청구인의 수만큼 답변서 부본을 함께 보내야 합니

다(행정심판법 제24조제4항).

㉮ 처분이나 부작위의 근거와 이유

㉯ 심판청구의 취지와 이유에 대응하는 답변

㉰ 제3자의 심판청구의 경우

    – 처분의 상대방의 이름·주소·연락처

    – 처분의 상대방에 대한 '제3자 심판청구 사실 고지' 및 '심판
청구서 사본송달' 의무 이행여부

② 피청구인이 직권취소 등을 하였을 때에는 청구인이 심판청구를 취
하한 경우가 아니면 행정심판위원회에 심판청구서·답변서 등을 보
낼 때 직권취소 등의 사실을 증명하는 서류를 함께 제출해야 합니
다(행정심판법 제25조제2항).

5-2. 행정심판위원회의 처리

행정심판위원회는 피청구인으로부터 답변서가 제출되면 답변서 부본을
청구인에게 보내야 합니다(행정심판법 제26조제2항).

5-3. 심판청구의 변경

5-3-1. 청구의 변경

① 청구인은 행정심판위원회의 의결이 있기 전까지 청구의 기초에 변
경이 없는 범위에서 청구의 취지나 이유를 변경할 수 있습니다(행
정심판법 제29조제1항).

② 예를 들어, 취소심판을 무효확인심판으로 변경(청구취지의 변경)하거나
처분의 위법을 부당으로 변경(청구이유의 변경)하는 것을 말합니다.

③ 청구의 기초에 변경이 없어야 한다는 것은 현재 제기되어 있는 심판
청구에 의해 구제받으려고 하는 청구인의 법률상 이익이 동일해야
함을 의미합니다.

④ 행정심판이 청구된 후에 피청구인인 행정청이 새로운 처분을 하거나
심판청구의 대상인 처분을 변경한 경우에는 청구인은 새로운 처분이
나 변경된 처분에 맞추어 청구의 취지나 이유를 변경할 수 있습니다

(행정심판법 제29조제2항). 예를 들어, 영업허가의 취소처분을 정지처분으로 변경하는 경우입니다.

⑤ 위에 따른 청구의 변경은 서면으로 신청해야 합니다(행정심판법 제29조제3항).

⑥ 행정심판위원회는 청구변경신청서 부본을 피청구인과 참가인에게 송달해야 합니다(행정심판법 제29조제4항).

5-3-2. 청구변경의 절차

① 신청

청구의 변경은 서면으로 신청해야 합니다. 이 경우 피청구인과 참가인의 수만큼 청구변경신청서 부본을 함께 제출해야 합니다(행정심판법 제29조제3항). 행정심판위원회는 청구변경신청서 부본을 피청구인과 참가인에게 송달해야 합니다(행정심판법 제29조제4항).

② 의견제출

행정심판위원회는 기간을 정해 피청구인과 참가인에게 청구변경 신청에 대한 의견을 제출하도록 할 수 있습니다. 이 때 피청구인과 참가인이 그 기간에 의견을 제출하지 않으면 의견이 없는 것으로 봅니다(행정심판법 제29조제5항).

③ 결정

행정심판위원회는 청구변경 신청에 대하여 허가할 것인지 여부를 결정하고, 지체 없이 신청인에게는 결정서 정본을, 당사자 및 참가인에게는 결정서 등본을 송달해야 합니다(행정심판법 제29조제6항). 신청인은 결정서를 송달받은 날부터 7일 이내에 행정심판위원회에 이의신청을 할 수 있습니다(행정심판법 제29조제7항).

5-3-3. 청구변경의 효과

청구의 변경 결정이 있으면 처음 행정심판이 청구되었을 때부터 변경된 청구의 취지나 이유로 행정심판이 청구된 것으로 봅니다(행정심판법 제29조제8항).

[서식 예] 청구변경 신청서

청구변경 신청서		
접수번호	접수일	
사건명		
청구인	성명	
	주소	
피청구인		
변경 대상	[ ] 청구 취지 [ ] 청구 이유	
변경내용		
「행정심판법」 제29조에 따라 위와 같이 청구변경을 신청합니다. 　　　　　　　　　　　　　　　　　　년　　월　　일 　　　　　　　　　　신청인　　　　　　　(서명 또는 인) ○○행정심판위원회 귀중		
첨부서류	없음	수수료 없음

6. 심리의 진행

6-1. 심리

① 심리의 의의

분쟁의 대상이 되고 있는 사실관계와 그에 관한 법률관계를 분명히 하기 위해 당사자가 관계자의 주장이나 반대주장을 듣고, 그러한 주장을 정당화시켜 주는 각종의 증거·자료를 수집·조사하는 일련의 절차를 심리라고 합니다.

② 심리기관

행정심판의 심리는 행정심판위원회가 담당하고 있습니다. 행정심판청구서가 행정심판위원회에 제출되거나 회부되면 심리가 시작됩니다.

6-2. 심리기일

6-2-1. 심리기일의 지정과 변경

① 심리기일은 행정심판위원회가 직권으로 지정합니다(행정심판법 제38조제1항).

② 심리기일의 변경은 직권으로 또는 당사자의 신청에 따라 변경합니다(행정심판법 제38조제2항).

③ 행정심판위원회는 심리기일이 변경되면 지체 없이 그 사실과 사유를 당사자에게 알려야 합니다(행정심판법 제38조제3항).

6-2-2. 심리기일의 통지

심리기일의 통지나 심리기일 변경의 통지는 서면으로 하거나 심판청구서에 적힌 전화, 휴대전화를 이용한 문자전송, 팩시밀리 또는 전자우편 등 간편한 통지 방법으로 할 수 있습니다(행정심판법 제38조제4항).

6-3. 심리의 내용(요건심리와 본안심리)

6-3-1. 요건심리

① 요건심리는 해당 심판청구가 그 청구요건을 갖추고 있는지 여부를 심리하는 것으로서, 심리결과 청구요건을 갖추지 못해 부적법한 경우에는 그 심판청구는 각하됩니다.

② 예를 들어, 청구인 적격이 없는 자의 심판청구나 심판청구기간이 경과된 후에 청구된 심판청구 등은 부적법한 경우에 해당합니다.

③ 심판청구가 적법하지 않으나 보정할 수 있다고 인정되면 행정심판위원회가 기간을 정해 그 보정을 요구할 수 있습니다. 다만, 경미한 사항은 직권으로 보정할 수 있습니다(행정심판법 제32조제1항).

④ 보정은 서면으로 해야 하며 이 경우 당사자의 수만큼 보정서 부본을 함께 제출해야 합니다(행정심판법 제32조제2항).

⑤ 행정심판위원회는 제출된 보정서 부본을 지체 없이 다른 당사자에게 송달해야 합니다(행정심판법 제32조제3항).

⑥ 보정이 있는 경우에는 처음부터 적법하게 행정심판이 청구된 것으로
봅니다(행정심판법 제32조제4항).

※ 각하

행정심판청구가 있을 때, 먼저 행정심판위원회는 신청된 심판청구를 받
아들일 것인지의 여부를 판단합니다. 이 때 심판청구를 한 사람이 청구
인, 심판청구를 당한 행정청 등이 피청구인이 됩니다. 이를 요건심사라
고 합니다. 이 때, 심판청구를 한 사람이 상대방인 피청구인을 잘못 지
정했다거나, 심판청구를 하여 청구한 내용이 받아들여진다 해도 심판청
구를 한 사람에게 실질적인 이익이 없는 경우, 또는 심판신청에 관련된
절차를 규정하는 법령에 위반해 심판을 신청한 경우 등 심판청구 자체
에 결격사유가 있는 경우, 심판청구를 받아들이지 않는데, 이것을 "각
하"라고 합니다. 이 때 피청구인을 잘못 지정한 경우와 같이 사유가 중
대하지 않은 경우 이를 수정할 기회를 주기도 하며, 반면 중대한 경우
는 바로 각하하기도 합니다.

※ 이용, 기각

행정심판청구가 각하되지 않고 요건심사를 거쳐 받아들여지면, 본안심
사의 단계로 들어갑니다. 본안심사에 들어가면서 심리가 시작되는데,
심리과정을 통해 청구인이 심판청구한 내용을 받아들이는 것을 "인용"
이라고 하며, 반대로 청구인이 심판청구한 내용을 받아들이지 않는 것
을 "기각"이라고 합니다.

6-3-2. 본안심리

① 본안심리는 요건심리의 결과 행정심판의 청구가 적법한 것이면 행
정처분의 위법 · 부당여부를 심리하게 됩니다.

② 본안심리의 결과 청구인의 청구가 이유 있는 경우에는 인용하는 재
결을 하고, 이유가 없는 경우에는 기각 재결을 합니다.

6-4. 심리의 방식

6-4-1. 대심주의(對審主義)

① 행정심판은 대심주의를 택합니다. 대심주의란 대립되는 분쟁당사자

들의 공격·방어를 통해 심리를 진행하는 제도를 말합니다.

② 행정심판위원회는 청구인과 피청구인에게 공격·방어방법을 제출하게 하고, 제출된 공격·방어방법을 기초로 해 심리하고 있습니다(행정심판법 제23조, 제24조, 제33조, 제34조).

6-4-2. 직권심리주의(職權審理主義)

① 직권심리주의는 행정심판위원회가 직권으로 심리를 진행하는 동시에, 필요한 자료를 수집하는 제도를 말합니다.

② 행정심판위원회는 사건을 심리하기 위해 필요하면 당사자가 주장하지 않은 사실에 대해서도 심리할 수 있고, 직권으로 당사자·참고인을 신문할 수 있으며, 전문가에게 감정·검증 등을 요구할 수도 있습니다(행정심판법 제39조, 제36조).

6-4-3. 구술심리 또는 서면심리

① 행정심판위원회의 심리는 구술심리 또는 서면심리의 방식으로 진행합니다(행정심판법 제40조제1항 본문).

② 구술심리란 구술의 진술을 재결의 기초로 하는 것을 말합니다.

③ 서면심리란 서면상의 진술만을 재결의 기초로 하는 것을 말합니다.

④ 행정심판위원회는 당사자가 구술심리를 신청한 경우 서면심리만으로 결정할 수 있다고 인정되는 경우 이외에는 구술심리를 해야 합니다(행정심판법 제40조제1항 단서).

6-4-4. 비공개주의

행정심판위원회에서 위원이 발언한 내용 그 밖에 공개할 경우 행정심판위원회의 심리·의결의 공정성을 해할 우려가 있는 사항으로서 다음의 어느 하나에 해당하는 사항은 공개하지 않습니다(행정심판법 제41조 및 행정심판법 시행령 제29조).

㉮ 행정심판위원회(소위원회와 전문위원회 포함)의 회의에서 위원이

발언한 내용이 적힌 문서

㉯ 심리 중인 심판청구 사건의 재결에 참여할 위원의 명단

㉰ ㉮ 및 ㉯에서 규정한 사항 외에 공개할 경우 행정심판위원회의 심리 · 재결의 공정성을 해칠 우려가 있다고 인정되는 사항

6-5. 증거조사의 방식

① 행정심판위원회는 사건의 심리를 위해 필요할 때에는 직권으로 또는 당사자의 신청에 따라 다음의 방법으로 증거조사를 할 수 있습니다(행정심판법 제36조제1항).

- 당사자나 관계인(관계 행정기관 소속 공무원 포함, 이하 같음)을 행정심판위원회의 회의에 출석하게 해 신문하는 방법
- 당사자나 관계인이 가지고 있는 문서 · 장부 · 물건 또는 그 밖의 증거자료의 제출을 요구하고 영치하는 방법
- 특별한 학식과 경험을 가진 제3자에게 감정을 요구하는 방법
- 당사자 또는 관계인의 주소 · 거소 · 사업장이나 그 밖의 필요한 장소에 출입해 당사자 또는 관계인에게 질문하거나 서류 · 물건 등을 조사 · 검증하는 방법

② 행정심판위원회는 필요할 때에는 소속된 행정청의 직원이나 다른 행정기관에 촉탁해 증거조사를 할 수 있습니다(행정심판법 제36조제2항).

6-6. 관련청구의 병합과 분리

행정심판위원회는 수 개의 청구사건이 같은 또는 서로 관련되는 사안에 관해 청구된 것이거나, 또는 동일한 행정청이 행한 유사한 내용의 처분에 관한 것인 때 등 필요하다고 인정될 경우, 심리의 신속성 · 경제성의 관점에서 이들 사건을 병합해 심리하거나 병합된 관련청구를 분리해 심리할 수 있습니다(행정심판법 제37조).

6-7. 심판청구의 취하

청구인 또는 참가인은 심판청구에 대한 재결이 있을 때까지 서면으로 심판청구를 취하할 수 있습니다(행정심판법 제42)

[서식 예] 심판청구 취하서

<table>
<tr><td colspan="4" align="center">심판청구 취하서</td></tr>
<tr><td>접수번호</td><td>접수일</td><td></td><td></td></tr>
<tr><td>사건명</td><td colspan="3"></td></tr>
<tr><td rowspan="2">청구인</td><td colspan="3">성명</td></tr>
<tr><td colspan="3">주소</td></tr>
<tr><td>피청구인</td><td colspan="3"></td></tr>
<tr><td>청구인과의
관계</td><td colspan="3">[　] 본인　　[　] 대표자　　[　] 관리인　　[　] 선정대표자
[　] 대리인</td></tr>
<tr><td>취하 취지</td><td colspan="3"></td></tr>
<tr><td>취하 이유</td><td colspan="3"></td></tr>
<tr><td colspan="4">　「행정심판법」 제15조제3항, 제42조제1항·3항 및 같은 법 시행령 제30조에 따라 위와 같이 심판청구를 취하합니다.

 년　　　월　　　일
 신청인　　　　　　　　(서명 또는 인)
○○행정심판위원회 귀중</td></tr>
<tr><td>첨부서류</td><td colspan="2">선정대표자가 취하하는 경우에는 다른 청구인들의 취하
동의서</td><td>수수료
없음</td></tr>
</table>

■ 행정심판 절차 중 행정심판위원회에 직접 출석하여 진술할 수 있나요?

Q 행정심판 절차 중 행정심판위원회에 직접 출석하여 진술할 수 있나요?

A 청구인이 출석하여 진술하기를 원하는 경우 행정심판위원회에 구술심리를 신청하고, 구술심리 승인을 받으면 직접 위원회에 출석하여 의견을 진술할 수 있습니다.

　◇ 구술심리

① 행정심판위원회의 심리는 구술심리 또는 서면심리의 방식으로 진행합니다.

② 구술심리란 구술의 진술을 재결의 기초로 하는 것을 말합니다.

③ 행정심판위원회는 당사자가 구술심리를 신청한 경우 서면심리만으로 결정할 수 있다고 인정되는 경우 이외에는 구술심리를 해야 합니다.

7. 심리의 종결

7-1. 재결

① 재결의 의의

재결이란 행정청의 처분 또는 부작위에 대한 행정심판청구에 대해 행정심판위원회가 행하는 판단을 말합니다(행정심판법 제2조제3호).

② 재결의 성질

재결은 행정심판위원회의 의사표시로서 준사법적 행위의 성질을 갖습니다.

7-2. 재결기간

① 재결은 행정청 또는 행정심판위원회가 심판청구서를 받은 날부터 60일 이내에 해야 합니다. 다만 부득이한 사정이 있는 경우에는 위원장이 직권으로 30일을 연장할 수 있습니다(행정심판법 제45조제1항).

② 부득이한 사정에 따라 재결기간을 연장한 때에는 재결기간이 끝나기 7일 전까지 당사자에게 이를 알려야 합니다(행정심판법 제45조제2항).

③ 행정심판위원회가 심판청구에 대해 보정을 명한 경우, 보정기간은 재결기간에 산입하지 않습니다(행정심판법 제32조제5항).

7-3. 재결의 방식

7-3-1. 서면주의

① 재결은 서면으로 합니다(행정심판법 제46조제1항).

② 행정심판위원회는 재결서에 다음의 사항을 적어야 합니다(행정심판법 제46조제2항).

- 사건번호와 사건명
- 당사자ㆍ대표자 또는 대리인의 이름과 주소
- 주문
- 청구의 취지
- 이유
- 재결한 날짜

7-3-2. 재결의 이유

① 재결서에는 이유를 기재해야 합니다(행정심판법 제46조제2항제5호).
② 재결서에 적는 이유에는 주문 내용이 정당하다는 것을 인정할 수 있는 정도의 판단을 표시해야 합니다(행정심판법 제46조제3항).

7-4. 재결의 범위

① 행정심판위원회는 심판청구의 대상이 되는 처분 또는 부작위 외의 사항에 대해서는 재결하지 못합니다(행정심판법 제47조제1항).
② 행정심판위원회는 심판청구의 대상이 되는 처분보다 청구인에게 불리한 재결을 하지 못합니다(행정심판법 제47조제2항).

7-5. 재결의 송달과 공고

7-5-1. 재결의 송달

① 재결이 행해진 경우 행정심판위원회는 지체 없이 당사자에게 재결서의 정본을 송달해야 하고, 청구인에게 송달되었을 때에 재결의 효력이 발생합니다(행정심판법 제48조제1항·2항).
② 심판청구 참가인에게도 재결서의 등본이 송달됩니다(행정심판법 제48조제3항).
③ 처분의 상대방이 아닌 제3자가 심판청구를 한 경우 제3자에게도 재결서의 등본이 송달됩니다(행정심판법 제48조제4항).

7-5-2. 공고

법령의 규정에 따라 공고하거나 고시한 처분이 재결로써 취소되거나 변경되면 처분을 한 행정청은 지체 없이 그 처분이 취소 또는 변경되었다는 것을 공고하거나 고시해야 합니다(행정심판법 제49조제5항).

7-5-3. 통지

법령의 규정에 따라 처분의 상대방 외의 이해관계인에게 통지된 처분이 재결로써 취소되거나 변경되면 처분을 한 행정청은 지체 없이 그 이해관계인에게 그 처분이 취소 또는 변경되었다는 것을 알려야 합니다(행정심판법 제49조제6항).

7-6. 재결의 종류

7-6-1. 각하재결

① 각하재결이란 심판청구의 요건심리의 결과 그 청구요건이 갖추어져 있지 않아 적법하지 않은 청구라는 이유로 본안심리를 거부하는 행정심판위원회의 판단을 말합니다(행정심판법 제43조제1항).

② 재결서의 주문은 '이 사건 심판청구를 각하한다.'로 표현됩니다.

③ 심판청구가 부적법하여 각하되는 경우는 다음과 같습니다.

- 심판청구를 할 수 없는 자가 심판청구를 한 때
- 심판청구의 대상이 행정처분에 해당하지 않을 때
- 심판청구기간이 경과한 후에 청구된 때
- 심판청구의 필요적 기재사항에 불비가 있는 때
- 심판청구서에 대표자 · 관리인 또는 대리인의 자격을 증명하는 서면이 첨부되어 있지 않은 때

④ 다만, 심판청구서의 기재사항을 빠뜨리거나 대표자 등의 자격증명서면을 첨부하지 않은 경우에는 요건을 보정하는 것이 가능하고, 보정이 있는 경우에는 처음부터 적법하게 행정심판이 청구된 것으로 봅니다(행정심판법 제32조제1항 · 제4항).

※ 각하재결의 예(국행심 05-18489 법칙금부과처분취소청구)

운전면허행정처분 기준상의 벌점의 배점 자체만으로는 행정 내부의 사실상 행위에 불과해 아직 국민에 대해 구체적으로 어떤 권리를 제한하거나 의무를 명하는 등 법적 규제 효과를 대외적으로 발생시키는 요건을 갖춘 것이 아니어서 행정심판의 대상이 되는 행정처분이라 할 수 없을 뿐만 아니라, 동 벌점은 2005. 8. 15. 특별사면으로 삭제되어 더 이상 다툴 대상이 없게 되었으므로 이 건 청구는 어느모로 보나 「행정심판법」의 규정을 위반한 부적법한 청구라고 할 것이다.

⚖ **관련판례**

행정처분에 대한 행정심판청구를 각하한 재결에 대한 항고소송은 원처분의 존재 여부나 그 유·무효를 이유로 주장할 수 없고, 그 재결 자체에 주체, 절차, 형식 또는 내용상의 위법이 있는 경우에 한한다(대법원 1995. 5. 26. 선고 94누7010 판결).

7-6-2. 기각재결

① 기각재결이란 본안심리를 한 후 청구인이 신청한 내용을 받아들이지 않고 행정청이 했던 원래의 처분을 그대로 유지시키기로 하는 행정심판위원회의 판단입니다(행정심판법 제43조제2항).

② 재결서의 주문은 '청구인의 청구를 기각한다.'로 표현됩니다.

※ **기각재결의 예(국행심 06-06293 상이처일부불인정처분취소청구)**

> 종합적으로 고려할 때, 청구인의 "달리 분류되지 않은 목척수 신경뿌리장애, 상세불명의 비화농성 중이염, 우측 제4수지 신근건 파열"을 전상으로 인정하기는 어려우므로 피청구인의 이 건 상이처일부불인정처분이 위법·부당하다고 할 수 없다.

⚖ **관련판례 1**

행정소송법 제18조 제3항 제1호 소정의 '동종사건'에는 당해 사건은 물론이고, 당해 사건과 기본적인 점에서 동질성이 인정되는 사건도 포함되는 것으로서, 당해 사건에 관하여 타인이 행정심판을 제기하여 그에 대한 기각재결이 있었다든지 당해 사건 자체는 아니더라도 그 사건과 기본적인 점에서 동질성을 인정할 수 있는 다른 사건에 대한 행정심판의 기각재결이 있을 때도 여기에 해당한다(대법원 1993. 9. 28. 선고 93누9132 판결).

⚖ **관련판례 2**

행정소송법 제18조 제3항 제1호에서 행정심판의 제기 없이도 행정소송을 제기할 수 있는 경우로 규정하고 있는 "동종사건에 관하여 이미 행정심판의 기각재결이 있은 때"에 있어서의 "동종사건"이라 함은 당해 사건은 물론 당해 사건과 기본적인 점에서 동질성이 인정되는 사건을 가리킨다(대법원 1992.11.24. 선고 92누8972 판결).

행정처분이 정당한 것으로 인정되어 행정심판청구를 기각한 재결에 대한 항고소송은 원처분의 하자를 이유로 주장할 수 없고, 그 재결자체에 주체, 절차, 형식 또는 내용상의 위법이 있는 경우에 한한다(대법원 1989. 1. 24. 선고 88누3314 판결).

7-6-3. 인용재결

① 인용재결이란 피청구인의 처분이나 부작위가 위법 또는 부당함을 인정해 청구인이 신청한 내용을 받아들이는 행정심판위원회의 판단을 말합니다(행정심판법 제43조제3항~제5항).

② 인용재결은 행정심판의 청구에 따라, 취소·변경 재결, 무효등확인 재결, 의무이행재결로 나누어집니다.

행정소송법 제18조 제3항 제1호에서 "동종사건에 관하여 이미 행정심판의 기각재결이 있은 때"에 행정심판을 거치지 아니하고 행정소송을 제기할 수 있도록 한 것은, 행정심판의 재결결과가 명확하여 인용재결이 예상될 수 없는 경우에는 행정심판전치가 무의미하기 때문이며, 여기서 "동종사건"이라 함은 당해 사건은 물론이고 당해 사건과 기본적인 동질성이 있는 사건을 말한다(대법원 1994. 11. 8. 선고 94누4653 판결).

이른바 복효적 행정행위, 특히 제3자효를 수반하는 행정행위에 대한 행정심판청구에 있어서 그 청구를 인용하는 내용의 재결로 인하여 비로소 권리이익을 침해받게 되는 자는 그 인용재결에 대하여 다툴 필요가 있고, 그 인용재결은 원처분과 내용을 달리하는 것이므로 그 인용재결의 취소를 구하는 것은 원처분에는 없는 재결에 고유한 하자를 주장하는 셈이어서 당연히 항고소송의 대상이 된다(대법원 2001. 5. 29. 선고 99두10292 판결).

7-6-4. 취소·변경재결

① 취소·변경재결은 행정심판위원회가 취소심판의 청구가 이유 있다고 인정하는 때에 처분을 취소 또는 변경하거나 처분청에게 취소 또는 변경할 것을 명하는 재결을 말합니다(행정심판법 제43조제3항).

② 재결서의 주문은 '피청구인이 2015. 1. 1. 청구인에게 한 △△처분은 이를 취소한다.' 또는 '피청구인이 2015. 5. 20. 청구인에게 한 △△처분은 이를 3월의 △△정지처분으로 변경한다.' 로 표현됩니다.

※ 취소ㆍ변경재결의 예(국행심 06-03000, 산업재해보상보험료부과처분 취소청구)

> 재단기와 포장기를 보유하고 있는 동종 또는 유사한 다른 사업장에 적용되고 있는 사업종류가 대부분 피청구인이 변경하기 전 사업종류인 도ㆍ소매 및 소비자용품수리업으로 되어 있는 점 등에 비추어 볼 때 피청구인이 청구인 회사의 사업종류를 제본 또는 인쇄물 가공업으로 변경하고, 그에 대한 추가보험료를 부과한 이 건 산업재해보상보험료 부과처분은 위법ㆍ부당하다.

⚖ **관련판례**

행정심판청구인이 아닌 제3자라도 당해 행정심판청구를 인용하는 재결로 인하여 권리 또는 법률상 이익을 침해받게 되는 경우에는 그 재결의 취소를 구할 수 있으나, 이 경우 법률상 이익이란 당해 처분의 근거 법률에 의하여 직접 보호되는 구체적인 이익을 말하므로 제3자가 단지 간접적인 사실상 경제적인 이해관계를 가지는 경우에는 그 재결의 취소를 구할 원고적격이 없다(대법원 2000. 9. 8. 선고 98두13072 판결).

7-6-5. 무효등확인재결

① 무효등확인재결이란 무효등확인심판의 청구가 이유 있다고 인정할 때 해당처분의 효력의 유무 또는 존재 여부를 확인하는 재결을 말합니다(행정심판법 제43조제4항).

② 재결서의 주문은 '피청구인이 2004. 7. 16. 청구인에게 한 2004. 5. 16. 자 △△처분은 이를 무효임을 확인한다.' 로 표현됩니다.

> 그러한 확인을 하였다면 청구인이 청송교도소에 수용 중인 것을 알 수
> 있었을 것임에도 불구하고 이를 확인하지 아니한 채 단지 통지서가 반
> 송되었다는 이유만으로 청구인의 운전면허대장에 기재된 주소지의 관할
> 경찰관서에 수시적성검사대상자공고를 하고 통지에 갈음하였는바, …중
> 략…, 위 공고는 공고의 요건을 갖추지 못한 무효의 공고라 할 것이므
> 로 수시적성검사를 받지 아니하였다는 이유로 행한 이 건 자동차운전면
> 허취소처분은 그 하자가 중대하고 명백하여 무효이다.

7-6-6. 의무이행재결

① 의무이행재결이란 의무이행심판청구가 이유 있다고 인정해 그 부작위
   의 바탕이 된 신청에 따른 처분을 하거나 하도록 명하는 재결을 말합
   니다(행정심판법 제43조제5항).

② 재결서의 주문은 '피청구인은 청구인이 정보공개이행을 청구한 정보
   중 △△을 공개하라.'로 표현됩니다.

※ 의무이행재결의 예(국행심 04-07011 정보공개이행청구)

> 청구인이 정보공개이행을 청구한 정보 중 ③ 제13기소방간부후보생선
> 발실시시험 응시자 수 등에 대한 정보는 비공개대상정보에 포함되지 않
> 는다 할 것이며, 달리 공개를 거부할 만한 법령상 특별한 이유를 찾을
> 수 없으므로 ③ 등이 비공개대상정보에 해당한다는 이유로 한 피청구인
> 의 이 건 처분은 위법·부당하다고 할 것이다.

7-6-7. 사정재결

① 사정재결이란 심판청구가 이유 있다고 인정되는 경우에도 이를 인용
   하는 것이 공공복리에 크게 위배될 때에 그 심판청구를 기각하는 재
   결을 말합니다(행정심판법 제44조제1항 본문).

② 사정재결은 취소심판과 의무이행심판에만 적용되며 무효등확인심판
   에는 적용되지 않습니다(행정심판법 제44조제3항).

③ 사정재결을 하는 경우, 행정심판위원회는 해당 처분이나 부작위의 위

법·부당함을 확정함으로써 행정상 손해배상청구 등을 쉽게 할 수 있도록 재결의 주문에서 그 처분이나 부작위가 위법 또는 부당한 것임으로 명시합니다(행정심판법 제44조제1항 단서).

④ 재결서의 주문은 '청구인의 청구를 기각한다. 다만, 피청구인이 2005. 2. 3. 청구인에게 한 △△처분은 위법하다'로 표현됩니다.

⑤ 행정심판위원회는 사정재결을 할 때에 청구인에 대해 상당한 구제방법을 취하거나 피청구인에게 상당한 구제방법을 취할 것을 명할 수 있습니다(행정심판법 제44조제2항).

⑥ 상당한 구제방법이란 원칙적으로 사정재결로 인해 청구인이 받는 피해 전체이며, 금전을 통한 배상 또는 피해제거시설의 설치 등 다른 적절한 방법 등을 말합니다.

8. 재결의 효력

8-1. 기속력

8-1-1. 의의

① 기속력이란 심판청구의 당사자인 행정청과 관계 행정청이 재결의 취지에 따르도록 하는 효력을 말합니다.

② 재결은 피청구인인 행정청과 그 밖의 관계 행정청을 기속합니다(행정심판법 제49조제1항).

8-1-2. 반복금지의무(소극적 의무)

행정청은 재결에 기속되므로 처분청은 처분을 취소하는 재결이 있는 경우 재결의 취지에 반하는 처분을 다시 해서는 안 됩니다. 즉, 동일한 사정 아래에서는 같은 내용의 처분을 되풀이해서는 안 됩니다.

☙☙ **관련판례**

「행정심판법」 제37조(현행 제49조)가 정하고 있는 재결은 당해 처분에 관하여 재결주문 및 그 전제가 된 요건사실의 인정과 판단에 대하여 처분청을 기속하므로, 당해 처분에 관하여 위법한 것으로 재결에서 판단된 사유와 기본적 사실관계에 있어 동일성이 인정되는 사유를 내세워 다시 동일한 내용의 처분을 하는 것은 허용되지 않는다(대법원 2003. 4. 25. 선고 2002두3201 판결).

8-1-3. 재처분의무(적극적 의무)

① 재결에 의하여 취소되거나 무효 또는 부존재로 확인되는 처분이 당사자의 신청을 거부하는 것을 내용으로 하는 경우에는 그 처분을 한 행정청은 재결의 취지에 따라 다시 이전의 신청에 대한 처분을 해야 합니다(행정심판법 제49조제2항).

② 인용재결이 있으면 피청구인인 행정청을 비롯한 관계행정청은 재결의 내용에 따라 처분을 취소·변경해야 할 의무를 지게 되며, 당사자의 신청을 거부하거나 부작위로 방치한 처분의 이행을 명하는 재결이 있는 경우에는 행정청은 지체 없이 그 재결의 취지에 따라 다시 이전의 신청에 대한 처분을 해야 합니다(행정심판법 제49조제3항).

③ 위원회는 피청구인이 위의 처분을 하지 않으면 청구인의 신청에 의하여 결정으로 상당한 기간을 정하고 피청구인이 그 기간 내에 이행하지 않는 경우에는 그 지연기간에 따라 일정한 배상을 하도록 명하거나 즉시 배상을 할 것을 명할 수 있습니다(행정심판법 제50조의2제1항).

8-1-4. 결과제거의무

① 행정심판에서 처분의 취소재결 또는 무효재결이 있으면 행정청이 해당 처분과 관련해 행한 후속처분이나 사실상의 조치 등에 기한 법률관계·사실관계는 위법한 것이 되므로, 행정청은 이를 원상으로 회복할 의무를 집니다.

② 예를 들어, 건물의 철거명령이 취소되면 행정청은 이 처분을 전제로 한 계고처분을 취소해야 합니다.

8-1-5. 기속력의 위반

① 반복금지의무에 위반

반복금지의무에 위반해 동일한 내용의 처분을 다시 한 경우 이러한 처분은 그 하자가 중대명백하여 무효입니다.

② 재처분의무에 위반(직접처분)

    – 피청구인인 행정청이 재결에 따른 처분을 하지 않는 경우, 행정심판위원회는 당사자가 신청하면 기간을 정해 서면으로 시정을 명하고 그 기간에 이행하지 않으면 직접 처분을 할 수 있습니다. 다만, 그 처분의 성질이나 그 밖의 불가피한 사유로 행정심판위원회가 직접 처분을 할 수 없는 경우는 그렇지 않습니다(행정심판법 제50조제1항).

    – 행정심판위원회가 직접 처분을 한 경우, 피청구인인 행정청은 행정심판위원회가 한 처분을 해당 행정청이 한 것으로 보아, 관계 법령에 따라 관리·감독 등 필요한 조치를 해야 합니다(행정심판법 제50조제2항).

8-2. 형성력

① 형성력이란 행정심판위원회에서 처분을 취소 또는 변경하는 재결을 한 경우, 피청구인인 행정청에 의한 별도의 처분을 기다릴 필요 없이 재결의 내용에 따라 행정상 법률관계에 변동이 생기는 효력을 말합니다.

② 형성력의 예

건축허가취소처분을 취소하는 재결이 있으면, 해당처분은 처분 당시로 소급해 효력이 소멸합니다. 따라서 처분청은 별도의 건축허가취소의 취소처분을 할 필요가 없습니다.

8-3. 불가쟁력

① 일정한 사유가 존재하면 행정행위의 상대방은 쟁송절차에서 그 행정행위의 효력을 다툴 수 없게 되는데, 이를 불가쟁력이라고 합니다.

② 행정심판위원회의 재결은, 재결 그 자체에 위법이 있는 경우 그에 대한 행정소송을 제기할 수 있으나, 그 제소기간이 경과하면 더 이상 재결의 효력을 다툴 수 없게 됩니다.

③ 행정심판청구가 있는 경우에 행정소송은 행정심판의 재결서 정본을 송

달받은 날부터 90일, 재결이 있은 날로부터 1년 이내에 제기해야 합니다(행정소송법 제20조).

8-4. 불가변력

① 일부의 행정행위는 처분청 스스로 그 내용에 구속되어 더 이상 직권으로 취소·변경할 수 없는데, 행정행위의 이러한 효력을 불가변력이라고 합니다.

② 행정심판위원회의 재결은 쟁송절차에 따른 판단행위이기 때문에 일단 재결이 행해진 이상 행정심판위원회 스스로도 이를 취소·변경할 수 없습니다.

8-5. 공정력

① 공정력이란 행정행위에 하자가 있더라도 당연무효가 아닌 한 권한 있는 기관에 의하여 취소될 때까지는 잠정적으로 유효한 것으로 통용되는 효력입니다(대법원 1993. 11. 9. 선고 93누14271 판결).

② 행정심판위원회의 재결은 행정처분의 일종으로서 공정력을 가집니다.

■ 피청구인이 재결에 불복할 수 있나요?

Q 행정심판 절차 중 행정심판위원회에 직접 출석하여 진술할 수 있나요?

A 청구인은 재결에 불복이 있으면 행정소송을 제기할 수 있습니다. 그러나 재결이 있게 되면 재결은 피청구인인 행정청과 그 밖의 관계행정청을 기속하므로 인용재결이 있으면 피청구인인 행정청은 재결의 내용에 따라 처분을 취소 내지 변경할 의무가 있으며 이에 불복할 수 없습니다.

◇ 기속력

① 기속력이란 심판청구의 당사자인 행정청과 관계 행정청이 재결의 취지에 따르도록 하는 효력을 말합니다.

② 재결은 피청구인인 행정청과 그 밖의 관계 행정청을 기속합니다.

③ 행정청은 재결에 기속되므로 처분청은 처분을 취소하는 재결이 있는 경우 재결의 취지에 반하는 처분을 다시 해서는 안 됩니다. 즉, 동일한 사정 아래에서는 같은 내용의 처분을 되풀이해서는 안 됩니다.

⚖ 관련판례

대집행의 계고·대집행영장에 의한 통지·대집행의·실행·대집행에 요한 비용의 납부명령 등은, 타인이 대신하여 행할 수 있는 행정의무의 이행을 의무자의 비용 부담하에 확보하고자 하는, 동일한 행정목적을 달성하기 위하여 단계적인 일련의 절차로 연속하여 행하여지는 것으로서, 서로 결합하여 하나의 법률효과를 발생시키는 것이므로, 선행처분인 계고처분이 하자가 있는 위법한 처분이라면, 비록 하자가 중대하고도 명백한 것이 아니어서 당연무효의 처분이라고 볼 수 없고 대집행의 실행이 이미 사실행위로서 완료되어 계고처분의 취소를 구할 법률상 이익이 없게 되었으며, 또 대집행비용납부명령 자체에는 아무런 하자가 없다 하더라도, 후행처분인 대집행비용납부명령의 취소를 청구하는 소송에서 청구원인으로 선행처분인 계고처분이 위법한 것이기 때문에 그 계고처분을 전제로 행하여진 대집행비용납부명령도 위법한 것이라는 주장을 할 수 있다(대법원 1993.11.9, 선고, 93누14271, 판결).

■ **재결에서 일정한 사실관계나 법률적 판단이 확정되었음에도 불구하고 법원에서 이와 모순되는 주장을 할 수 있나요?**

Q 재결에서 일정한 사실관계나 법률적 판단이 확정되었음에도 불구하고 법원에서 이와 모순되는 주장을 할 수 있나요?

A 재결의 기속력이 미치는 범위는 피청구인인 행정청뿐만 아니라 그 밖의 모든 관계행정청 입니다(행정심판법 제49조 제1항). 그런데 법원은 행정청이나 관계행정청에 해당하지 않으므로 행정청이 재결에서 판단된 사실관계나 법률관계에 기속되어 다른 판단을 할 수 없는 것은 아닙니다. 대법원도 "행정심판의 재결은 피청구인인 행정청을 기속하는 효력을 가지므로 재결청이 취소심판의 청구가 이유 있다고 인정하여 처분청에 처분을 취소할 것을 명하면 처분청으로서는 재결의 취지에 따라 처분을 취소하여야 하지만, 나아가 재결에 판결에서와 같은 기판력이 인정되는 것은 아니어서 재결이 확정된 경우에도 처분의 기초가 된 사실관계나 법률적 판단이 확정되고 당사자들이나 법원이 이에 기속되어 모순되는 주장이나 판단을 할 수 없게 되는 것은 아니다"라고 판시한 바 있습니다(대법원 2015.11.27, 선고, 2013다6759 판결). 따라서 재결이 확정되었음에도 불구하고 법원에서는 재결에서 판단된 사실관계나 법률관계와 모순되는 주장을 할 수 있을 것으로 보입니다.

관련판례

행정심판의 재결은 피청구인인 행정청을 기속하는 효력을 가지므로 재결청이 취소심판의 청구가 이유 있다고 인정하여 처분청에 처분을 취소할 것을 명하면 처분청으로서는 재결의 취지에 따라 처분을 취소하여야 하지만, 나아가 재결에 판결에서와 같은 기판력이 인정되는 것은 아니어서 재결이 확정된 경우에도 처분의 기초가 된 사실관계나 법률적 판단이 확정되고 당사자들이나 법원이 이에 기속되어 모순되는 주장이나 판단을 할 수 없게 되는 것은 아니다(대법원 2015. 11. 27. 선고 2013다6759 판결).

⚖️ 관련판례

행정심판법 제37조가 정하고 있는 재결은 당해 처분에 관하여 재결주문 및 그 전제가 된 요건사실의 인정과 판단에 대하여 처분청을 기속하므로, 당해 처분에 관하여 위법한 것으로 재결에서 판단된 사유와 기본적 사실관계에 있어 동일성이 인정되는 사유를 내세워 다시 동일한 내용의 처분을 하는 것은 허용되지 않는다(대법원 2003. 4. 25. 선고 2002두3201 판결)

9. 불복

9-1. 재결에 대한 불복

① 재심판청구 금지

심판청구에 대한 재결이 있는 경우에는 해당 재결 및 같은 처분 또는 부작위에 대해 다시 행정심판을 청구할 수 없습니다(행정심판법 제51조).

⚖️ **관련판례**

일반적으로 행정처분이나 행정심판재결이 불복기간의 경과로 인하여 확정될 경우, 그 확정력은 그 처분으로 인하여 법률상 이익을 침해받은 자가 당해 처분이나 재결의 효력을 더 이상 다툴 수 없다는 의미일 뿐, 더 나아가 판결에 있어서와 같은 기판력이 인정되는 것은 아니어서 그 처분의 기초가 된 사실관계나 법률적 판단이 확정되고 당사자들이나 법원이 이에 기속되어 모순되는 주장이나 판단을 할 수 없게 되는 것은 아니다(대법원 2000. 4. 25. 선고 판결).

② 재결취소소송

재결 그 자체에 고유한 위법이 있는 경우에 한해 재결취소소송을 제기할 수 있습니다(행정소송법 제19조 단서). 재결취소소송은 재결(처분)이 있음을 안 날로부터 90일 이내, 재결이 있은 날로부터 1년 이내에 제기해야 합니다(행정소송법 제20조).

⚖️ **관련판례 1**

일반적으로 행정처분이나 행정심판 재결이 불복기간의 경과로 인하여 확정될 경우 그 확정력은, 그 처분으로 인하여 법률상 이익을 침해받은 자가 당해 처분이나 재결의 효력을 더 이상 다툴 수 없다는 의미일 뿐, 더 나아가 판결에 있어서와 같은 기판력이 인정되는 것은 아니어서 그 처분의 기초가 된 사실관계나 법률적 판단이 확정되고 당사자들이나 법원이 이에 기속되어 모순되는 주장이나 판단을 할 수 없게 되는 것은 아니다(대법원 2004. 7. 8. 선고 2002두11288 판결).

⚖️ **관련판례 2**

행정심판을 제기함이 없이 취소소송을 제기할 수 있는 경우가 별도로 행정소송법 제18조 제3항에 규정되어 있는 점에 비추어 보면, 같은 조 제2항 제2호 소정의 행정심판의 재결을 거치지 아니하고 취소소송을 제기할 수 있다는 뜻은 행정심판의 제기없이도 취소소송을 제기할 수 있다는 취지가 아니라 행정심판은 제기하였으나 위 규정 소정의 사유가 있는 때에는 그에 대한 재결을 기다리지 아니하고 바로 취소소송을 제기할 수 있다는 뜻으로 풀이함이 상당하다 (대법원 1987. 12. 8. 선고 87누381 판결).

♣♣ 관련판례 3

행정소송법 제18조 제1항은 행정심판과 취소소송과의 관계에 관하여 규정하면서, 1994. 7. 27. 법률 제4770호로 개정되기 이전에는 법령의 규정에 의하여 당해 처분에 대한 행정심판을 제기할 수 있는 경우에는 그에 대한 재결을 거치지 아니하면 취소소송을 제기할 수 없다고 규정하여 이른바 재결전치주의를 택하고 있었으나, 위 개정 후에는 그와 같은 행정심판의 제기에 관한 근거 규정이 있는 경우에도 달리 그 행정심판의 재결을 거치지 아니하면 취소소송을 제기할 수 없다는 규정을 두고 있지 아니하는 한 그러한 행정심판의 재결을 거치지 아니하고도 취소소송을 제기할 수 있는 것으로 규정함으로써 이른바 자유선택주의로 전환하였으므로, 위 개정 조항이 같은 법 부칙(1994. 7. 27.) 제1조에 의하여 1998. 3. 1.자로 시행된 이후에는 법령의 규정에서 단지 행정심판의 제기에 관한 근거 규정만을 두고 있는 처분에 있어서는 위 개정 조항에 따라 그에 대한 행정심판 절차는 당연히 임의적 절차로 전환되었다(대법원 1999. 12. 20. 자 99무42 결정).

9-2. 행정소송의 제기

① 원처분중심주의

취소소송은 원칙적으로 행정청의 원처분을 대상으로 합니다. 따라서 행정심판위원회의 재결은 예외적으로 재결 자체에 고유한 위법이 있는 경우에 한해 제기할 수 있습니다(행정소송법 제19조 단서).

② 재결주의(원처분중심주의의 예외)

개별 법령에 규정된 특별행정심판의 경우 원처분에 대해서는 취소소송을 제기할 수 없도록 하고 재결에 대해서만 취소소송을 제기할 수 있도록 하는 경우가 있습니다. 이를 재결주의라고 합니다.

개별법령에서 재결주의를 취하고 있는 예는 다음과 같습니다.

- 감사원의 재심의판정(감사원법 제40조제2항)

  감사원의 변상판정처분에 대해서는 행정소송을 제기할 수 없고, 재결에 해당하는 재심의판정에 대해서만 감사원을 피고로 하여 행정소송을 제기할 수 있습니다.
- 중앙노동위원회의 재심판정(노동위원회법 제26조ㆍ제27조)

⚖ 관련판례 1

개별토지가격합동조사지침(국무총리훈령 제241호, 제248호)은 개별토지가격결정처분에 대한 불복절차로서 행정심판 외에 재조사절차를 추가로 두고 있어 개별토지가격에 대하여 이의가 있는 토지소유자 및 이해관계인은 개별토지가격결정에 대하여 재조사청구를 하지 않고 바로 행정심판법 소정의 행정심판을 제기하거나 또는 재조사청구를 하여 그 결과통지를 받은 후에 다시 행정심판법 소정의 행정심판을 제기하여 그 행정심판의 재결을 거쳐 행정소송을 제기하는 것이 가능함은 물론이고, 개별토지가격에 대하여 재조사청구를 하여 조사결과의 통지를 받은 자는 별도의 행정심판절차를 거치지 않더라도 곧바로 행정소송을 제기할 수 있다. 또한 개별토지가격합동조사지침이 행정심판 외에 이러한 별도의 불복절차를 둔 취지는 처분청으로 하여금 스스로 시정의 기회를 갖게 하고, 토지소유자들에게 다양하고 효율적인 불복의 기회를 제공함으로써 효과적이고 신속한 권리구제를 하겠다는 것이므로, 토지소유자가 이러한 불복절차를 적법하게 거쳤는지의 여부는 위와 같은 전치제도 설정의 취지를 충분히 고려하여 판단하여야 할 것이며, 특히 제출된 서면의 취지나 청구인의 의도가 불명확한 경우에는 그 서면은 가능한 한 제출자에게 이익이 되도록 해석하고 처리하여야 한다(대법원 1996. 7. 30. 선고 95누11276 판결).

⚖ 관련판례 2

토지소유자 및 이해관계인이 개별토지가격결정에 대하여 재조사청구를 하지 않고 바로 행정심판법 소정의 행정심판을 제기하거나 또는 재조사청구를 하여 결과통지를 받은 후 다시 행정심판법 소정의 행정심판을 제기하여 그 재결을 거쳐 행정소송을 제기하는 것이 가능하고, 개별토지가격결정에 대하여 재조사청구를 하여 재조사 결과통지를 받은 자는 별도의 행정심판절차를 거치지 않더라도 곧바로 행정소송을 제기할 수 있다(대법원 1993. 12. 24. 선고 92누17204 판결).

■ 행정심판청구에 대한 재결에 승복할 수 없는 경우. 어떻게 해야 하나요?

Q 행정심판청구에 대한 재결에 승복할 수 없습니다. 어떻게 해야 하나요?

A 행정심판의 재결에 대해 불복이 있는 사람은 원처분 또는 재결(재결 자체의 위법사유가 있는 경우)을 대상으로 행정소송을 제기할 수 있습니다.

　◇ 재심판청구 금지

　　심판청구에 대한 재결이 있는 경우에는 해당 재결 및 같은 처분 또는 부작위에 대해 다시 행정심판을 청구할 수 없습니다.

　◇ 재결취소소송

　　재결 그 자체에 고유한 위법이 있는 경우에 한해 재결취소소송 을 제기할 수 있습니다.

　◇ 행정소송의 제기

　　취소소송은 원칙적으로 행정청의 원처분을 대상으로 합니다. 따라서 행정심판위원회의 재결은 예외적으로 재결 자체에 고유한 위법이 있는 경우에 한해 제기할 수 있습니다.

⚖ 관련판례 1

구 행정소송법(1994. 7. 27. 법률 제4770호로 개정되어 1998. 3. 1. 시행되기 전의 것) 제18조 제3항 제2호에서 '서로 내용상 관련되는 처분 또는 같은 목적을 위하여 단계적으로 진행되는 처분 중 어느 하나가 이미 행정심판의 재결을 거친 때'에는 다른 처분에 관하여 행정심판을 거치지 아니하고도 취소소송을 제기할 수 있는 것으로 규정하고 있는 것은 비록 형식적으로는 그 각 처분이 별개의 처분이라고 하더라도 그 위법사유나 분쟁의 내용이 서로 공통되어 어느 한 처분에 대하여 행정심판을 경유하면 다른 처분과 관련하여서도 그 처분청에게 재고 또는 시정의 기회를 부여한 것으로 볼 수 있는 경우에는 그에 대하여 별도의 행정심판을 거치지 아니하고도 취소소송을 제기할 수 있도록 함으로써 무용한 절차의 반복을 피하고 행정구제제도의 실효를 거두게 하기 위한 것으로 풀이된다(대법원 2000. 12. 8. 선고 99두1953 판결).

⚖ 관련판례 2

행정심판법 제37조에서 정하고 있는 행정심판청구에 대한 재결이 행정청과 그 밖의 관계 행정청을 기속하는 효력은 당해 처분에 관하여 재결주문 및 그 전제가 된 요건사실의 인정과 판단에만 미치고 이와 직접 관계가 없는 다른 처분에 대하여는 미치지 아니한다(대법원 1998. 2. 27. 선고 96누13972 판결).

⚖ 관련판례 3

행정심판에 있어서 재결청의 재결내용이 처분청에 취소를 명하는 것이 아니라 처분청의 처분을 스스로 취소하는 것일 때에는 그 재결에 형성력이 발생하여 당해 행정처분은 별도의 행정처분을 기다릴 것 없이 당연히 취소되어 소멸되는 것이어서 그 후 동일한 사안에 대해 처분청이 또 다른 처분을 하였다면 이는 위 소멸된 처분과는 완전히 독립된 별개의 처분이라 할 것이고, 따라서 새로운 처분에 대한 제소기간 준수 여부도 그 새로운 처분을 기준으로 판단하여야 한다(대법원 1994. 4. 12. 선고 93누1879 판결).

⚖ 관련판례 4

행정소송법 제20조 제2항은 행정심판을 제기하지 아니하거나 그 재결을 거치지 아니하는 사건을 적용대상으로 한 것임이 규정자체에 의하여 명백하고, 행정처분의 상대방이 아닌 제3자가 제기하는 사건은 같은 법 제18조 제3항 소정의 행정심판을 제기하지 아니하고 제소할 수 있는 사건에 포함되어 있지 않으므로 같은 법 제20조 제2항 단서를 적용하여 제소에 관한 제척기간의 규정을 배제할 수는 없다(대법원 1989. 5. 9. 선고 88누5150 판결).

⚖ 관련판례 5

당사자의 신청을 거부하는 처분을 취소하는 재결이 있는 경우에는 행정청은 그 재결의 취지에 따라 이전의 신청에 대한 처분을 하여야 하는 것이므로 행정청이 그 재결의 취지에 따른 처분을 하지 아니하고 그 처분과는 양립할 수 없는 다른 처분을 하는 것은 위법한 것이라 할 것이고 이 경우 그 재결의 신청인은 위법한 다른 처분의 취소를 소구할 이익이 있다(대법원 1988. 12. 13. 선고 판결).

행정심판에는 어떤 유형이 있나요?

제4장 행정심판에는 어떤 유형이 있나요?

제1절 운전면허 관련 행정심판

1. 자동차운전면허 관련 행정심판의 유형

1-1. 면허취소처분

① 운전면허 소지자가 운전을 하던 중 음주운전(혈중알콜농도 0.10%이상)

② 자동차이용 범죄

③ 구호조치 및 신고의무불이행

④ 면허증대여(차용)

⑤ 적성검사 미필

⑥ 벌점 및 누산점수 초과 등의 이유로 면허취소 처분을 받은 경우

1-2. 면허정지처분

① 운전면허 소지자가 운전을 하던 중 음주운전(혈중알콜농도 0.05%이상 0.1%미만)

② 속도위반

③ 벌점 및 누산점수 초과(40점이상)

④ 교통사고 야기시 조치불이행 등의 이유로 면허정지 처분을 받은 경우

1-3. 연습면허취소처분

연습면허 소지자가 중요법규(교통사고 및 준수사항 위반)를 3회 이상 위반해 해당 연습면허가 취소된 경우

1-4. 행정심판의 필요적 전치주의

① 운전면허취소·정지처분에 대한 행정소송은 행정심판의 재결을 거치지 아니하면 제기할 수 없습니다(도로교통법 제142조).

② 따라서 운전면허 행정처분에 대한 불복으로서 행정소송을 제기하기 위해서는 행정심판의 재결을 거쳐야 합니다.

2. 운전면허 관련 행정심판청구서 작성 방법

2-1. 항목별 작성 방법

2-1-1. 청구인

① 청구인의 성명과 주민등록번호를 기재합니다. 주민등록번호는 사건 진행 현황 조회시 사건번호를 모르는 경우 필요합니다.

※ 청구인이 여러 명일 경우에는 별도의 용지에 청구인들의 이름, 주민 등록번호, 주소 등을 각각 기재해 첨부할 수 있으며, 필요에 따라 3명 이하의 대표자를 선정할 수 있습니다.

② 연락가능한 전화번호, 휴대전화번호, E-mail 주소 등을 기재합니다. 휴대전화번호, E-mail주소는 심판진행 과정에서의 각종 SMS, E-mail 안내를 위해 필요합니다.

③ 주소는 주민등록표상 주소, 거주하는 장소를 기재하여, 주소 외에 행정심판 관련서류를 받고자 하는 장소가 있는 경우에는 송달장소 란에 기재할 수 있습니다.

2-1-2. 대리인

① 행정심판법에서 정하는 아래의 대리인이 선임된 경우 기재합니다.
- 법정대리인
- 청구인의 배우자, 청구인 또는 배우자의 사촌 이내의 혈족
- 청구인이 법인이거나 청구인 능력이 있는 법인이 아닌 사단 또는 재단인 경우 그 소속 임직원
- 변호사
- 다른 법률의 규정에 의해 심판청구의 대리를 할 수 있는 자
- 그 밖에 행정심판위원회의 허가를 받은 자

② 대리인이 개인인 경우, 대리인의 성명과 주민등록번호를 기재하며, 법

인이나 단체인 경우 법인이나 단체의 이름을 법인/단체명란에 기재하고 대표자의 성명을 대표자성명란에 기재한 후, 법인이나 단체의 법인번호나 사업자등록번호 또는 대표자 주민등록번호 등을 기재합니다. 대리인이 법무법인, 노무법인 등의 구성원인 변호사 또는 노무사인 경우에는 해당 구성원을 대표자란에 기재합니다. 대리인의 기재사항은 법인·단체인 청구인의 기재사항을 참고하시기 바랍니다.

③ 대리인의 유형은 반드시 기재해야 합니다.

④ 대리인의 주소를 기재합니다. 대리인이 선임된 사건은 심판진행과정에서 발생하는 각종 통지 및 문서의 송달을 대리인의 주소지나 연락처로 합니다.

2-1-3. 재결청

재결청(심리의결기관)은 피청구인의 상급관청, 감독관청 등으로 귀하의 심판청구에 대해 최종적인 판단인 재결을 하는 행정기관을 말합니다.

(예시)

피청구인이 "경기지방경찰청장"일 경우 재결청은 그 상급관청인 "경찰청장"이 됨.

2-1-4. 피청구인

① 행정심판의 상대방으로 반드시 기재해야 합니다.

② 피청구인이란 귀하께서 행정심판을 청구한 행정기관으로서, 귀하께서 무효 위법 또는 부당하다고 주장하시는 행정처분을 행한 행정기관을 말합니다.

③ 피청구인의 명칭은 보통 귀하에 대한 처분을 한 행정기관의 장이 됩니다.

④ 피청구인의 기관검색 목록에 없는 기관은 온라인 행정심판이 지원되지 않거나 중앙 행정심판위원회의 소관이 아닌 기관입니다.

2-1-5. 처분내용

① 심판청구에서 다투고자 하는 행정기관의 처분내용을 기재합니다.

　(예시)

　　제0종 자동차운전면허 취소처분, 제0종 자동차운전면허 정지처분, 제0종 자동차연습면허 취소처분

② 일정한 신청 또는 청구에 대해 아무런 처분을 하지 아니하는 것에 대한 심판청구인 경우에는 "OOO부작위처분" 으로 기재합니다.

③ 처분의 내용은 행정심판의 대상물을 확정하는 것이므로 반드시 기재해야 합니다.

2-1-6. 처분일

① 심판대상인 처분을 알게 된 날을 기재합니다. 문서로써 처분을 통지받은 경우 문서에 기재된 날이 아닌 실제로 처분을 알게 된 날을 기재합니다.

　(예시)

　　행정관청으로부터 2015년 1월 20일부터 2015년 1월 30일까지 처분을 한다는 내용의 문서를 2015년 1월 10일 발송해 2015년 1월 15일 수령하였다면 처분일은 2015년 1월 15일입니다.

② 처분일을 잘 모를 경우 기재하지 않아도 됩니다.

2-1-7. 고지여부 및 고지내용

① 행정관청이 처분당시 처분에 대해 불복하고자 하는 경우의 절차 및 기한 등에 대해 청구인에게 알려주었는지 여부와 알려준 내용을 기재합니다.

② 대부분의 고지는 처분을 한 문서에 기재되므로 처분을 한 문서의 내용을 확인 후 고지 유무를 기재하고, 고지의 내용은 처분한 문서에 기재된 내용을 옮겨 적으시면 됩니다.

③ 고지여부 및 고지내용을 잘 모를 경우 기재하지 않아도 됩니다.

2-1-8. 청구취지

① 행정심판을 청구해 재결청으로부터 구하고자 하는 재결의 내용을 간략히 기재합니다.

  (예시)

  - 면허취소처분

    피청구인이 2015. 00. 00. 청구인에게 한 제0종 00운전면허 취소처분을 취소한다. 피청구인이 2015. 0. 0. 청구인에게 한 제0종 00운전면허 취소처분을 110일의 제0종 00운전면허 정지처분으로 변경한다.

  - 면허정지처분

    피청구인이 2015. 00. 00. 청구인에게 한 000일의 제0종 00운전면허 정지처분을 취소한다.

  - 연습면허취소처분

    피청구인이 2015. 00. 00. 청구인에게 한 제0종 00연습운전면허 취소처분을 취소한다.

② 청구취지는 반드시 기재해야 합니다.

2-1-9. 청구원인

행정심판을 청구하게 된 이유와 처분의 위법·부당성 등에 대한 청구인의 구체적인 주장으로 반드시 기재해야 합니다. 청구원인의 기재는 따로 형식이 정해진 것은 아니나 일반적으로 다음과 같은 순서로 기재합니다.

① 이 건 처분에 이르게 된 경위

청구인이 처분 등을 받게 된 경위를 육하원칙에 따라 기재합니다.

② 이 건 처분의 위법·부당성

③ 결 론

청구인이 결론적으로 주장하고자 하는 바를 기재합니다.

※ 청구원인은 본란에서 직접 작성하거나 워드프로세서로 작성해 파일로 제출해도 됩니다.

※ 별지의 청구취지와 청구원인 이외의 심리에 유리하게 작용되리라

예상되는 서류(진정서, 탄원서, 주민등록증·초본, 호적등본, 재직증명서, 표창장 등 각종 상장, 사업자등록증, 장애인수첩 등)를 첨부하셔도 됩니다.

2-1-10. 증거서류

청구인의 주장을 입증할 증거서류를 첨부합니다.

※ 증거서류 외에도 사건과 관련해 청구인에게 유리하다고 생각되는 모든 자료를 제출할 수 있습니다.

예 : 진정서, 탄원서, 주민등록증·초본, 호적등본, 재직증명서, 표창장 등 각종 상장, 사업자등록증, 장애인수첩 등

2-2. 자동차운전면허취소처분 관련 행정심판청구서 작성례

[서식] 자동차 운전면허취소처분 취소심판 청구서

<table>
<tr><td colspan="3" align="center">행정심판 청구서</td></tr>
<tr><td>접수번호</td><td>접수일</td><td></td></tr>
<tr><td rowspan="4">청구인</td><td colspan="2">성명 ○○○</td></tr>
<tr><td colspan="2">주소 ○○시 ○○구 ○○길 ○○</td></tr>
<tr><td colspan="2">주민등록번호(외국인등록번호) 111111-1111111</td></tr>
<tr><td colspan="2">전화번호 010-1111-1234</td></tr>
<tr><td>[ ] 대표자
[ ] 관리인
[ ] 선정대표자
[ ] 대리인</td><td colspan="2">성명 ○○○
주소 ○○시 ○○구 ○○길 ○○
주민등록번호(외국인등록번호) 111111-1111111
전화번호 010-2222-1111</td></tr>
<tr><td>피청구인</td><td colspan="2">△△지방경찰청장</td></tr>
<tr><td>소관
행정심판위원회</td><td colspan="2">[ ] 중앙행정심판위원회　　[ ] ○○시·도행정심판위원회
[ ] 기타</td></tr>
<tr><td>처분 내용 또는
부작위 내용</td><td colspan="2">피청구인이 20○○. ○. ○. 청구인에 대하여 한 자동차 운전면허 취소처분</td></tr>
<tr><td>처분이 있음을
안 날</td><td colspan="2">20○○년 ○월 ○일</td></tr>
<tr><td>청구 취지 및
청구 이유</td><td colspan="2">별지로 작성</td></tr>
<tr><td>처분청의불복절
차 고지 유무</td><td colspan="2">20○○년 ○월○일</td></tr>
<tr><td>처분청의불복절
차 고지 내용</td><td colspan="2">자동차운전면허 취소처분</td></tr>
<tr><td>증거 서류</td><td colspan="2"></td></tr>
<tr><td colspan="3">　「행정심판법」 제28조 및 같은 법 시행령 제20조에 따라 위와 같이 행정심판을 청구합니다.

　　　　　　　　　　　　　　　　　　　　　년　　　　월　　　　일</td></tr>
</table>

| | 신청인 | (서명 또는 인) |

○○행정심판위원회 귀중

| 첨부서류 | 1. 대표자, 관리인, 선정대표자 또는 대리인의 자격을 소명하는 서류(대표자, 관리인,선정대표자 또는 대리인을 선임하는 경우에만 제출합니다.)
2. 주장을 뒷받침하는 증거서류나 증거물 | 수수료
없음 |

※ 심판청구취지 및 이유 기재례(1)

[별 지]

청 구 취 지

피청구인이 20○○. ○. ○. 청구인에 대하여 한 자동차운전면허(면허번호:서울○○-○○-○○○○-○)의 취소처분을 취소한다.
라는 재결을 구합니다.

청 구 원 인

1. 청구인의 운전면허취득 및 피청구인의 운전면허취소처분 청구인은 1990. 5. 31. 서울특별시 지방경찰청장으로부터 제1종 보통 자동차운전면허(면허번호 : 서울○○-○○-○○○○○-○)를 취득한 후 10년 동안 음주운전 전력 없이 운전을 하여 오던 중 20○○. ○. ○. 23:00경 경찰관의 음주측정요구에 불응하였다는 이유로 피청구인은 20○○. ○. ○. 도로교통법 제93조의 규정을 들어 청구인의 위 운전면허를 취소하는 처분을 하였습니다.
2. 이 사건의 경위
   가. 청구인은 농민들이 생산하는 유기 농산물을 중간 유통과정을 거치지 않고 도시 소비자들에게 직거래 공급하는 "사단법인 ☆☆"의 기획관리부 부장으로 근무하고 있습니다.
   나. 청구인은 20○○. ○. ○. 19:30경 사직원을 제출한 부하직원 □□□을 설득하여 사표제출의 철회를 권유하였으나 주장을 굽히지 않기에 저녁을 먹으면서 설득시켜 보려고 외투와 가방을 사무실에 두고 식당으로 자리를 옮겨 저녁식사를 하면서 사표철회를 계속 설득하였습니다.
   다. 청구인과 위 □□□은 저녁식사를 하면서 소주 1병과 맥주 1병을 시켜 나누어 마시면서 사표철회를 종용하였으나 설득이 되지 않아 "가족들과 상의한 후 내일 다시 의논하자"고 말하고 22:00경 식당을 나왔으며, 식당을 나온 후 위 □□□을 먼저 보내려고 택시를 잡으려고 하였지만 20분이상이 지나도 택시를 잡을 수가 없었습니다.

라. 그날따라 날씨가 너무 추운데다가 길거리에서 20분이상 서성거리다보니 직원 □□□이 춥고 한기가 든다고 하면서 청구인에게 회사차량으로 전철역까지만 태워 줄 것을 부탁하기에 청구인은 춥고 한기가 든다는 위 □□□의 말을 거절할 수가 없어 100미터 정도 떨어진 도로 건너편 사무실에 가서 골목에 세워 둔 회사 업무용 차량을 운전하여 위 □□□을 태우고 ○○전철역까지 바래다주러 가다가 약 100미터 정도 운행한 ○○사거리 부근 현대아파트 신호등 앞에서 신호대기 중 경찰관으로부터 음주측정요구를 받았습니다.

마. 청구인은 경찰관으로부터 음주측정을 요구받고 3차례에 걸쳐 입에 대고 불면서 측정에 응하였으나 너무 당황하고 놀란 나머지 기준대로 음주측정을 하지 못함으로서 측정거부로 입건되어 운전면허가 취소된 것입니다.

바. 청구인은 위 □□□을 ○○전철역까지 태워주고 다시 사무실로 돌아와서 외투와 가방을 가지고 좌석버스를 타고 가려고 위 외투와 가방을 사무실에 그대로 두고 가던 중이었기 때문에 청구인의 집인 분당까지 운전할 의사는 당초부터 전혀 없는 상태였습니다.

3. 운전면허취소처분의 위법부당성

가. 피청구인의 청구인에 대한 이 건 면허취소처분은 도로교통법 제93조의 규정에 의하여 마련된 동법 시행규칙 제91조 제1항 [별표 28]의 운전면허행정처분의 기준의 "2항 취소처분개별기준 중 3"에 의하고 있고, 위 [별표 28] 운전면허행정처분의 2. 취소처분개별기준 중 3 기준에 의하면 "술에 취한 상태에서 운전하거나 술에 취한 상태에서 운전하였다고 인정할 만한 상당한 이유가 있음에도 불구하고 경찰공무원의 측정요구에 불응한 때"에는 운전자의 운전면허를 취소하도록 규정하고 있습니다.

나. 그런데 위 시행규칙 제91조 제1항 [별표 28]의 운전면허행정처분 기준은 그 규정의 성질과 내용으로 보아 운전면허의 취소처분 등에 관한 행정청 내부의 사무처리준칙을 규정한 것으로 행정조직 내부의 관계행정기관이나 직원을 기속함에 그치고 법원이나 국민을 기속하는 효력은 없다고 보아야 한다는 것이 대법원 판례(1990. 10. 16. 선고 대법원 90누4297호 판결, 1989. 11. 24. 선고 대법원 89누4055호 판결 등)임에도 피청구인은 청구인이 도로교통법 제44조 제1항을 위반하고 위 [별표 28]의 운전

면허취소처분의 개별기준(음주측정블응)에 해당된다는 사유만으로 곧바로 이건 처분을 하였고, 또한 피청구인의 이건 취소처분을 하기에 앞서서 그로써 달성하려는 공익목적과 개인이 입는 피해의 정도 등 제반사정을 마땅히 비교형량하여 판단하여야 함에도 불구하고 아래와 같은 청구인의 특별한 사정을 전혀 고려함이 없이 일방적으로 행하여진 이건 취소처분은 재량권을 일탈 내지 남용한 위법이 있다 할 것입니다.

4. 청구인의 특별한 사정

가. 청구인은 ◎◎대학교 대학원에서 식품자원 경제학을 전공하고 현재 박사과정을 밟으면서 이론을 실무에 접목시키기 위해 농민과 소비자 간의 유기농산물 직거래운동을 통해 도시와 농촌간의 삶의 연대폭을 넓혀 가는 일을 추진하는 농수산부인가 비영리 사단법인 ☆☆이란 법인체에 근무하면서 사회활동을 해오고 있습니다.

나. 청구인은 대학원에서 전공한 학문을 현실에 접목시키는 사회운동을 하느라고 전곡 방방곡곡의 농촌을 다니면서 유기농업 또는 무농약농업을 하는 농민들을 발굴하고 또 이들이 생산한 유기농산물 및 환경농산물을 도시소비자 회원들에게 적극 홍보하여 도시와 농촌의 교류를 통해 친환경적인 농업생산기반과 안전한 먹거리 문화를 만드는 운동을 해왔습니다.

다. 청구인은 이와 같은 사회운동을 하느라고 1개월에 20일 이상을 유기농산물, 환경농산물을 재배하는 농민들을 발굴하기 위해 전국 방방곡곡을 돌아다니고 있으며, 현재 사단법인 한 살림의 전국 회원 수는 33,000가구가 되며, 이들이 생산한 유기농산물을 직원들과 함께 차량으로 운반하여 이를 도시소비자들에게 공급하는 일까지 겸하고 있습니다.

라. 그러므로 청구인은 단 한시라도 차량 없이는 활동할 수가 없는 실정에 있으며 또한 운전면허가 취소되면 직장에서도 해고될 처지에 있습니다.

마. 청구인은 처와 딸 1명을 그리고 시골의 노부모를 부양하고 있는데 면허취소로 직장에서 해고될 경우 생계가 막막할뿐더러 박사학위논문 준비에 많은 지장을 초래케 됩니다.

바. 이 사건 음주운전은 인명 피해나 대물 피해가 없는 단순 음주운전으로서 경찰관의 음주측정요구를 받고 너무 당황하여 후후하면서 3번이나 불었으나, 수치가 정확히 나오지 않자 담당 경찰관이 소극적으로 불었다는 이유로 경찰서로 연행하여 측정거부로 입건한 것입니다.

사. 청구인은 당시 술을 조금 마셨기 때문에 음주측정을 정확히 했을 경우에도 면허정지에 해당하는 수치가 나왔을 정도였으며, 당시 청구인은 우봉진을 전철역까지 태워주고 사무실로 다시 돌아와서 주차해 두고 가려고 외투와

박사학위논문작성에 필요한 자료가 들어 있는 가방을 사무실에 두고 갔습니다.

아. 청구인이 운전한 거리는 약100미터 정도밖에 되지 않는 짧은 거리였습니다.

자. 청구인은 음주운전 전력이 없습니다.

5. 결론

위에서 보는 바와 같이 청구인의 이 사건 음주운전의 경위, 음주량, 음주운전거리, 음주운전 전력이 없는 점, 박사과정을 밟으면서 한편으로 유기농산물 재배농가를 발굴하기 위해 1개월에 20일간 전국 방방곡곡을 찾아다니고 있는 점, 운전면허가 취소되면 직장에서 해고되는 점, 해고될 경우 생계가 막막한 점 등을 참작할 때에 이 사건 운전면허취소처분은 그로 인하여 달성하려는 공익목적보다는 청구인 및 그 가족이 받게 되는 불이익이 더욱 크다 할 것이어서 이는 법에 의하여 부여된 재량권의 범위를 일탈하거나 남용한 위법한 처분이므로 그 취소를 구하고자 청구에 이르렀습니다.

입 증 방 법

1. 소갑 제1호증　　　　　면허취소결정통지서
1. 소갑 제2호증　　　　　재직증명서
1. 소갑 제3호증　　　　　운전경력증명서
1. 소갑 제4호증　　　　　음주경위서(○○○)
1. 소갑 제5호증　　　　　주민등록증 사본
1. 소갑 제6호증　　　　　자술서
1. 소갑 제7호증　　　　　탄원서
1. 소갑 제8호증　　　　　주민등록증 사본

첨 부 서 류

1. 위 입증방법　　　　　　각 1통
1. 심판청구서부본　　　　　1통
1. 위임장　　　　　　　　　1통

20○○년　○월　○일

위 청구인의 대리인
변호사　○　○　○　(인)

○○행정심판위원회 귀중

심 판 청 구 취 지

피청구인이 20○○. ○. ○. 청구인에 대하여 한 자동차운전면허 (대구 제1종 보통○-○○○○○○-○○호)의 취소처분을 취소한다.
라는 재결을 구합니다.

심 판 청 구 원 인

1. 청구인은 1995. 6.경 ○○운전면허시험장에서 자동차운전면허(1종보통)를 취득하고 그 뒤 계속해서 원고 소유 승용차를 스스로 운전해 오던 중 20○○. ○. ○○. 19:00경 음주운전을 하였다는 이유로 20○○. ○. ○. 피청구인에 의하여 운전면허를 취소당하였습니다.

2. 그러나 피청구인에 대한 운전면허취소처분은 피청구인이 운전을 하지 않고는 생계를 유지할 수 없는 차량을 이용하여 배달을 하는 업종에 종사하는 점에서 볼 때 너무나 과다한 처분으로 처분과 청구인의 행위와의 사이에 비례관계에 위반한 부당한 처분이라 사료되는 바 이에 대한 취소를 구하고자 이 건 청구에 이른 것입니다.

입 증 방 법

　　1. 소갑 제1호증　　　　　　자동차운전면허취소통지서
　　1. 소갑 제2호증　　　　　　사업자등록증 사본서
　　1. 소갑 제3호증　　　　　　주민등록등본

첨 부 서 류

　　1. 위 입증방법　　　　　　　　각 1통
　　1. 심판청구서부본　　　　　　　　1통

20○○년　　○월　　○일
위 청구인　○　○　○　(서명 또는 날인)

○○행정심판위원회 귀중

[서식 예] 개인택시 운송사업면허 발급신청 거부처분 취소심판 청구서

<table>
<tr><td colspan="3" align="center">행정심판 청구서</td></tr>
<tr><td>접수번호</td><td colspan="2">접수일</td></tr>
<tr><td rowspan="4">청구인</td><td colspan="2">성명 ○○○</td></tr>
<tr><td colspan="2">주소 ○○시 ○○구 ○○길 ○○</td></tr>
<tr><td colspan="2">주민등록번호(외국인등록번호) 111111-1111111</td></tr>
<tr><td colspan="2">전화번호 010-1111-1234</td></tr>
<tr><td rowspan="4">[ ] 대표자
[ ] 관리인
[ ] 선정대표자
[ ] 대리인</td><td colspan="2">성명 ○○○</td></tr>
<tr><td colspan="2">주소 ○○시 ○○구 ○○길 ○○</td></tr>
<tr><td colspan="2">주민등록번호(외국인등록번호) 111111-1111111</td></tr>
<tr><td colspan="2">전화번호 010-2222-1111</td></tr>
<tr><td>피청구인</td><td colspan="2">△△도지사</td></tr>
<tr><td>소관
행정심판위원회</td><td colspan="2">[ ] 중앙행정심판위원회   [ ] ○○시·도행정심판위원회
[ ] 기타</td></tr>
<tr><td>처분 내용 또는
부작위 내용</td><td colspan="2">개인택시면허예정자결정제외 처분</td></tr>
<tr><td>처분이 있음을
안 날</td><td colspan="2">20○○년 ○월 ○일</td></tr>
<tr><td>청구 취지 및
청구 이유</td><td colspan="2">별지로 작성</td></tr>
<tr><td>처분청의불복절
차 고지 유무</td><td colspan="2">20○○년 ○월○일</td></tr>
<tr><td>처분청의불복절
차 고지 내용</td><td colspan="2">운송사업면허 거부</td></tr>
<tr><td>증거 서류</td><td colspan="2">별지기재와 같음</td></tr>
<tr><td colspan="3">「행정심판법」 제28조 및 같은 법 시행령 제20조에 따라 위와 같이 행정심판을 청구합니다.

 년   월   일
 신청인   (서명 또는 인)
○○행정심판위원회 귀중</td></tr>
<tr><td>첨부서류</td><td>1. 대표자, 관리인, 선정대표자 또는 대리인의 자격을 소명하는 서류(대표자, 관리인,선정대표자 또는 대</td><td>수수료
없음</td></tr>
</table>

| | 리인을 선임하는 경우에만 제출합니다.)
2. 주장을 뒷받침하는 증거서류나 증거물 | |

(별지)

심 판 청 구 취 지

피청구인이 20○○. ○. ○.자로 청구인이 제출한 개인택시운송사업면허 발급 신청서를 면허예정자 및 확정자 결정에서 제외한 처분은 이를 취소한다.
라는 재결을 구합니다.

심 판 청 구 이 유

1. 청구인은 20○○. ○. ○. ○○시장의 개인택시 운송사업면허 대상자 모집에서 개인택시면허발급 우선순위 제 2순위 사항 3호의 대통령, 국무총리, 행정자치부, 건설교통부, 노동부장관의 표창을 받은 자에 해당되어 관계서류를 첨부하여 면허신청을 하였습니다.

2. 이에 ○○시장은 청구인의 개인택시운송사업면허 신청에 대하여 청구인이 행정자치부장관으로부터 표창을 받은 시점은 운전경력기간중이 아니라는 이유로 면허예정자 및 확정자 결정에서 제외시켰습니다.

그러나 이는 다음과 같은 이유에서 부당한 판단입니다.

즉 개인택시 면허발급 우선순위 제 2순위 사항 3호에서는 「면허신청일로부터 기산하여 과거 4년간 국내에서 사업용 자동차를 운전한 경력이 3년 이상 있는자로서 최종운전종사일로부터 기산하여 과거 3년간 무사고 운전경력이 있는 자중에서 대통령, 국무총리, 행정자치부, 건설교통부, 노동부장관의 표창을 받은 자, 단 1985. 5. 31. 이전에 받은 타 국무위원의 표창도 포함되며 운전경력기간중에 받은 표창으로서 표창을 받은 후 1년이상 경과되어야 한다」라고 되어 있는데, 여기서 말하는 [운전경력기간중] 이란 운전면허를 소지하고 사업용 택시나 버스회사에 취업한 경력이 있고, 또 운전업무에 종사하는 것을 본래의 업무(생업)로 하는 경우를 말하는 것으로서 즉 운전업무와 관계없는 기간에 받은 표창을 제외한다는 취지로 해석하여야 할 것입니다. 따라서 전직을 위한 잠시의 공백기간 등은 그 기간 내라고 해석해야 옳을 것인바, 청구인은 표창수상 당시 새로운 직장으로 옮기는 과정에서 약 1개월간 새 회사에서 견습운전을 하고 있었습니다.

현실적으로 운전직에 있어서 전직하는 경우 상당기간 견습을 하는 것이 관례

이며 표창 시상일은 표창받은 행위를 한 후 일정하지 않은 임의 시점에 이루어진다는 사실을 볼 때 표창일을 기준으로 판단하는 것은 타당하지 않다고 할 것입니다.

3. 위와 같이 처분청에서는 [운전경력기간중] 이라는 자구해석을 너무나 좁은 의미로 해석한 잘못으로 결과적으로 청구인에게 불이익을 준 것이므로 합리적으로 해석하여 줄 것을 바라면서 청구취지와 같은 재결을 구하고자 본 청구에 이른 것입니다.

입 증 방 법

1. 소갑 제1호증   경력증명서
1. 소갑 제2호증   재직증명서
1. 소갑 제3호증   표창장
1. 소갑 제4호증   사실증명
1. 소갑 제5호증   진정서

첨 부 서 류

1. 위 입증방법   각 1통
1. 심판청구서부본   1통

○○행정심판위원회 귀중

[서식 예] 개인택시 면허신청 제외처분 취소심판 청구서

<table>
<tr><td colspan="3" align="center">행정심판 청구서</td></tr>
<tr><td>접수번호</td><td colspan="2">접수일</td></tr>
<tr><td rowspan="4">청구인</td><td colspan="2">성명 ○○○</td></tr>
<tr><td colspan="2">주소 ○○시 ○○구 ○○길 ○○</td></tr>
<tr><td colspan="2">주민등록번호(외국인등록번호) 111111-1111111</td></tr>
<tr><td colspan="2">전화번호 010-1111-1234</td></tr>
<tr><td rowspan="4">[　] 대표자
[　] 관리인
[　] 선정대표자
[　] 대리인</td><td colspan="2">성명 ○○○</td></tr>
<tr><td colspan="2">주소 ○○시 ○○구 ○○길 ○○</td></tr>
<tr><td colspan="2">주민등록번호(외국인등록번호) 111111-1111111</td></tr>
<tr><td colspan="2">전화번호 010-2222-1111</td></tr>
<tr><td>피청구인</td><td colspan="2">△△지방경찰청장</td></tr>
<tr><td>소관
행정심판위원회</td><td colspan="2">[　] 중앙행정심판위원회　　　[　] ○○시·도행정심판위원회
[　] 기타</td></tr>
<tr><td>처분 내용 또는
부작위 내용</td><td colspan="2">피청구인이 청구인에 대하여 20○○.○.○.자로 한
개인택시 면허신청 제외처분</td></tr>
<tr><td>처분이 있음을
안 날</td><td colspan="2">20○○년 ○월 ○일</td></tr>
<tr><td>청구 취지 및
청구 이유</td><td colspan="2">별지로 작성</td></tr>
<tr><td>처분청의불복절
차 고지 유무</td><td colspan="2">20○○년 ○월○일</td></tr>
<tr><td>처분청의불복절
차 고지 내용</td><td colspan="2">개인택시 면허신청 제외처분</td></tr>
<tr><td>증거 서류</td><td colspan="2">별지기재와 같음</td></tr>
<tr><td colspan="3">「행정심판법」 제28조 및 같은 법 시행령 제20조에 따라 위와 같이 행정심판을 청구합니다.

　　　　　　　　　　　　　　　　　　　년　　　　월　　　　일

　　　　　　　　　　　　　　신청인　　　　　　　　(서명 또는 인)

○○행정심판위원회 귀중</td></tr>
<tr><td>첨부서류</td><td>1. 대표자, 관리인, 선정대표자 또는 대리인의 자격을 소명하는 서류(대표자, 관리인,선정대표자 또는 대리인을 선임하는 경우에만 제출합니다.)
2. 주장을 뒷받침하는 증거서류나 증거물</td><td>수수료
없음</td></tr>
</table>

(별 지)

심판청구의 이유

1. 청구인은 20○○. ○. ○. 피청구인에게 개인택시 운송사업 면허신청을 하였던바, 피청구인은 같은 해 ○○. ○○. 청구인을 그 면허발급대상자에서 제외한다는 통보를 청구인에게 보내왔습니다. 그러나 피청구인의 위와 같은 처분은 다음과 같은 이유로 위법 부당한 처분이라고 할 것입니다.

2. 첫째로 청구인은 5년간 무사고 운전경력을 증명 받았으므로 여객자동차운수 사업법 시행규칙 제17조 제1항 1호 가목에 해당하여 개인택시운수사업면허를 받을 수 있는 자격을 갖추었고, 피청구인이 청구인의 면허신청 제출 후에 발생한 경미한 교통사고를 이유로 면허대상에서 제외시킨 것은 여객자동차 운수사업법 시행규칙 제17조 제8항의 규정에 위반하는 위법한 처분에 해당합니다.

3. 둘째로 피청구인은 청구인과 똑같은 처지에 있는 청구외 김□□ 및 이□□에게는 면허를 발급하면서 청구인만을 제외시켰습니다. 따라서 피청구인의 이 사건 처분은 형평의 원칙에 어긋나는 부당한 처분이라고 아니할 수 없습니다.

첨 부 서 류

1. 소갑제 1호증   처분통지서 사본
1. 소갑제 2호증   무사고운전경력증명

20○○년   ○월   ○일
위 청구인   ○○○ (인)

○○행정심판위원회 귀중

제출기관	피청구인 또는 행정심판위원회(행정심판법 23조)	청 구 기 간	- 처분이 있음을 안 날로부터 90일 - 처분이 있은 날로부터 180일 (행정심판법 27조)
청 구 인	피처분자	피청구인	행정처분을 한 행정청
제출부수	청구서 및 부본 각 1부	관련법규	행정심판법

불복방법	- 행정심판 재청구의 금지(행정심판법 51조)
	  행정심판법상 행정심판의 단계는 단일화 되어 있어 재결에 대한 행정심판 재청구는 할 수 없다. 다만, 국세기본법 등의 개별법에서는 다단계의 행정심판을 인정하고 있음
	- 재결에 대한 행정소송(행정소송법 19조, 38조)
	  재결자체에 고유한 위법이 있을 때에는 재결 그 자체에 대한 취소소송 및 무효등확인소송을 제기할 수 있음
	- 다만, 청구인은 기각 재결 등 청구인의 주장이 인용되지 아니한 경우에는 원행정처분에 대하여 행정소송으로 다툴 수 있음(행정소송법 18조)		

[서식 예] 개인택시 자동차 운송사업자 면허취소처분 취소심판 청구서

<table>
<tr><td colspan="3" align="center">행정심판 청구서</td></tr>
<tr><td>접수번호</td><td colspan="2">접수일</td></tr>
<tr><td rowspan="4">청구인</td><td colspan="2">성명 ○○○</td></tr>
<tr><td colspan="2">주소 ○○시 ○○구 ○○길 ○○</td></tr>
<tr><td colspan="2">주민등록번호(외국인등록번호) 111111-1111111</td></tr>
<tr><td colspan="2">전화번호 010-1111-1234</td></tr>
<tr><td rowspan="4">[ ] 대표자
[ ] 관리인
[ ] 선정대표자
[ ] 대리인</td><td colspan="2">성명 ○○○</td></tr>
<tr><td colspan="2">주소 ○○시 ○○구 ○○길 ○○</td></tr>
<tr><td colspan="2">주민등록번호(외국인등록번호) 111111-1111111</td></tr>
<tr><td colspan="2">전화번호 010-2222-1111</td></tr>
<tr><td>피청구인</td><td colspan="2">△△특별시△△구청장</td></tr>
<tr><td>소관
행정심판위원회</td><td colspan="2">[ ] 중앙행정심판위원회　　　[ ] ○○시·도행정심판위원회
[ ] 기타</td></tr>
<tr><td>처분 내용 또는
부작위 내용</td><td colspan="2">피청구인이 20○○. ○. ○. 청구인에 대하여 한 개인택시 자동
차운수사업자 면허 취소 처분</td></tr>
<tr><td>처분이 있음을
안 날</td><td colspan="2">20○○년 ○월 ○일</td></tr>
<tr><td>청구 취지 및
청구 이유</td><td colspan="2">별지로 작성</td></tr>
<tr><td>처분청의불복절
차 고지 유무</td><td colspan="2">20○○년 ○월○일</td></tr>
<tr><td>처분청의불복절
차 고지 내용</td><td colspan="2">개인택시 자동차운수사업자 면허 취소</td></tr>
<tr><td>증거 서류</td><td colspan="2">재직증명서, 경력증명서, 전세계약서, 주민등록등본</td></tr>
<tr><td colspan="3">「행정심판법」 제28조 및 같은 법 시행령 제20조에 따라 위와 같이 행정심판을
청구합니다.

 년　　　월　　　일
 신청인　　　　　　(서명 또는 인)
○○행정심판위원회 귀중</td></tr>
<tr><td>첨부서류</td><td>1. 대표자, 관리인, 선정대표자 또는 대리인의 자격을
　 소명하는 서류(대표자, 관리인,선정대표자 또는 대
　 리인을 선임하는 경우에만 제출합니다.)
2. 주장을 뒷받침하는 증거서류나 증거물</td><td>수수료
없음</td></tr>
</table>

(별 지)

청 구 취 지

피청구인이 20○○. ○. ○. 청구인에 대하여 한 개인택시 자동차운수사업자
면허취소처분을 취소한다.
라는 재결을 구합니다.

청 구 원 인

청구인은 택시운전사로서 20○○. ○. ○. 피청구인에게 개인택시자동차운송
사업자 면허를 신청하여 그 면허를 취득한 후 운전업무에 종사하던 중, 피청
구인은 청구인이 20○○. ○. ○. 13:20분경 서울특별시 ○○구 ○○길 ○○
앞 도로에서 인사 사고를 내고 도주하였다는 이유로 청구인의 개인택시자동
차운송사업자면허를 취소하였습니다. 그러나 청구인은 피청구인의 위 처분이
다음과 같은 점에서 위법·부당하다고 주장합니다.
- 중략(피청구인의 처분이 법·부당하다는 이유를 항목별로 나누어 구체적으로
  주장할 것)
  따라서 청구인은 피청구인의 이 사건 개인택시 자동차운송사업자면허취소처분
  의 취소를 구하기 위하여 이 청구에 이르렀습니다.

입 증 방 법

    1. 소갑 제1호증   통지서사본
    1. 소갑 제2호증   허가증사본

첨 부 서 류

    1. 위 입증방법   각 1통
    1. 심판청구서부본   1통

         20○○년   ○월   ○일
       위 청구인   ○   ○   ○   (인)

○○행정심판위원회 귀중

[서식 예] 자동차 운전면허정지처분 취소심판 청구서(개인택시)

행정심판 청구서		
접수번호	접수일	
청구인	성명 ○○○	
	주소 ○○시 ○○구 ○○길 ○○	
	주민등록번호(외국인등록번호) 111111-1111111	
	전화번호 010-1111-1234	
[ ] 대표자 [ ] 관리인 [ ] 선정대표자 [ ] 대리인	성명 ○○○	
	주소 ○○시 ○○구 ○○길 ○○	
	주민등록번호(외국인등록번호) 111111-1111111	
	전화번호 010-2222-1111	
피청구인	○○지방경찰청장	
소관 행정심판위원회	[ ] 중앙행정심판위원회 [ ] ○○시·도행정심판위원회 [ ] 기타	
처분 내용 또는 부작위 내용	자동차운전면허정지처분	
처분이 있음을 안 날	20○○년 ○월 ○일	
청구 취지 및 청구 이유	별지로 작성	
처분청의불복절 차 고지 유무	20○○년 ○월○일	
처분청의불복절 차 고지 내용	자동차운전면허정지 처분	
증거 서류	별지기재와 같음	

「행정심판법」 제28조 및 같은 법 시행령 제20조에 따라 위와 같이 행정심판을 청구합니다.
 	
                                   년   월   일
                    신청인   (서명 또는 인)
 	
○○행정심판위원회 귀중		

첨부서류	1. 대표자, 관리인, 선정대표자 또는 대리인의 자격을 소명하는 서류(대표자, 관리인,선정대표자 또는 대리인을 선임하는 경우에만 제출합니다.) 2. 주장을 뒷받침하는 증거서류나 증거물	수수료 없음

(별 지)

심 판 청 구 취 지

피청구인이 20○○. ○. ○.자로 음주운전을 사유로 청구인에 대하여 한 자동차운전면허 정지처분은 이를 취소한다.
라는 재결을 구합니다.

심 판 청 구 이 유

1. 청구인은 19○○.경 제1종 보통운전면허를 취득하여 운전해오다가 19○○. ○. ○. ○○시장으로부터 개인택시 운송사업면허를 발급받아 운전으로 생계를 이어가고 있는 개인택시 운전자입니다.

2. 청구인은 20○○. ○. ○.경 친구의 아들 결혼식에 참석했다가 친구들과 식사를 하면서 약간의 술을 마시고 있던 중 당시 예식장 주차장에 공간이 없어 골목에 주차를 해두었는데 안쪽에 있던 차량의 소유자가 차를 빼달라고 요구하여 골목길이고 약간만 움직이면 될 것 같아 약 7미터정도 운전하여 차를 빼주게 되었는데 그때 마침 골목 바깥을 지나던 승용차와 접촉하게 되어 음주측정을 하게 된 것이고 전혀 운행을 하기 위한 운전이 아니었습니다.

3. 이와 같이 청구인은 단지 주차중인 차를 다른 차량의 운행을 위하여 비켜주는 과정이었지 결코 차를 운행하기 위한 운전이 아니었으며, 평생 운전으로 생계를 유지해오고 있어 ○○○일간의 운전면허정지처분은 당장 생계를 위협하고 있는 바, 청구인이 음주하게 된 동기 기타 제반 정상을 참작할 때 피청구인으로부터의 행정처분은 부당하므로 20○○. ○. ○. 정지한 운전면허 행정처분을 취소하여 주시기 바랍니다.

입 증 방 법

1. 소갑 제1호증	자동차운전면허취소 통지서
1. 소갑 제2호증	청첩장
1. 소갑 제3호증	주민등록등본
1. 소갑 제4호증	진술서(본인)
1. 소갑 제5호증	사실확인서(결혼식 혼주)

```
┌─────────────────────────────────────────────────────────────┐
│                     첨 부 서 류                               │
│                                                              │
│        1. 위 입증방법                     각 1통              │
│        1. 심판청구서부본                    1통              │
│                                                              │
│                                                              │
│     ○○행정심판위원회 귀중                                   │
│                                                              │
└─────────────────────────────────────────────────────────────┘
```

⚛ 관련판례

여객자동차 운수사업법에 의한 개인택시운송사업면허는 특정인에게 권리나 이익을 부여하는 행정행위로서 법령에 특별한 규정이 없는 한 재량행위이고, 그 면허를 위하여 정하여진 순위 내에서의 운전경력인정방법의 기준설정 역시 행정청의 재량에 속한다 할 것이지만, 행정청이 면허발급 여부를 심사함에 있어서 이미 설정된 면허기준의 해석상 당해 신청이 면허발급의 우선순위에 해당함이 명백함에도 이를 제외시켜 면허거부처분을 하였다면 특별한 사정이 없는 한 그 거부처분은 재량권을 남용한 위법한 처분이 된다(대법원 2010. 1. 28. 선고 2009두19137 판결).

[서식 예] 자동차 운전면허정지처분 취소심판 청구서(화물자동차)

<table>
<tr>
<td colspan="3" align="center">행정심판 청구서</td>
</tr>
<tr>
<td>접수번호</td>
<td colspan="2">접수일</td>
</tr>
<tr>
<td rowspan="4">청구인</td>
<td colspan="2">성명 ○○○</td>
</tr>
<tr>
<td colspan="2">주소 ○○시 ○○구 ○○길 ○○</td>
</tr>
<tr>
<td colspan="2">주민등록번호(외국인등록번호) 111111-1111111</td>
</tr>
<tr>
<td colspan="2">전화번호 010-1111-1234</td>
</tr>
<tr>
<td rowspan="4">[ ] 대표자
[ ] 관리인
[ ] 선정대표자
[ ] 대리인</td>
<td colspan="2">성명 ○○○</td>
</tr>
<tr>
<td colspan="2">주소 ○○시 ○○구 ○○길 ○○</td>
</tr>
<tr>
<td colspan="2">주민등록번호(외국인등록번호) 111111-1111111</td>
</tr>
<tr>
<td colspan="2">전화번호 010-2222-1111</td>
</tr>
<tr>
<td>피청구인</td>
<td colspan="2">△△지방경찰청장</td>
</tr>
<tr>
<td>소관
행정심판위원회</td>
<td colspan="2">[ ] 중앙행정심판위원회　　[ ] ○○시·도행정심판위원회
[ ] 기타</td>
</tr>
<tr>
<td>처분 내용 또는
부작위 내용</td>
<td colspan="2">피청구인이 20○○. ○. ○. 청구인에 대하여 한 자동차 운전
면허 정지처분</td>
</tr>
<tr>
<td>처분이 있음을
안 날</td>
<td colspan="2">20○○년 ○월 ○일</td>
</tr>
<tr>
<td>청구 취지 및
청구 이유</td>
<td colspan="2">별지로 작성</td>
</tr>
<tr>
<td>처분청의불복절
차 고지 유무</td>
<td colspan="2">20○○년 ○월○일</td>
</tr>
<tr>
<td>처분청의불복절
차 고지 내용</td>
<td colspan="2">자동차운전면허 정지처분</td>
</tr>
<tr>
<td>증거 서류</td>
<td colspan="2">재직증명서, 경력증명서, 전세계약서, 주민등록등본</td>
</tr>
<tr>
<td colspan="3">「행정심판법」제28조 및 같은 법 시행령 제20조에 따라 위와 같이 행정심판을
청구합니다.

　　　　　　　　　　　　　　　년　　　월　　　일

　　　　　　　　　　　신청인　　　　　　　(서명 또는 인)

○○행정심판위원회 귀중</td>
</tr>
<tr>
<td>첨부서류</td>
<td>1. 대표자, 관리인, 선정대표자 또는 대리인의 자격
　을 소명하는 서류(대표자, 관리인,선정대표자 또
　는 대리인을 선임하는 경우에만 제출합니다.)
2. 주장을 뒷받침하는 증거서류나 증거물</td>
<td>수수료
없음</td>
</tr>
</table>

(별 지)

심 판 청 구 취 지

피청구인이 20○○. ○. ○. 청구인에 대하여 한 자동차 운전면허 정지처분을 취소한다.
라는 재결을 구합니다.

심 판 청 구 이 유

1. 청구인은 19○○. ○. ○. ○○북도 지사로부터 제1종 보통 운전면허증을 취득하여 ○○정기화물주식회사에서 8ton 화물자동차를 운전한 것을 시작으로 현재까지 줄곧 자동차 운전으로 생업을 유지해 왔으며 주식회사 ○○화학의 화물자동차 운전기사로 재직하고 있었습니다.

2. 청구인의 음주경위

   가. 청구인은 20○○. ○. ○. ○○:○○경 ○○동 소재 형님집에서 형님과 함께 맥주 3홉들이 2병을 나눠 마시고 새벽 0시 20분경 가족들을 태우고 귀가하던 도중 집근처 대로변에서 간이검문소를 설치하고 운전자의 음주측정을 실시하고 있는 경찰관의 지시에 따라 음주측정에 응하였습니다.

   나. 당시 청구인은 형님 집에 가족들과 함께 차로 갔기 때문에 맥주컵으로 1잔반 정도밖에 마시지 않았고 또한, 술 마신 후 3～4시간을 보냈으므로 이전의 경험에 비추어 음주측정을 받아도 아무 문제가 없으리라 생각하여 순순히 측정에 응하였던 것입니다. 또한 측정결과도 단속기준에 해당하지 않았던지, 측정결과를 확인하던 경찰관은 고개를 갸우뚱하며 "또 기계가 잘못됐나…"하고 혼잣말하며 다시 측정해보자고 하여 이에 응하였습니다. 그런데도 음주측정수치가 생각했던 것만큼 나오지 않았던지 재차 측정을 요구하였습니다.

   다. 3차 측정결과 그 수치가 0.085%가 나왔다고 기계를 청구인에게 내밀며 운전면허정지사유에 해당한다고 하였습니다. 이에 대해 본인은 그 측정결과를 인정할 수 없으므로 재차 공정하고 정확한 측정을 요구하였습니다. 단속경찰관은 종전에 사용하였던 측정기를 가지고 재차 2회 측정하며 단속기준인 면허정지에 해당한다는 말만 반복하였습니다. 청구인은 이 결과는 도저히 인정할 수 없다고 항변하였으나, 이는 받아들여지지 않았습니다.

   라. 그후 청구인은 경찰서에서도 이러한 측정결과를 도저히 인정할 수 없다고 하였음에도 청구인의 주장은 끝내 받아들여지지 않았습니다.

3. 이상과 같이 이건 음주측정 결과는 공정하고 정확한 측정결과가 아니므로 이를 근거로 피청구인이 청구인의 운전면허를 정지함은 부당하며, 또한 가사 실제 음주측정치가 0.085%라 하더라도 청구인이 운전을 하게 된 경위, 음주의 정도 기타 제반사정을 고려한다면 피청구인의 운전면허 정지처분은 재량권을 일탈 혹은 남용한 행위라 보여 지므로 그 처분을 취소하여 주시기 바랍니다.

입 증 방 법

1. 소갑 제1호증　　　　　　자동차운전면허정지통지서
1. 소갑 제2호증　　　　　　재직증명서
1. 소갑 제3호증　　　　　　경력증명서
1. 소갑 제4호증　　　　　　주민등록등본
1. 소갑 제5호증　　　　　　탄원서(회사동료)

첨 부 서 류

1. 위 입증방법　　　　　　각 1통
1. 심판청구서부본　　　　　　1통
1. 위임장(변호사선임시)　　　1통

20○○년　　○월　　○일

위 청구인의 대리인
변호사　○　○　○　　(인)

○○행정심판위원회 귀중

관련판례

자동차운수사업법 제31조 등의 규정에 의한 사업면허의 취소 등의 처분에관한 규칙(교통부령) 제7조 제3항의 고지절차에 관한 규정은 행정처분의 상대방이 그 처분에 대한 행정심판의 절차를 밟는데 있어 편의를 제공하려는데 있으며 처분청이 위 규정에 따른 고지의무를 이행하지 아니하였다고 하더라도 경우에 따라서는 행정심판의 제기기간이 연장될 수 있는 것에 그치고 이로 인하여 심판의 대상이 되는 행정처분에 어떤 하자가 수반된다고 할 수 없다(대법원 1987. 11. 24. 선고 87누529 판결).

[서식 예] 자동차 운전면허취소처분 취소심판 청구서(음주측정 불응)

<table>
<tr>
<td colspan="3" align="center">행정심판 청구서</td>
</tr>
<tr>
<td>접수번호</td>
<td colspan="2">접수일</td>
</tr>
<tr>
<td rowspan="4">청구인</td>
<td colspan="2">성명 ○○○</td>
</tr>
<tr>
<td colspan="2">주소 ○○시 ○○구 ○○길 ○○</td>
</tr>
<tr>
<td colspan="2">주민등록번호(외국인등록번호) 111111-1111111</td>
</tr>
<tr>
<td colspan="2">전화번호 010-1111-1234</td>
</tr>
<tr>
<td rowspan="4">[ ] 대표자
[ ] 관리인
[ ] 선정대표자
[ ] 대리인</td>
<td colspan="2">성명 ○○○</td>
</tr>
<tr>
<td colspan="2">주소 ○○시 ○○구 ○○길 ○○</td>
</tr>
<tr>
<td colspan="2">주민등록번호(외국인등록번호) 111111-1111111</td>
</tr>
<tr>
<td colspan="2">전화번호 010-2222-1111</td>
</tr>
<tr>
<td>피청구인</td>
<td colspan="2">△△지방경찰청장</td>
</tr>
<tr>
<td>소관
행정심판위원회</td>
<td colspan="2">[ ] 중앙행정심판위원회 [ ] ○○시·도행정심판위원회
[ ] 기타</td>
</tr>
<tr>
<td>처분 내용 또는
부작위 내용</td>
<td colspan="2">피청구인이 20○○. ○. ○. 청구인에 대하여 한 자동차 운전면허 취소처분</td>
</tr>
<tr>
<td>처분이 있음을
안 날</td>
<td colspan="2">20○○년 ○월 ○일</td>
</tr>
<tr>
<td>청구 취지 및
청구 이유</td>
<td colspan="2">별지로 작성</td>
</tr>
<tr>
<td>처분청의불복절
차 고지 유무</td>
<td colspan="2">20○○년 ○월○일</td>
</tr>
<tr>
<td>처분청의불복절
차 고지 내용</td>
<td colspan="2">자동차운전면허 면허취소</td>
</tr>
<tr>
<td>증거 서류</td>
<td colspan="2">재직증명서, 경력증명서, 전세계약서, 주민등록등본</td>
</tr>
<tr>
<td colspan="3">「행정심판법」 제28조 및 같은 법 시행령 제20조에 따라 위와 같이 행정심판을 청구합니다.

　　　　　　　　　　　　　　　　　　년　　　월　　　일

　　　　　　　　　　　청구인　　　　　　　　(서명 또는 인)

○○행정심판위원회 귀중</td>
</tr>
<tr>
<td>첨부서류</td>
<td>1. 대표자, 관리인, 선정대표자 또는 대리인의 자격을 소명하는 서류(대표자, 관리인, 선정대표자 또는 대리인을 선임하는 경우에만 제출합니다.)
2. 주장을 뒷받침하는 증거서류나 증거물</td>
<td>수수료
없음</td>
</tr>
</table>

(별 지)

청 구 취 지

피청구인이 20○○. ○. ○. 청구인에 대하여 한 자동차운전면허(면허번호 : 서울○○-○○-○○○○○-○)의 취소처분을 취소한다.
라는 재결을 구합니다.

청 구 원 인

1. 청구인의 운전면허취득 및 피청구인의 운전면허취소처분 청구인은 1990. 5. 31. 서울특별시 지방경찰청장으로부터 제1종 보통 자동차운전면허(면허번호 : 서울○○-○○-○○○○○-○)를 취득한 후 10년 동안 음주운전 전력 없이 운전을 하여 오던 중 20○○. ○. ○. 23:00경 경찰관의 음주측정요구에 불응하였다는 이유로 피청구인은 20○○. ○. ○. 도로교통법 제93조의 규정을 들어 청구인의 위 운전면허를 취소하는 처분을 하였습니다.

2. 이 사건의 경위

   가. 청구인은 농민들이 생산하는 유기 농산물을 중간 유통과정을 거치지 않고 도시 소비자들에게 직거래 공급하는 "사단법인 ☆☆"의 기획관리부 부장으로 근무하고 있습니다.

   나. 청구인은 20○○. ○. ○. 19:30경 사직원을 제출한 부하직원 □□□을 설득하여 사표제출의 철회를 권유하였으나 주장을 굽히지 않기에 저녁을 먹으면서 설득시켜 보려고 외투와 가방을 사무실에 두고 식당으로 자리를 옮겨 저녁식사를 하면서 사표철회를 계속 설득하였습니다.

   다. 청구인과 위 □□□은 저녁식사를 하면서 소주 1병과 맥주 1병을 시켜 나누어 마시면서 사표철회를 종용하였으나 설득이 되지 않아 "가족들과 상의한 후 내일 다시 의논하자"고 말하고 22:00경 식당을 나왔으며, 식당을 나온 후 위 □□□을 먼저 보내려고 택시를 잡으려고 하였지만 20분이상이 지나도 택시를 잡을 수가 없었습니다.

   라. 그날따라 날씨가 너무 추운데다가 길거리에서 20분이상 서성거리다보니 직원 □□□이 춥고 한기가 든다고 하면서 청구인에게 회사차량으로 전철역까지만 태워 줄 것을 부탁하기에 청구인은 춥고 한기가 든다는 위 □□□의 말을 거절할 수가 없어 100미터 정도 떨어진 도로 건너편 사무실에 가서 골목에 세워 둔 회사 업무용 차량을 운전하여 위 □□□을 태우고 ○○전철역까지 바래다주러 가다가 약 100미터 정도 운행한 ○

○사거리 부근 현대아파트 신호등 앞에서 신호대기 중 경찰관으로부터 음주측정요구를 받았습니다.

마. 청구인은 경찰관으로부터 음주측정을 요구받고 3차례에 걸쳐 입에 대고 불면서 측정에 응하였으나 너무 당황하고 놀란 나머지 기준대로 음주측정을 하지 못함으로서 측정거부로 입건되어 운전면허가 취소된 것입니다.

바. 청구인은 위 □□□을 ○○전철역까지 태워주고 다시 사무실로 돌아와서 외투와 가방을 가지고 좌석버스를 타고 가려고 위 외투와 가방을 사무실에 그대로 두고 가던 중이었기 때문에 청구인의 집인 분당까지 운전할 의사는 당초부터 전혀 없는 상태였습니다.

3. 운전면허취소처분의 위법부당성

가. 피청구인의 청구인에 대한 이 건 면허취소처분은 도로교통법 제93조의 규정에 의하여 마련된 동법 시행규칙 제91조 제1항 [별표 28]의 운전면허행정처분의 기준의 "2항 취소처분개별기준 중 3"에 의하고 있고, 위 [별표 28] 운전면허행정처분의 2. 취소처분개별기준 중 3 기준에 의하면 "술에 취한 상태에서 운전하거나 술에 취한 상태에서 운전하였다고 인정할 만한 상당한 이유가 있음에도 불구하고 경찰공무원의 측정요구에 불응한 때"에는 운전자의 운전면허를 취소하도록 규정하고 있습니다.

나. 그런데 위 시행규칙 제91조 제1항 [별표 28]의 운전면허행정처분 기준은 그 규정의 성질과 내용으로 보아 운전면허의 취소처분 등에 관한 행정청 내부의 사무처리준칙을 규정한 것으로 행정조직 내부의 관계행정기관이나 직원을 기속함에 그치고 법원이나 국민을 기속하는 효력은 없다고 보아야 한다는 것이 대법원 판례(1990. 10. 16. 선고 대법원 90누4297호 판결, 1989. 11. 24. 선고 대법원 89누4055호 판결 등)임에도 피청구인은 청구인이 도로교통법 제44조 제1항을 위반하고 위 [별표 28]의 운전면허취소처분의 개별기준(음주측정불응)에 해당된다는 사유만으로 곧바로 이건 처분을 하였고, 또한 피청구인의 이건 취소처분을 하기에 앞서서 그로써 달성하려는 공익목적과 개인이 입는 피해의 정도 등 제반사정을 마땅히 비교형량하여 판단하여야 함에도 불구하고 아래와 같은 청구인의 특별한 사정을 전혀 고려함이 없이 일방적으로 행하여진 이건 취소처분은 재량권을 일탈 내지 남용한 위법이 있다 할 것입니다.

4. 청구인의 특별한 사정

가. 청구인은 ◎◎대학교 대학원에서 식품자원 경제학을 전공하고 현재 박사과정을 밟으면서 이론을 실무에 접목시키기 위해 농민과 소비자간의

유기농산물 직거래운동을 통해 도시와 농촌간의 삶의 연대폭을 넓혀 가는 일을 추진하는 농수산부인가 비영리 사단법인 ☆☆이란 법인체에 근무하면서 사회활동을 해오고 있습니다.

나. 청구인은 대학원에서 전공한 학문을 현실에 접목시키는 사회운동을 하느라고 전곡 방방곡곡의 농촌을 다니면서 유기농업 또는 무농약농업을 하는 농민들을 발굴하고 또 이들이 생산한 유기농산물 및 환경농산물을 도시소비자 회원들에게 적극 홍보하여 도시와 농촌의 교류를 통해 친환경적인 농업생산기반과 안전한 먹거리 문화를 만드는 운동을 해왔습니다.

다. 청구인은 이와 같은 사회운동을 하느라고 1개월에 20일 이상을 유기농산물, 환경농산물을 재배하는 농민들을 발굴하기 위해 전국 방방곡곡을 돌아다니고 있으며, 현재 사단법인 한 살림의 전국 회원 수는 33,000가구가 되며, 이들이 생산한 유기농산물을 직원들과 함께 차량으로 운반하여 이를 도시소비자들에게 공급하는 일까지 겸하고 있습니다.

라. 그러므로 청구인은 단 한시라도 차량 없이는 활동할 수가 없는 실정에 있으며 또한 운전면허가 취소되면 직장에서도 해고될 처지에 있습니다.

마. 청구인은 처와 딸 1명을 그리고 시골의 노부모를 부양하고 있는데 면허취소로 직장에서 해고될 경우 생계가 막막할뿐더러 박사학위논문 준비에 많은 지장을 초래케 됩니다.

바. 이 사건 음주운전은 인명 피해나 대물 피해가 없는 단순 음주운전으로서 경찰관의 음주측정요구를 받고 너무 당황하여 후후하면서 3번이나 불었으나, 수치가 정확히 나오지 않자 담당 경찰관이 소극적으로 불었다는 이유로 경찰서로 연행하여 측정거부로 입건한 것입니다.

사. 청구인은 당시 술을 조금 마셨기 때문에 음주측정을 정확히 했을 경우에도 면허정지에 해당하는 수치가 나왔을 정도였으며, 당시 청구인은 우봉진을 전철역까지 태워주고 사무실로 다시 돌아와서 주차해 두고 가려고 외투와 박사학위논문작성에 필요한 자료가 들어 있는 가방을 사무실에 두고 갔습니다.

아. 청구인이 운전한 거리는 약100미터 정도밖에 되지 않는 짧은 거리였습니다.

자. 청구인은 음주운전 전력이 없습니다.

5. 결론

위에서 보는 바와 같이 청구인의 이 사건 음주운전의 경위, 음주량, 음주운전거리, 음주운전 전력이 없는 점, 박사과정을 밟으면서 한편으로 유기농산물 재배농가를 발굴하기 위해 1개월에 20일간 전국 방방곡곡을 찾아다니고 있는 점, 운전면허가 취소되면 직장에서 해고되는 점, 해고될 경우 생계가 막막한 점 등을 참작할 때에 이 사건 운전면허취소처분은 그로 인하여 달성하려는 공익목적보다는 청구인 및 그 가족이 받게 되는 불이익이 더욱 크다 할 것이어서 이는 법에 의하여 부여된 재량권의 범위를 일탈하거나 남용한 위법한 처분이므로 그 취소를 구하고자 청구에 이르렀습니다.

입 증 방 법

1. 소갑 제1호증	면허취소결정통지서
1. 소갑 제2호증	재직증명서
1. 소갑 제3호증	운전경력증명서
1. 소갑 제4호증	음주경위서(○○○)
1. 소갑 제5호증	주민등록증 사본
1. 소갑 제6호증	자술서
1. 소갑 제7호증	탄원서
1. 소갑 제8호증	주민등록증 사본

첨 부 서 류

1. 위 입증방법	각 1통
1. 심판청구서부본	1통
1. 위임장	1통

20○○년   ○월   ○일

위 청구인의 대리인
변호사   ○   ○   ○   (인)

○○행정심판위원회 귀중

■ **참고** ■

음주운전 행정심판에서 구제가 되지 않는 사례

① 청구인의 위반행위가 도로교통법 제93조제1항에 따라 반드시 취소하도록 규정하고 있는 경우
- 삼진아웃에 해당하는 경우

- 음주측정에 불응자
- 운전면허 발급 결격사유가 있는 사람이 면허를 취득한 경우
- 허위 또는 부정한 방법으로 운전면허를 취득한 경우
- 정지기간 중에 운전면허증 또는 운전면허증을 대신하는 증명서를 발급받은 경우
- 수시 또는 정기 적성검사를 받지 않았거나 또는 불합격한 경우
- 자동차나 원동기 장치 자전거를 훔치거나 빼앗은 경우
- 단속 중인 경찰공무원 등을 폭행한 자
- 미등록 자동차를 운전한 자
- 연습운전면허의 취소사유가 있었던 자
- 다른 법률에 따라 다른 행정기관의 장이 운전면허의 취소처분을 요청한 자
② 청구인의 법규위반 정도가 중대하여 심판청구를 기각한 사례
- 자동차를 이용한 범죄로 면허가 취소된 전력이 있는데 음주운전으로 면허가 취소된 사건
- 10년 이내 사망사고전력이 있던 청구인이 음주운전으로 면허가 취소된 사건
- 운전면허정지기간 중에 운전을 한 경우
- 자동차를 이용한 범죄(감금)를 범한 경우
- 청구인이 운전면허증을 대여한 경우
③ 행정심판 청구요건을 충족하지 못해 대상이 되지 않은 대표적인 각하 사례
- 청구기간이 경과한 경우(처분 사실을 알게 된 날부터 90일, 있은 날부터 180일 초과)
- 처분성이 없는 경우(단순 벌점부과, 결격기간 부여)

[서식 예] 자동차 운전면허취소처분 취소심판 청구서(생계형 운전자)

<table>
<tr><td colspan="3" align="center">행정심판 청구서</td></tr>
<tr><td>접수번호</td><td colspan="2">접수일</td></tr>
<tr><td rowspan="4">청구인</td><td colspan="2">성명 ○○○</td></tr>
<tr><td colspan="2">주소 ○○시 ○○구 ○○길 ○○</td></tr>
<tr><td colspan="2">주민등록번호(외국인등록번호) 111111-1111111</td></tr>
<tr><td colspan="2">전화번호 010-1111-1234</td></tr>
<tr><td rowspan="4">[ ] 대표자
[ ] 관리인
[ ] 선정대표자
[ ] 대리인</td><td colspan="2">성명 ○○○</td></tr>
<tr><td colspan="2">주소 ○○시 ○○구 ○○길 ○○</td></tr>
<tr><td colspan="2">주민등록번호(외국인등록번호) 111111-1111111</td></tr>
<tr><td colspan="2">전화번호 010-2222-1111</td></tr>
<tr><td>피청구인</td><td colspan="2">△△지방경찰청장</td></tr>
<tr><td>소관
행정심판위원회</td><td colspan="2">[ ] 중앙행정심판위원회   [ ] ○○시·도행정심판위원회
[ ] 기타</td></tr>
<tr><td>처분 내용 또는
부작위 내용</td><td colspan="2">피청구인이 20○○. ○. ○. 청구인에 대하여 한 자동차 운전면허 취소처분</td></tr>
<tr><td>처분이 있음을
안 날</td><td colspan="2">20○○년 ○월 ○일</td></tr>
<tr><td>청구 취지 및
청구 이유</td><td colspan="2">별지로 작성</td></tr>
<tr><td>처분청의불복절
차 고지 유무</td><td colspan="2">20○○년 ○월○일</td></tr>
<tr><td>처분청의불복절
차 고지 내용</td><td colspan="2">자동차운전면허 취소</td></tr>
<tr><td>증거 서류</td><td colspan="2">재직증명서, 경력증명서, 전세계약서, 주민등록등본</td></tr>
<tr><td colspan="3">「행정심판법」 제28조 및 같은 법 시행령 제20조에 따라 위와 같이 행정심판을 청구합니다.

　　　　　　　　　　　　　　　　　년　　　월　　　일

　　　　　　　　　　　　청구인　　　　　　　(서명 또는 인)

○○행정심판위원회 귀중</td></tr>
<tr><td>첨부서류</td><td>1. 대표자, 관리인, 선정대표자 또는 대리인의 자격을 소명하는 서류(대표자, 관리인, 선정대표자 또는 대리인을 선임하는 경우에만 제출합니다.)
2. 주장을 뒷받침하는 증거서류나 증거물</td><td>수수료
없음</td></tr>
</table>

(별 지)

심 판 청 구 취 지

피청구인이 20○○. ○. ○. 청구인에 대하여 한 자동차운전면허 (대구 제1종 보통 ○-○○○○○○-○○호)의 취소처분을 취소한다.
라는 재결을 구합니다.

심 판 청 구 원 인

1. 청구인은 1995. 6.경 ○○운전면허시험장에서 자동차운전면허(1종보통)를 취득하고 그 뒤 계속해서 원고 소유 승용차를 스스로 운전해 오던 중 20○○. ○. ○○. 19:00경 음주운전을 하였다는 이유로 20○○. ○. ○. 피청구인에 의하여 운전면허를 취소당하였습니다.
2. 그러나 피청구인에 대한 운전면허취소처분은 피청구인이 운전을 하지 않고는 생계를 유지할 수 없는 차량을 이용하여 배달을 하는 업종에 종사하는 점에서 볼 때 너무나 과다한 처분으로 처분과 청구인의 행위와의 사이에 비례관계에 위반한 부당한 처분이라 사료되는 바 이에 대한 취소를 구하고자 이 건 청구에 이른 것입니다.

입 증 방 법

   1. 소갑 제1호증   자동차운전면허취소통지서
   1. 소갑 제2호증   사업자등록증 사본서
   1. 소갑 제3호증   주민등록등본

첨 부 서 류

   1. 위 입증방법   각 1통
   1. 심판청구서부본   1통

      20○○년 ○월 ○일

         위 청구인의 대리인
         변호사 ○ ○ ○ (인)

○○행정심판위원회 귀중

[서식 예] 자동차 운전면허취소처분 취소심판 청구서(측정치 부당)

<table>
<tr><td colspan="3" align="center">행정심판 청구서</td></tr>
<tr><td>접수번호</td><td colspan="2">접수일</td></tr>
<tr><td rowspan="4">청구인</td><td colspan="2">성명 ○○○</td></tr>
<tr><td colspan="2">주소 ○○시 ○○구 ○○길 ○○</td></tr>
<tr><td colspan="2">주민등록번호(외국인등록번호) 111111-1111111</td></tr>
<tr><td colspan="2">전화번호 010-1111-1234</td></tr>
<tr><td rowspan="4">[ ] 대표자
[ ] 관리인
[ ] 선정대표자
[ ] 대리인</td><td colspan="2">성명 ○○○</td></tr>
<tr><td colspan="2">주소 ○○시 ○○구 ○○길 ○○</td></tr>
<tr><td colspan="2">주민등록번호(외국인등록번호) 111111-1111111</td></tr>
<tr><td colspan="2">전화번호 010-2222-1111</td></tr>
<tr><td>피청구인</td><td colspan="2">△△지방경찰청장</td></tr>
<tr><td>소관
행정심판위원회</td><td colspan="2">[ ] 중앙행정심판위원회   [ ] ○○시·도행정심판위원회
[ ] 기타</td></tr>
<tr><td>처분 내용 또는
부작위 내용</td><td colspan="2">피청구인이 20○○. ○. ○. 청구인에 대하여 한 자동차 운전
면허 취소처분</td></tr>
<tr><td>처분이 있음을
안 날</td><td colspan="2">20○○년 ○월 ○일</td></tr>
<tr><td>청구 취지 및
청구 이유</td><td colspan="2">별지로 작성</td></tr>
<tr><td>처분청의불복절
차 고지 유무</td><td colspan="2">20○○년 ○월○일</td></tr>
<tr><td>처분청의불복절
차 고지 내용</td><td colspan="2">자동차운전면허 취소</td></tr>
<tr><td>증거 서류</td><td colspan="2">재직증명서, 경력증명서, 전세계약서, 주민등록등본</td></tr>
<tr><td colspan="3">「행정심판법」 제28조 및 같은 법 시행령 제20조에 따라 위와 같이 행정심판을
청구합니다.

 년   월   일

청구인   (서명 또는 인)
○○행정심판위원회 귀중</td></tr>
<tr><td>첨부서류</td><td>1. 대표자, 관리인, 선정대표자 또는 대리인의 자격
을 소명하는 서류(대표자, 관리인,선정대표자 또
는 대리인을 선임하는 경우에만 제출합니다.)
2. 주장을 뒷받침하는 증거서류나 증거물</td><td>수수료
없음</td></tr>
</table>

(별 지)

심 판 청 구 취 지

피청구인이 청구인에 대하여 한 20○○년 ○월 ○일자 제○○○호 자동차운전면허(서울 ○종보통, 면허번호 : ○○○호)를 취소한다라는 운전면허취소처분을 취소한다.
라는 재결을 구합니다.

심 판 청 구 이 유

1. 사건개요
    청구인은 20○○. ○월경 서울에서 자동차운전면허(○종 보통)를 취득하고 그 뒤 계속해서 청구인 소유 자동차를 스스로 운전해 오던 중 20○○년 ○월 ○일 ○○시경 ○○시 ○○구 ○○길 ○○번지 앞도로에서 음주운전(혈중알콜농도 ○퍼센트)을 했다는 이유로 피청구인에 의해 같은 해 ○월 ○일 운전면허를 취소당하였고 다음날 취소처분통지를 받았습니다.

2. 피청구인의 처분의 위법 및 부당성
    (1) 청구인은 20○○년 ○월 ○일 ○○시경 친구인 청구외 □□□집에서 소주1잔을 마시고 청구인의 자동차를 운전하여 귀가를 하던 중 경찰관에 의해 음주측정을 당하였습니다.
    (2) 당시 음주측정을 하여 혈중알콜농도가 ○○%로 나타났는데, 음주측정결과는 청구인이 마신 술의 양, 음주후에 경과된 시간, 주취상태 및 음주후 운전태도, 운전거리 및 음주운정으로 인해 사고가 없던 점 등에 비춰볼 때 위 수치는 믿기 어려운 수치입니다.
    (3) 한편, 청구인은 운전업에 종사하는 자로 20○○년 ○월 ○일 ○○지역의 어민들이 생산한 생선 등을 매일 ○○지역까지 운반해 주기로 계약을 체결한 상태인데, 만일 피청구인의 청구인에 대한 이건 운전면허취소처분이 취소되지 않는다면, 1년간 운전면허를 취득하지 못하여 생업에 막대한 지장을 받는 것은 변론하고 위 운송계약을 파기하게 되어 막대한 손해배상을 부담해야할 처지에 있습니다.
    (4) 따라서 청구인의 이러한 제반 사정들을 잘 알고 있으면서 단지 음주측정기의 기계적인 수치만을 믿고 청구인의 운전면허를 취소한 피청구인의 이건 운전면허취소처분은 위와 같은 제반 사정에 비추어 볼 때 너무

가혹하며 적절한 재량권의 범위를 벗어난 위법, 부당한 처분이라 할 것입니다.

3. 따라서 위와 같은 제반 사정에 비춰볼 때 피청구인의 청구인에 대한 이건 운전면허취소는 재량권의 범위를 벗어난 위법, 부당한 처분이라 할 것이므로, 청구인은 신청취지와 같은 결정을 구하고자 부득이 이건 청구에 이르게 되었습니다.

입 증 방 법

1. 소갑 제1호증　　　　　　자동차운전면허취소통지서
1. 소갑 제2호증　　　　　　인우보증서

첨 부 서 류

1. 위 입증방법　　　　　　각 1통
1. 심판청구서부본　　　　　　1통

○○행정심판위원회 귀중

[서식 예] 자동차 운전면허취소처분 취소심판 청구서(근거리 운전)

<table>
<tr><td colspan="3" align="center">행정심판 청구서</td></tr>
<tr><td>접수번호</td><td colspan="2">접수일</td></tr>
<tr>
<td rowspan="4">청구인</td>
<td colspan="2">성명　○○○</td>
</tr>
<tr><td colspan="2">주소　○○시 ○○구 ○○길 ○○</td></tr>
<tr><td colspan="2">주민등록번호(외국인등록번호) 111111-1111111</td></tr>
<tr><td colspan="2">전화번호 010-1111-1234</td></tr>
<tr>
<td>[　] 대표자
[　] 관리인
[　] 선정대표자
[　] 대리인</td>
<td colspan="2">성명　○○○
주소 ○○시 ○○구 ○○길 ○○
주민등록번호(외국인등록번호) 111111-1111111
전화번호 010-2222-1111</td>
</tr>
<tr><td>피청구인</td><td colspan="2">△△지방경찰청장</td></tr>
<tr><td>소관
행정심판위원회</td><td colspan="2">[　] 중앙행정심판위원회　　[　] ○○시·도행정심판위원회
[　] 기타</td></tr>
<tr><td>처분 내용 또는
부작위 내용</td><td colspan="2">피청구인이 20○○. ○. ○. 청구인에 대하여 한 자동차 운전면
허 취소처분</td></tr>
<tr><td>처분이 있음을
안 날</td><td colspan="2">20○○년 ○월 ○일</td></tr>
<tr><td>청구 취지 및
청구 이유</td><td colspan="2">별지로 작성</td></tr>
<tr><td>처분청의불복절
차 고지 유무</td><td colspan="2">20○○년 ○월○일</td></tr>
<tr><td>처분청의불복절
차 고지 내용</td><td colspan="2">자동차운전면허 취소</td></tr>
<tr><td>증거 서류</td><td colspan="2">재직증명서, 경력증명서, 전세계약서, 주민등록등본</td></tr>
<tr><td colspan="3">「행정심판법」 제28조 및 같은 법 시행령 제20조에 따라 위와 같이 행정심판을
청구합니다.

　　　　　　　　　　　　　　　　　　년　　　월　　　일

　　　　　　　　　　청구인　　　　　　　　(서명 또는 인)

○○행정심판위원회 귀중</td></tr>
<tr><td>첨부서류</td><td>1. 대표자, 관리인, 선정대표자 또는 대리인의 자격
　을 소명하는 서류(대표자, 관리인, 선정대표자 또
　는 대리인을 선임하는 경우에만 제출합니다.)
2. 주장을 뒷받침하는 증거서류나 증거물</td><td>수수료
없음</td></tr>
</table>

(별 지)

청 구 취 지

피청구인이 20○○. ○. ○. 청구인에 대하여 한 자동차운전면허취소처분을 취소한다.
라는 재결을 구합니다.

청 구 이 유

1. 처분의 경위

   청구인은 20○○. ○. ○. ○○시장으로부터 1종보통 자동차운전면허(면허번호 ○○ ○○○○-○○○-○○)을 취득하였는데, 20○○. ○. ○. 23:50경 서울 ○○구 ○○길 소재 ☆☆단란주점 앞길에서 같은 구 ○○길 ○○번지 소재 ★★슈퍼 앞까지 약300m 상당 거리를 청구인 소유의 서울 ○가○○ ○○호 ○○○승용차를 운전하여 가다가 단속경찰관에게 적발되었으며 당시의 음주측정결과 주취정도는 혈중알콜농도 0.125%로 나타났습니다. 이에 피청구인은 20○○. ○. ○. 청구인에 대하여 도로교통법 제93조 제1항 제1호, 제44조 제1항, 도로교통법시행규칙 제91조 제1항 별표 28을 적용하여 위 1종 보통 자동차운전면허를 취소하는 내용의 처분을 하였습니다.

2. 처분의 적법 여부

   청구인은 소외 ○○주식회사에서 근무하는 사람으로서 회사동료들과 같이 20○○. ○. ○. 19:30경부터 서울 ○○구 ○○길 소재 ○○갈비집에서 오랜만에 회식을 하면서 맥주 몇 잔을 마시고, 인근 ○○단란주점에서 다시 맥주와 양주 몇 잔을 마시고 2~3시간이 경과한 후 밖으로 나와 보니 시간이 너무 늦어 택시를 잡기도 어려운 지역이라 같은 방향의 동료들을 태우고 약 300m를 운전하여 가던 중 위 서울 ○○구 ○○길 ○○번지 앞 노상에서 음주운전 단속중인 경찰관에게 적발되었던 것입니다.

   그런데 청구인은 1971. 12. 12. 생으로서 ○○대학 ○○과를 졸업하고 19○○년경부터 위 회사에 입사하여 영업업무를 하여 왔으며, 청구인의 전세금 ○○○원의 전세집에서 월급만으로 처와 1명의 자녀를 부양하여 오고 있습니다. 한편 청구인은 20○○. ○. ○. 제1종 보통자동차운전면허를 취득한 이래 운전업무에 종사하여 오면서 이 사건 이외에는 음주운전을 한 사실이 없고, 영업업무의 속성상 출장이 빈번하여 기동성이 필요하므로 자가운전이 직업상 필수적입니다.

따라서 청구인이 이 사건 음주운전을 하게 된 동기 및 경위, 당시의 주취정도, 음주운전한 거리, 청구인이 영업업무에 종사하는 자로서 직업속성상 자가운전이 필수적인 점 등에 비추어 보면, 이 사건 취소처분은 그 위반의 정도에 비하여 청구인에게 미치는 불이익이 너무 가혹하여 재량권을 남용하였거나 그 범위를 일탈한 위법이 있으므로 취소되어야 할 것입니다.

입 증 방 법

1. 소갑 제1호증   자동차운전면허취소통지서
1. 소갑 제2호증   재직증명서
1. 소갑 제3호증   경력증명서
1. 소갑 제4호증   주민등록등본
1. 소갑 제5호증   전세계약서
1. 소갑 제6호증   탄원서(회사동료)

첨 부 서 류

1. 위 입증방법   각 1통
1. 심판청구서부본   1통
1. 위임장(변호사선임시)   1통

○○행정심판위원회 귀중

운전면허에 대한 행정처분 기준

1. 벌점의 산정

구 분	산 정 방 법
누산점수	매 위반.사고시 벌점의 누적합산치 - 상계치
처분벌점	누산점수-이미 처분이 집행된 벌점의 합계치=매 위반.사고시 벌점의 누적합산치-상계치-이미 처분이 집행된 벌점의 합계치

2. 벌점의 종합관리

구 분	내 용
누산점수의 관리	○행정처분을 적용하려는 당해 위반 또는 사고가 있었던 날을 기준으로 과거 3년간의 모든 벌점을 합산하여 관리
무위반,무사고 기간 경과로 인한 벌점소멸	○처분벌점이 40점 미만인 경우에, 최종의 위반일 또는 사고일로부터 위반 및 사고없이 1년을 경과한 때에는 그 처분벌점은 소멸한다.
도주차량 신고로 인한 벌점소멸	○인적 피해 교통사고를 야기하고 도주한 차량을 검거하거나 신고하여 검거하게 한 운전자에 대하여는 40점의 특혜점수를 부여하여 기간에 관계없이 그 운전자가 정지 또는 취소처분을 받게 될 경우, 누산점수에서 이를 공제한다.
개별 기준적용에 있어서의 벌점합산	○정지처분 개별기준 중 다음 각 벌점 모두 합산 - 법규위반시의 벌점(가장 중한 것 하나만 적용) - 사고야기시의 사고결과에 따른 벌점 - 사고야기시의 조치등 불이행에 따른 벌점

3. 운전면허취소

① 벌점.누산점수 초과로 인한 면허취소

기 간	벌점 또는 누산점수
1년간	121점 이상
2년간	201점 이상
3년간	271점 이상

※ 1회의 위반.사고로 인한 벌점 또는 연간누산점수가 위 표에 해당할 때에도 운전면허 취소

② 취소처분 개별기준

위반사항	적용법조 (도로교 통법)	처분	내　　　　용
교통사고야기 도주	제93조	취소	○교통사고로 사람을 죽게 하거나 다치게 하고, 구호조치를 하지 아니한 때
술에 취한 상태에서 운전	제93조	취소	○술에 취한 상태의 기준(혈중 알콜농도 0.05%이상)을 넘어서 운전을 하다가 교통사고로 사람을 죽게 하거나 다치게 한 때 ○술에 만취된 상태(혈중알콜농도 0.1%이상)에서 운전한 때 ○술에 취한 상태의 기준을 넘어 운전하여 2회이상 운전면허의 취소 또는 정지의 처분을 받은 사람 또는 술에 취한 상태에 대한 측정 불응으로 2회 이상 운전면허의 취소처분을 받은 사람이 다시 술에 취한 상태(혈중알콜농도 0.05퍼센트 이상)에서 운전한 때
술에 취한 상태의 측정에 불응한 때	제93조	취소	○술에 취한 상태에서 운전하거나 술에 취한 상태에 있다고 인정할 만한 상당한 이유가 있음에도 불구하고 경찰공무원의 측정요구에 불응한 때

위반사항	적용법조 (도로교 통법)	처분	내　　　　용
다른 사람에게 운전면허증 대여(도난, 분실 제외)	제93조	취소	○면허증소지자가 다른 사람에게 면허증을 대여하여 운전하게 한 때 ○면허취득자가 다른 사람의 면허증을 대여받거나 그 밖에 부정한 방법으로 입수한 면허증으로 운전한 때
결격사유에 해당	제93조	취소	○정신병자.정신미약자.간질병자 ○앞을 보지 못하는 사람, 듣지 못하는 사람(제1종 운전면허에 한한다) ○양팔의 팔꿈치관절이상을 잃은 사람 또는 양팔을 전혀 쓸 수 없는 사람. 다만, 본인의 신체장애 정도에 적합하게 제작된 자동차를 이용하여 정상적으로 운전할 수 있는 경우에는 그러하지 아니하다.

위반사항	적용법조 (도로교통법)	처분	내용
			○다리.머리.척추, 그밖에 신체장애로 인하여 앉아 있을 수 없는 사람 ○마약.대마.향정신성의약품 또는 알콜중독자
약물을 사용한 상태에서 자동차등을 운전한 때	제93조	취소	○약물(마약.대마.향정신성의약품)의 투약.흡연.섭취.주사 등으로 정상적인 운전을 하지 못할 염려가 있는 상태에서 자동차 등을 운전한 때
공동위험행위를 한 때	제93조	취소	○도로에서 2명 이상이 공동으로 2대 이상의 자동차 등을 정당한 사유 없이 앞뒤로 또는 좌우로 줄지어 통행하면서 다른 사람에게 위해를 끼치거나 교통상의 위험을 발생하게 하여 구속된 때

위반사항	적용법조 (도로교통법)	처분	내용
정기적성검사 불합격 또는 정기적성검사 기간 1년경과	제93조	취소	○정기 적성검사에 불합격하거나 적성검사기간 만료일 다음날부터 적성검사를 받지 아니하고 1년을 초과한 때
수시적성검사 불합격 또는수시적성 검사기간 경과	제93조	취소	○수시적성검사에 불합격하거나 수시 적성검사기간을 초과한 때
운전면허 행정처분기간 중 운전행위	제93조	취소	○운전면허 행정처분기간 중에 운전한 때
허위 또는 부정수단으로 면허취득한 경우	제93조	취소	○허위.부정한 수단으로 운전면허를 받은 때 ○법 제70조의 규정에 의한 결격사유에 해당하여 운전면허를 받을 자격이 없는 사람이 운전면허를 받은 때 ○운전면허효력의 정지기간중에 면허증 또는 운전면허증에 갈음하는 증명서를 교부받은 사실이 드러난 때
등록 또는 임시운행자동차 로 운전한 때	제93조	취소	○자동차관리법의 규정에 의하여 등록되지 아니하거나 임시운행허가를 받지 아니한 자동차(이륜자동차를 제외한다)를 운전한 때
다른 사람의 자동차등을 훔치거나 빼앗은 때	제93조	취소	○운전면허를 가진 사람이 자동차 등을 훔치거나 빼앗은 때

위반사항	적용법조 (도로교통 법)	처분	내　　　용
자동차를 이용하여 범죄행위를 한때	제93조	취소	○국가보안법을 위반한 범죄에 이용된 때 ○형법 등을 위반하여 다음 범죄에 이용한 때 　- 살인, 사체유기 또는 방화 　- 강도, 강간 또는 강제추행 　- 약취·유인 또는 감금 　- 상습절도 　- 교통방해(단체에 소속되거나 다수인에 포함되어 교통을 방해한 경우에 한한다) 　- 특수상해 　- 특수폭행 　- 특수협박 　- 특수손괴
다른 사람을 위하여 운전면허시험 에 응시한 때	제93조	취소	○운전면허를 가진 사람이 다른 사람을 부정하게 합격시키기 위하여 운전면허시험에 응시한 때
운전자가 단속경찰공무 원에 대하여 폭행한 때	제93조	취소	○단속하는 경찰공무원등 및 시.군.구 공무원을 폭행한 때
연습면허 취소사유가 있었던 경우	제93조	취소	○제1종보통 및 제2종보통면허를 받기 이전에 연습면허의 취소사유가 있었던 때(연습면허에 대한 취소절차진행중 제1종보통 및 제2종보통면허를 받은 경우를 포함한다)
도로교통법외에 다른 법령규정에 의하여 취소사유에 해당한 때	제93조 산림법 제94조	취소	○시장, 군수 또는 지방산림관리청장의 취소처분의 요청이 있는 때

4. 운전면허정지

① 운전면허정지처분은 1회의 사고로 인한 벌점 또는 처분벌점이 40점 이상이 된 때부터 결정하여 집행(1점을 1일로 계산하여 집행)

② 정지처분 개별기준
- 도로교통법 및 시행령에 위반한 때

위반사항	적용법조(도로교통법)	벌점
1. 술에 취한 상태의 기준을 넘어서 운전한 때(혈중 알콜농도 0.05퍼센트 이상 0.1퍼센트 미만)	제44조 제1항	100
2. 속도위반(60km/h 초과)	제17조 제3항	60
3. 정차.주차위반에 대한 조치위반(단체에 소속되거나 다수인에 포함되어 경찰공무원의 3회 이상의 이동명령에 따르지 아니하고 교통을 방해한 경우에 한한다)	제35조	40
3-1. 안전운전 의무위반(단체에 소속되거나 다수인에 포함되어 경찰공무원의 3회 이상의 안전운전지시에 따르지 아니하고 타인에게 위험과 장해를 주는 속도나 방법으로 운전한 경우에 한한다)	제48조	40
3-2. 승객의 차내 소란행위 방치 운전	제49조 제1항 제9호	40
3-3. 출석기간 또는 범칙금 납부기간 만료일로부터 60일이 경과될 때까지 즉결심판기일에 출석하지 아니한 때	제138조 제165조	40
4. 통행구분위반(중앙선침범에 한함) 4의2. 속도위반(40km/h 초과 60km/h이하) 4의3. 철길건널목 통과방법위반 5. 고속도로 갓길통행 또는 버스전용차로.다인승전용차로 통행위반 6. 운전면허증 제시의무위반	제13조 제3항 제17조 제3항 제24조 제60조 제1항 및 제61조 제2항 제92조 제2항	30
7. 신호 또는 지시에 따를 의무위반 8. 속도위반(20km/h 초과 40km/h 이하) 9. 앞지르기금지위반 10. 운전 중 휴대용전화 사용금지의 위반 10의 2. 운행기록계 미설치차량 운전금지 등의 위반 10의 3. 어린이통학버스운전자의 의무위반	제5조 제17조 제3항 제22조 제49조 제1항 제10호 제50조 제4항 제53조 제1항.제2항	15

위반사항	적용법조(도로교통법)	벌점
11. 통행구분위반(보도침범, 보도횡단방법위반) 12. 차로에 따른 통행위반(진로변경금지장소에서의 진로변경 포함) 13. 일반도로버스전용차로 통행위반 14. 안전거리확보 불이행(진로변경방법위반 포함) 15. 앞지르기방법 위반 16. 보행자보호의무 불이행(정지선위반 포함) 17. 승객 또는 승하차자 추락방지조치위반 18. <삭제> 19. 안전운전의무위반 20. 노상시비.다툼 등으로 차마의 통행방해행위 20의 2. 어린이통학버스 특별보호위반 21. 돌, 유리병, 쇳조각이나 그 밖에 도로에 있는 사람이나 차마를 손상시킬 우려가 있는 물건을 던지거나 발사하는 행위 22. 도로를 통행하고 있는 차마에서 밖으로 물건을 던지는 행위	제13조 제1항.제2항 제14조 제2항.제4항 제60조 제1항 제15조 제3항 제19조 제21조 제1항.제2항 및 제60조 제2항 제27조 제39조 제2항 . 제48조 제49조 제1항 제5호 제51조 제68조 제68조	10

- 다른 법령의 규정에 위반한 경우

위반사항	적용법조	정지기간	내　　용
부정임산물을 싣거나 운송한 때	산림법 제94조	6월 이내	ㅇ시장.군수 또는 지방산림관리청장의 면허 정지처분의 요청이 있는 때

- 사고결과에 따른 벌점기준

구분		벌점	내용
인적 피해 교통 사고	사망 1명마다	90	사고발생시로부터 72시간 내에 사망한 때
	중상1명마다	15	3주이상의 치료를 용하는 의사의 진단이 있는 사고
	경상 1명마다	5	3주미만 5일 이상의 치료를 요하는 의사의 진단이 있는 사고
	부상신고 1명마다	2	5일미만의 치료를 요하는 의사의 진단이 있는 사고

- 조치등 불이행에 따른 벌점기준

불이행 사항	적용법조 (도로교통법)	벌점	내　　　　용
교통사고 야기시 불이행	제54조 제1항	15	1. 물적피해가 발생한 교통사고를 야기한 후 도주한 때, 2. 교통사고를 일으킨 즉시(그때, 그 자리에서 곧)사상자를 구호하는 등의 조치를 하지 아니하였으나 그 후 자진신고를 한 때
		30	가. 고속도로, 서울특별시·광역시 및 시의 관할구역과 군(광역시의 군을 제외한다)의 관할구역 중 경찰관서가 위치하는 리 또는 동지역에서 3시간(그 밖의 지역에서는 12시간)이내에 자진신고를 한 때
		60	나. 가목의 규정에 의한 시간 후 48시간 이내에 자진신고를 한 때

● 행정심판 재결례 ●

■ 음주운전(물적피해)-제1종보통운전면허취소처분(사건번호 2017-22065)

[재결 요지]

청구인은 이 사건 당시 회사원이던 자로서 2001. 1. 4. 제1종 보통운전면허를 취득한 이래 교통사고전력이 없으며, 1회의 교통법규위반전력이 있다. 청구인은 2017. 7. 9. 00:30경 술에 취한 상태에서 SM7 승용차를 운전하다가 쏘나타 승용차를 충격하여 물적 피해가 있는 교통사고를 일으켰고, 위 사고를 조사하는 과정에서 음주운전한 사실이 적발되어 같은 날 01:39경 음주측정을 한 결과 청구인의 혈중알코올농도가 0.109%로 측정되었다. 피청구인은 청구인이 혈중알코올농도 0.109%의 술에 취한 상태에서 운전하다가 물적 피해가 있는 교통사고를 일으키자 음주운전을 이유로 청구인의 운전면허를 취소하였다. 「도로교통법」 제93조제1항제1호, 같은 법 시행규칙 제91조제1항 및 별표 28 중 2. 취소처분 개별기준의 일련번호란 2에 따르면, 지방경찰청장은 운전면허를 받은 사람이 술에 만취한 상태(혈중알코올농도 0.1% 이상)에서 운전한 경우에는 운전면허를 취소할 수 있다고 되어 있다. 인정사실에 따르면 청구인은 운전면허 취소기준치 이상에 해당하는 술에 취한 상태에서 자동차를 운전하다가 물적 피해가 있는 교통사고를 일으킨 사실은 인정되나, 운전면허를 취득한 이래 16년 6개월 이상의 기간 동안 사고 없이 운전한 점 등을 고려할 때 이 사건 처분은 다소 가혹하여 제1종 보통운전면허 취소처분을 110일의 제1종 보통운전면허 정지처분으로 변경한다.

■ 음주운전(피해발생 없음)-제1종보통운전면허취소처분(사건번호 2017-21847)

[재결 요지]

청구인은 이 사건 당시 가스배관업에 종사하던 자로서, 2012. 1. 18. 제1종 보통운전면허를 취득한 이래 교통사고전력은 없으며, 1회의 교통법규위반전력이 있다. 청구인은 2017. 7. 2. 01:20경 술에 취한 상태에서 쏘나타 승용차를 운전하다가 단속 경찰공무원에게 적발되어 음주측정을 한 결과 혈중알코올농도가 0.110%로 측정되었다. 피청구인은 청구인이 혈중알코올농도 0.110%의 술에 취한 상태에서 운전했다는 이유로 청구인의 운전면허를 취소하였다. 「도로교통법」 제93조제1항제1호, 같은 법 시행규칙 제91조제1항 및 별표 28 중 2. 취소처분 개별기준의 일련번호란 2에 따르면, 지방경찰청장은 운전면허를 받은 사람이 술에 만취한 상태(혈중알코올농도 0.1% 이상)에서 운전한 경우에는 운전면허를 취소할 수 있다고 되어 있다. 인정사실에 따르면 청구인은 운전면허 취소기준치 이상에 해당하는 술에 취한 상태에서 자동차를 운전한 사실은 인정되나, 운전면허를 취득한 이래 5년 5개월 이상의 기간 동안 사고 없이 운전한 점, 이 사건 음주운전으로 피해가 발생하지 않은 점 등을 고려할 때 이 사건 처분은 다소 가혹하여 제1종 보통운전면허 취소처분을 110일의 제1종 보통운전면허 정지처분으로 변경한다.

■ 음주운전(무사고)-제1종보통운전면허취소처분(사건번호 2017-21542)

[재결 요지]

청구인은 이 사건 당시 회사원이던 자로서 2011. 12. 28. 제1종 보통운전면허를 취득한 이래 교통사고전력과 교통법규위반전력이 없다. 청구인은 2017. 8. 30. 03:54경 술에 취한 상태에서 아반떼 승용차를 운전하다가 단속 경찰공무원에게 적발되어 음주측정을 한 결과 혈중알코올농도가 0.111%로 측정되었다. 피청구인은 청구인이 혈중알코올농도 0.111%의 술에 취한 상태에서 운전했다는 이유로 청구인의 운전면허를 취소하였다. 「도로교통법」 제93조제1항제1호, 같은 법 시행규칙 제91조제1항 및 별표 28 중 2. 취소처분 개별기준의 일련번호란 2에 따르면, 지방경찰청장은 운전면허를 받은 사람이 술에 만취한 상태(혈중알코올농도 0.1% 이상)에서 운전한 경우에는 운전면허를 취소할 수 있다고 되어 있다. 인정사실에 따르면 청구인은 운전면허 취소기준치 이상에 해당하는 술에 취한 상태에서 자동차를 운전한 사실은 인정되나, 운전면허를 취득한 이래 5년 8개월 이상의 기간 동안 사고 없이 운전한 점, 이 사건 음주운전으로 피해가 발생하지 않은 점 등을 고려할 때 이 사건 처분은 다소 가혹하여 제1종 보통운전면허 취소처분을 110일의 제1종 보통운전면허 정지처분으로 변경한다.

■ 음주운전(무사고)-제2종보통운전면허취소처분(사건번호 2017-22146)

[재결 요지]

청구인은 이 사건 당시 인력사무실을 운영하던 자로서, 1997. 11. 28. 제2종 보통운전면허를 취득한 이래 교통사고전력은 없으며, 7회의 교통법규위반전력이 있다. 청구인은 2017. 6. 29. 05:20경 술에 취한 상태에서 쏘렌토 승용차를 운전하다가 단속 경찰공무원에게 적발되어 음주측정을 한 결과 혈중알코올농도가 0.114%로 측정되었다. 피청구인은 청구인이 2017. 6. 29. 혈중알코올농도 0.114%의 술에 취한 상태에서 운전했다는 이유로 청구인의 운전면허를 취소하였다. 「도로교통법」 제93조제1항제1호, 같은 법 시행규칙 제91조제1항 및 별표 28 중 2. 취소처분 개별기준의 일련번호란 2에 따르면, 지방경찰청장은 운전면허를 받은 사람이 술에 만취한 상태(혈중알코올농도 0.1% 이상)에서 운전한 경우에는 운전면허를 취소할 수 있다고 되어 있다. 인정사실에 따르면 청구인은 운전면허 취소기준치 이상에 해당하는 술에 취한 상태에서 자동차를 운전한 사실은 인정되나, 운전면허를 취득한 이래 19년 7개월 이상의 기간 동안 사고 없이 운전한 점, 이 사건 음주운전으로 피해가 발생하지 않은 점 등을 고려할 때 이 사건 처분은 다소 가혹하여 제1종 보통, 제2종 보통 운전면허 취소처분을 110일의 제1종 보통, 제2종 보통 운전면허 정지처분으로 변경한다.

■ 음주운전(택배기사)-제1종보통운전면허취소처분(사건번호 2017-22143)

[재결 요지]

청구인은 이 사건 당시 택배기사이던 자로서 2002. 2. 6. 제1종 보통운전면허를 취득한 이래 교통사고전력은 없으며, 2회의 교통법규위반전력이 있다. 청구인은 2017. 7. 1. 02:30경 술에 취한 상태에서 봉고3 화물차를 운전하다가 단속 경찰공무원에게 적발되어 음주측정을 한 결과 혈중알코올농도가 0.119%로 측정되었다. 피청구인은 청구인이 2017. 7. 1. 혈중알코올농도 0.119%의 술에 취한 상태에서 운전했다는 이유로 청구인의 운전면허를 취소하였다. 「도로교통법」 제93조제1항제1호, 같은 법 시행규칙 제91조제1항 및 별표 28 중 2. 취소처분 개별기준의 일련번호란 2에 따르면, 지방경찰청장은 운전면허를 받은 사람이 술에 만취한 상태(혈중알코올농도 0.1% 이상)에서 운전한 경우에는 운전면허를 취소할 수 있다고 되어 있다. 인정사실에 따르면 청구인은 운전면허 취소기준치 이상에 해당하는 술에 취한 상태에서 자동차를 운전한 사실은 인정되나, 운전면허를 취득한 이래 15년 4개월 이상의 기간 동안 사고 없이 운전한 점, 이 사건 음주운전으로 피해가 발생하지 않은 점 등을 고려할 때 이 사건 처분은 다소 가혹하여 제1종 보통운전면허 취소처분을 110일의 제1종 보통운전면허 정지처분으로 변경한다.

■ 음주운전(취업준비생)-제1종보통운전면허취소처분(사건번호 2017-22069)

[재결 요지]

청구인은 이 사건 당시 취업 준비 중이던 자로서 2009. 10. 9. 제1종 보통 운전면허를 취득한 이래 교통사고전력과 교통법규위반전력이 없다. 청구인은 2017. 8. 22. 22:19경 술에 취한 상태에서 K5 승용차를 운전하다가 단속 경찰공무원에게 적발되어 음주측정을 한 결과 혈중알코올농도가 0.107%로 측정되었다. 피청구인은 청구인이 혈중알코올농도 0.107%의 술에 취한 상태에서 운전했다는 이유로 청구인의 운전면허를 취소하였다. 「도로교통법」 제93조제1항제1호, 같은 법 시행규칙 제91조제1항 및 별표 28 중 2. 취소처분 개별기준의 일련번호란 2에 따르면, 지방경찰청장은 운전면허를 받은 사람이 술에 만취한 상태(혈중알코올농도 0.1% 이상)에서 운전한 경우에는 운전면허를 취소할 수 있다고 되어 있다. 인정사실에 따르면 청구인은 운전면허 취소기준치 이상에 해당하는 술에 취한 상태에서 자동차를 운전한 사실은 인정되나, 운전면허를 취득한 이래 7년 10개월 이상의 기간 동안 사고 없이 운전한 점, 이 사건 음주운전으로 피해가 발생하지 않은 점 등을 고려할 때 이 사건 처분은 다소 가혹하여 제1종 보통, 제2종 원동기장치자전거 운전면허 취소처분을 110일의 제1종 보통, 제2종 원동기장치자전거 운전면허 정지처분으로 변경한다.

■ 음주운전(법인택시기사)-구호조치의무와 신고의무 불이행(사건번호 2017-24358)

[재결 요지]

청구인이 법인택시를 운전하다가 무단횡단 하던 보행자를 충격하여 중상 1명의 인적피해가 있는 교통사고를 일으키고도 아무런 구호조치의무와 신고의무를 이행하지 아니하였다는 이유로 피청구인이 청구인에게 이 사건 처분을 하였다.

청구인은 사고 당시 피해자를 병원에 직접 후송하였고 청구인의 이름, 연락처를 남기는 등 구호조치의무를 하였다며 이 사건 처분이 위법·부당하다는 취지로 주장하나, 위 인정사실에 따르면, 청구인이 서명·무인한 피의자신문조서에 청구인이 사고 당시 피해자를 병원 응급실로 데리고 가 병원 관계자에게 피해자가 택시에서 내리다가 다쳤다'고 알린 것으로 되어 있는바, 정확한 사고경위를 알리지 아니한 것으로 보이는 점, 청구인이 서명·무인한 피의자신문조서에 청구인이 경찰이나 119에는 신고한 사실이 없다고 진술한 것으로 되어 있는 점, 청구인이 서명·무인한 피의자신문조서에는 청구인이 좌측으로 급조향하여 피해자를 피하였다며 피해자를 충격한 사실이 없다는 취지로 진술한 것으로 되어 있고, CCTV를 확인한 후에야 청구인이 피해자가 청구인의 택시에 부딪힌 것으로 인정하고 있는 점 등을 고려할 때, 비록 청구인이 피해자를 병원으로 후송하고 병원관계자에게 이름과 연락처를 남겼다고 하더라도 「도로교통법」 제54조제1항의 구호조치의무 또는 같은 조 제2항의 신고의무를 다하였다고 볼 수 없으므로 피청구인의 이 사건 처분이 위법·부당하다고 할 수 없다.

■ 안전운전의무를 위반-제2종보통운전면허정지처분(사건번호 2017-19119)

[재결 요지]

청구인은 카렌스 승용차를 운전하다가 무단횡단 하던 중 GSX R1000 이륜차에 충격되어 넘어진 보행자를 역과하여 사망 1명의 인적 피해가 있는 교통사고를 일으켜 벌점 100점을 받아 처분벌점이 40점 이상이 되었다는 이유로 피청구인이 청구인에게 100일의 운전면허 정지처분을 하였다.

피청구인은 청구인이 안전운전을 하였다면 충분히 예방할 수 있는 사고이기 때문에 이 사건 처분은 적법하다는 취지로 주장하나, 위 인정사실에 따르면, 청구인은 안전운전의무를 위반하여 사망 1명의 인적 피해가 있는 교통사고를 일으켰다는 이유로 벌점 100점을 부과 받았으나, 사고 당시는 자정 직후라서 도로상의 물체를 제대로 식별할 수 없는 상황인데다 사고 당시 1차로에 정지한 택시로 인하여 피해자를 사전에 인지하기 어려웠던 점, 뒤쪽에서 주행하던 이륜차가 정지한 택시와 청구인 차량 사이를 위험스럽게 추월한 점 등을 고려할 때, 사고 시각이나 당시 여건상 피해자를 미리 발견하고 대처하기가 쉽지 않았던 점이 인정되고, 비록 청구인이 사고 발생과 관련하여 안전운전의무를 다하지 못한 과실이 인정된다 하더라도 피해자가 「도로교통법」을 위반하여 도로 상에서 무단횡단한 과실도 인정되므로, 결국 이 사건 사고는 청구인이 안전운전의무를 위반한 과실과 피해자가 도로를 무단횡단한 과실이 경합하여 발생된 것이라고 할 것이므로 위 관계법령에 따라 이 사건 사고로 청구인이 부과받은 벌점은 이를 2분의 1로 감경하여 청구인에게 부과하는 것이 타당할 것이다. 따라서 이 사건 사고 중 사망으로 인한 벌점 90점을 2분의 1로 감경하여 부과할 경우 청구인의 처분벌점이 55점이 되어 청구인의 처분벌점이 100점이라는 이유로 한 피청구인의 이 사건 처분은 위법·부당하다.

■ 음주운전(타일공)-제1종보통운전면허취소처분(사건번호 2017-19365)

[재결 요지]

청구인은 이 사건 당시 타일업종 종사자이던 자로서, 2012. 1. 10. 제1종 보통운전면허를 취득한 이래 교통사고전력은 없으며, 1회의 교통법규위반전력이 있다. 청구인은 2017. 5. 10. 23:10경 술에 취한 상태에서 그랜저 승용차를 운전하다가 단속 경찰공무원에게 적발되어 음주측정을 한 결과 혈중알코올농도가 0.106%로 측정되었다. 피청구인은 청구인이 혈중알코올농도 0.106%의 술에 취한 상태에서 운전했다는 이유로 청구인의 운전면허를 취소하였다. 「도로교통법」 제93조제1항제1호, 같은 법 시행규칙 제91조제1항 및 별표 28 중 2. 취소처분 개별기준의 일련번호란 2에 따르면, 지방경찰청장은 운전면허를 받은 사람이 술에 만취한 상태(혈중알코올농도 0.1% 이상)에서 운전한 경우에는 운전면허를 취소할 수 있다고 되어 있다. 인정사실에 따르면 청구인은 운전면허 취소기준치 이상에 해당하는 술에 취한 상태에서 자동차를 운전한 사실은 인정되나, 운전면허를 취득한 이래 5년 4개월 이상의 기간 동안 사고 없이 운전한 점, 이 사건 음주운전으로 피해가 발생하지 않은 점 등을 고려할 때 이 사건 처분은 다소 가혹하여 제1종 보통운전면허 취소처분을 110일의 제1종 보통운전면허 정지처분으로 변경한다.

■ 음주운전(일반인)-제2종보통운전면허취소처분(사건번호 2017-25305)

[재결 요지]

청구인은 술에 취한 상태에서 인피니티 승용차를 운전하다가 단속 경찰공무원에게 적발되어 음주측정을 한 결과 혈중알코올농도가 0.118%로 측정되었다. 위 인정사실에 따르면 청구인은 운전면허 취소기준치 이상에 해당하는 술에 취한 상태에서 자동차를 운전한 사실은 인정되나, 운전면허를 취득한 이래 11년 8개월 이상의 기간 동안 사고 없이 운전한 점, 이 사건 음주운전으로 피해가 발생하지 않은 점 등을 고려할 때 이 사건 처분은 다소 가혹하다.

■ 음주운전(회사원)-제2종보통운전면허취소처분(사건번호 2017-21715)

[재결 요지]

청구인은 이 사건 당시 회사원이던 자로서, 1991. 5. 14. 제1종 보통운전면허를 취득한 이래 1회의 교통사고전력과 1회의 교통법규위반전력이 있다. 청구인은 2017. 8. 2. 03:40경 술에 취한 상태에서 스바루 승용차를 운전하다가 단속 경찰공무원에게 적발되어 음주측정을 한 결과 혈중알코올농도가 0.094%로 측정되었으나, 청구인이 이에 불복하고 채혈측정을 요구하여 2017. 8. 2. 04:00경 청구인의 혈액을 채취하여 국립과학수사연구원에 감정을 의뢰한 결과 혈중알코올농도가 0.118%로 측정되었다. 피청구인은 청구인이 혈중알코올농도 0.118%의 술에 취한 상태에서 운전했다는 이유로 청구인의 운전면허를 취소하였다. 「도로교통법」 제93조제1항제1호, 같은 법 시행규칙 제91조제1항 및 별표 28 중 2. 취소처분 개별기준의 일련번호란 2에 따르면, 지방경찰청장은 운전면허를 받은 사람이 술에 만취한 상태(혈중알코올농도 0.1% 이상)에서 운전한 경우에는 운전면허를 취소할 수 있다고 되어 있다. 인정사실에 따르면 청구인은 운전면허 취소기준치 이상에 해당하는 술에 취한 상태에서 자동차를 운전한 사실은 인정되나, 최근 21년 1개월 이상의 기간 동안 사고 없이 운전한 점, 이 사건 음주운전으로 피해가 발생하지 않은 점 등을 고려할 때 이 사건 처분은 다소 가혹하여 제1종 보통운전면허 취소처분을 110일의 제1종 보통운전면허 정지처분으로 변경한다.

■ 음주운전(물적피해, 회사원)-제1종보통운전면허취소처분(사건번호 2017-20953)

[재결 요지]

청구인은 이 사건 당시 회사원이던 자로서 1995. 4. 7. 제1종 보통운전면허를 취득한 이래 교통사고전력과 교통법규위반전력이 없다. 청구인은 2017. 7. 21. 23:25경 술에 취한 상태에서 로체 승용차를 운전하다가 BMW 승용차를 충격하여 물적 피해가 있는 교통사고를 일으켰고, 위 사고를 조사하는 과정에서 음주운전한 사실이 적발되어 다음 날 00:10경 음주측정을 한 결과 청구인의 혈중알코올농도가 0.113%로 측정되었다. 피청구인은 청구인이 혈중알코올농도 0.113%의 술에 취한 상태에서 운전하다가 물적 피해가 있는 교통사고를 일으키자 음주운전을 이유로 청구인의 운전면허를 취소하였다. 「도로교통법」 제93조제1항제1호, 같은 법 시행규칙 제91조제1항 및 별표 28 중 2. 취소처분 개별기준의 일련번호란 2에 따르면, 지방경찰청장은 운전면허를 받은 사람이 술에 만취한 상태(혈중알코올농도 0.1% 이상)에서 운전한 경우에는 운전면허를 취소할 수 있다고 되어 있다. 인정사실에 따르면 청구인은 운전면허 취소기준치 이상에 해당하는 술에 취한 상태에서 자동차를 운전하다가 물적 피해가 있는 교통사고를 일으킨 사실은 인정되나, 운전면허를 취득한 이래 22간 3개월 이상의 기간 동안 사고 없이 운전한 점 등을 고려할 때 이 사건 처분은 다소 가혹하여 제1종 보통운전면허 취소처분을 110일의 제1종 보통운전면허 정지처분으로 변경한다.

■ 음주운전(목수)-제1종보통운전면허취소처분(사건번호 2017-21567)

[재결 요지]

청구인은 이 사건 당시 목수이던 자로서, 1979. 1. 8. 제1종 보통운전면허를 취득한 이래 교통사고전력은 없으며, 4회의 교통법규위반전력이 있다. 청구인은 2017. 7. 15. 01:25경 술에 취한 상태에서 트라제 승용차를 운전하다가 단속 경찰공무원에게 적발되어 음주측정을 한 결과 혈중알코올농도가 0.116%로 측정되었다. 피청구인은 청구인이 혈중알코올농도 0.116%의 술에 취한 상태에서 운전했다는 이유로 청구인의 운전면허를 취소하였다. 「도로교통법」 제93조제1항제1호, 같은 법 시행규칙 제91조제1항 및 별표 28 중 2. 취소처분 개별기준의 일련번호란 2에 따르면, 지방경찰청장은 운전면허를 받은 사람이 술에 만취한 상태(혈중알코올농도 0.1% 이상)에서 운전한 경우에는 운전면허를 취소할 수 있다고 되어 있다. 인정사실에 따르면 청구인은 운전면허 취소기준치 이상에 해당하는 술에 취한 상태에서 자동차를 운전한 사실은 인정되나, 운전면허를 취득한 이래 38년 6개월 이상의 기간 동안 사고 없이 운전한 점, 이 사건 음주운전으로 피해가 발생하지 않은 점 등을 고려할 때 이 사건 처분은 다소 가혹하여 제1종 대형, 제1종 보통, 제1종 대형견인차, 제2종 소형 운전면허 취소처분을 110일의 제1종 대형, 제1종 보통, 제1종 대형견인차, 제2종 소형 운전면허 정지처분으로 변경한다.

■ 음주운전(정육점 직원)-제1종보통운전면허취소처분(사건번호 2017-22556)

[재결 요지]

청구인은 이 사건 당시 정육점 직원이던 자로서, 2004. 7. 30. 제1종 보통 운전면허를 취득하여 2013. 1. 30. 적성검사미필로 취소되었고, 2015. 4. 17. 제1종 보통운전면허를 취득하였는데, 최초 운전면허를 취득한 전후로 1회의 교통사고전력이 있고, 7회의 교통법규위반전력이 있다. 청구인은 2017. 8. 29. 23:54경 술에 취한 상태에서 BMW 승용차를 운전하다가 단속 경찰공무원에게 적발되어 음주측정을 한 결과 혈중알코올농도가 0.114%로 측정되었다. 피청구인은 청구인이 혈중알코올농도 0.114%의 술에 취한 상태에서 운전했다는 이유로 청구인의 운전면허를 취소하였다. 「도로교통법」제93조제1항제1호, 같은 법 시행규칙 제91조제1항 및 별표 28 중 2. 취소처분 개별기준의 일련번호란 2에 따르면, 지방경찰청장은 운전면허를 받은 사람이 술에 만취한 상태(혈중알코올농도 0.1% 이상)에서 운전한 경우에는 운전면허를 취소할 수 있다고 되어 있다. 청구인은 업무수행 및 생계유지를 위하여 운전면허가 필요하므로 이 사건 처분이 가혹하다고 주장하나, 위 인정사실에 따르면 청구인은 운전면허 취소기준치를 넘어 술에 취한 상태에서 자동차를 운전한 사실이 인정되므로, 청구인에게 운전면허가 필요하다는 등의 개인적인 사정만으로 피청구인의 이 사건 처분이 위법·부당하다고 할 수 없다.

■ 음주운전(업무수행 및 생계유지형)-제2종보통운전면허취소처분
   (사건번호 2017-24288)

[재결 요지]

청구인은 이 사건 당시 회사원이던 자로서 2011. 1. 24. 제2종 보통운전면허를 취득한 이래 교통사고전력은 없고, 1회의 교통법규위반전력(2015. 8. 12. 신호 또는 지시 위반)이 있다. 청구인은 2017. 8. 23. 22:17경 술에 취한 상태에서 투싼 승용차를 운전하다가 단속 경찰공무원에게 적발되어 음주측정을 한 결과 혈중알코올농도가 0.105%로 측정되었다. 피청구인은 청구인이 혈중알코올농도 0.105%의 술에 취한 상태에서 운전했다는 이유로 청구인의 운전면허를 취소하였다. 「도로교통법」 제93조제1항제1호, 같은 법 시행규칙 제91조제1항 및 별표 28 중 2. 취소처분 개별기준의 일련번호란 2에 따르면, 지방경찰청장은 운전면허를 받은 사람이 술에 만취한 상태(혈중알코올농도 0.1% 이상)에서 운전한 경우에는 운전면허를 취소할 수 있다고 되어 있다. 청구인은 업무수행 및 생계유지를 위하여 운전면허가 필요하므로 이 사건 처분이 가혹하다고 주장하나, 위 인정사실에 따르면 청구인은 운전면허 취소기준치를 넘어 술에 취한 상태에서 자동차를 운전한 사실이 인정되므로, 청구인에게 운전면허가 필요하다는 등의 개인적인 사정만으로 피청구인의 이 사건 처분이 위법·부당하다고 할 수 없다.

■ 음주운전(물적피해, 회사원)-제1종보통운전면허취소처분(사건번호 2017-23542)

[재결 요지]

청구인은 이 사건 당시 회사원이던 자로서 2000. 2. 7. 제1종 보통운전면허를 취득한 이래 교통사고전력은 없고, 1회의 교통법규위반전력이 있다. 청구인은 2017. 9. 13. 02:02경 술에 취한 상태에서 싼타페 승용차를 운전하다가 K5 택시를 충격하여 물적 피해가 있는 교통사고를 일으켰고, 위 사고를 조사하는 과정에서 음주운전한 사실이 적발되어 같은 날 02:13경 음주측정을 한 결과 청구인의 혈중알코올농도가 0.107%로 측정되었다. 피청구인이 청구인이 혈중알코올농도 0.107%의 술에 취한 상태에서 운전하다가 물적 피해가 있는 교통사고를 일으키자 음주운전을 이유로 청구인의 운전면허를 취소하였다. 「도로교통법」 제93조제1항제1호, 같은 법 시행규칙 제91조제1항 및 별표 28 중 2. 취소처분 개별기준의 일련번호란 2에 따르면, 지방경찰청장은 운전면허를 받은 사람이 술에 만취한 상태(혈중알코올농도 0.1% 이상)에서 운전한 경우에는 운전면허를 취소할 수 있다고 되어 있다. 인정사실에 따르면 청구인은 운전면허 취소기준치 이상에 해당하는 술에 취한 상태에서 자동차를 운전하다가 물적 피해가 있는 교통사고를 일으킨 사실은 인정되나, 운전면허를 취득한 이래 17년 7개월 이상의 기간 동안 사고 없이 운전한 점 등을 고려할 때 이 사건 처분은 다소 가혹하여 제1종 보통운전면허 취소처분을 110일의 제1종 보통운전면허 정지처분으로 변경한다.

■ 음주운전(물적피해, 우유배달원)-제1종보통운전면허취소처분
(사건번호 2017-23192)

[재결 요지]

청구인은 이 사건 당시 우유배달원이던 자로서 1989. 8. 16. 제1종 보통운전면허를 취득한 이래 교통사고전력은 없고, 2회의 교통법규위반전력이 있다. 청구인은 2017. 6. 18. 20:30경 술에 취한 상태에서 아베오 승용차를 운전하다가 시내버스를 충격하여 물적 피해가 있는 교통사고를 일으켰고, 위 사고를 조사하는 과정에서 음주운전한 사실이 적발되어 같은 날 20:54경 음주측정을 한 결과 청구인의 혈중알코올농도가 0.111%로 측정되었다. 피 청구인은 청구인이 혈중알코올농도 0.111%의 술에 취한 상태에서 운전하다가 물적 피해가 있는 교통사고를 일으키자 음주운전을 이유로 청구인의 운전면허를 취소하였다. 「도로교통법」 제93조제1항제1호, 같은 법 시행규칙 제91조제1항 및 별표 28 중 2. 취소처분 개별기준의 일련번호란 2에 따르면, 지방경찰청장은 운전면허를 받은 사람이 술에 만취한 상태(혈중알코올농도 0.1% 이상)에서 운전한 경우에는 운전면허를 취소할 수 있다고 되어 있다. 인정사실에 따르면 청구인은 운전면허 취소기준치 이상에 해당하는 술에 취한 상태에서 자동차를 운전하다가 물적 피해가 있는 교통사고를 일으킨 사실은 인정되나, 운전면허를 취득한 이래 27년 10개월 이상의 기간 동안 사고 없이 운전한 점 등을 고려할 때 이 사건 처분은 다소 가혹하여 제1종 보통운전면허 취소처분을 110일의 제1종 보통운전면허 정지처분으로 변경한다.

■ 음주운전(계약직 근로자)-제1종보통운전면허취소처분(사건번호 2017-21745)

[재결 요지]

청구인은 이 사건 당시 계약직 근로자이던 자로서 2004. 1. 30. 제1종 보통운전면허를 취득한 이래 1회의 교통사고전력 및 3회의 교통법규위반전력이 있다. 청구인은 2017. 6. 18. 00:00경 술에 취한 상태에서 아반떼 승용차를 운전하다가 단속 경찰공무원에게 적발되어 음주측정을 한 결과 혈중알코올농도가 0.119%로 측정되었다. 피청구인은 청구인이 혈중알코올농도 0.119%의 술에 취한 상태에서 운전했다는 이유로 청구인의 운전면허를 취소하였다. 「도로교통법」 제93조제1항제1호, 같은 법 시행규칙 제91조제1항 및 별표 28 중 2. 취소처분 개별기준의 일련번호란 2에 따르면, 지방경찰청장은 운전면허를 받은 사람이 술에 만취한 상태(혈중알코올농도 0.1% 이상)에서 운전한 경우에는 운전면허를 취소할 수 있다고 되어 있다. 청구인은 생계유지 및 업무상 운전면허가 필요하므로 이 사건 처분이 가혹하다고 주장하나, 위 인정사실에 따르면 운전면허 취소기준치 이상에 해당하는 술에 취한 상태에서 자동차를 운전한 사실이 인정되므로, 청구인의 업무상 운전면허가 필요하다는 등의 개인적인 사정만으로 피청구인의 이 사건 처분이 위법·부당하다고 할 수 없다.

■ 음주운전(회사원, 무사고)-제1종보통운전면허취소처분(사건번호 2017-21190)

[재결 요지]

청구인은 이 사건 당시 회사원이던 자로서 1994. 5. 25. 제1종 보통운전면허를 취득한 이래 교통사고전력과 교통법규위반전력이 없다. 청구인은 2017. 8. 8. 22:51경 술에 취한 상태에서 투싼 승용차를 운전하다가 단속 경찰공무원에게 적발되어 음주측정을 한 결과 혈중알코올농도가 0.114%로 측정되었다. 피청구인은 청구인이 혈중알코올농도 0.114%의 술에 취한 상태에서 운전했다는 이유로 청구인의 운전면허를 취소하였다. 「도로교통법」 제93조제1항제1호, 같은 법 시행규칙 제91조제1항 및 별표 28 중 2. 취소처분 개별기준의 일련번호란 2에 따르면, 지방경찰청장은 운전면허를 받은 사람이 술에 만취한 상태(혈중알코올농도 0.1% 이상)에서 운전한 경우에는 운전면허를 취소할 수 있다고 되어 있다. 인정사실에 따르면 청구인은 운전면허 취소기준치 이상에 해당하는 술에 취한 상태에서 자동차를 운전한 사실은 인정되나, 운전면허를 취득한 이래 23년 2개월 이상의 기간 동안 사고 없이 운전한 점, 이 사건 음주운전으로 피해가 발생하지 않은 점 등을 고려할 때 이 사건 처분은 다소 가혹하여 제1종 보통운전면허 취소처분을 110일의 제1종 보통운전면허 정지처분으로 변경한다.

■ 음주운전(군인, 무사고)-제1종보통운전면허취소처분(사건번호 2017-21195)

[재결 요지]

청구인은 이 사건 당시 군인이던 자로서 2011. 6. 15. 제1종 보통운전면허를 취득한 이래 교통사고전력과 교통법규위반전력이 없다. 청구인은 2017. 8. 5. 08:35경 술에 취한 상태에서 말리부 승용차를 운전하다가 단속 경찰공무원에게 적발되어 음주측정을 한 결과 혈중알코올농도가 0.113%로 측정되었다. 피청구인은 청구인이 혈중알코올농도 0.113%의 술에 취한 상태에서 운전했다는 이유로 청구인의 운전면허를 취소하였다. 「도로교통법」 제93조제1항제1호, 같은 법 시행규칙 제91조제1항 및 별표 28 중 2. 취소처분 개별기준의 일련번호란 2에 따르면, 지방경찰청장은 운전면허를 받은 사람이 술에 만취한 상태(혈중알코올농도 0.1% 이상)에서 운전한 경우에는 운전면허를 취소할 수 있다고 되어 있다. 인정사실에 따르면 청구인은 운전면허 취소기준치 이상에 해당하는 술에 취한 상태에서 자동차를 운전한 사실은 인정되나, 운전면허를 취득한 이래 6년 1개월 이상의 기간 동안 사고 없이 운전한 점, 이 사건 음주운전으로 피해가 발생하지 않은 점 등을 고려할 때 이 사건 처분은 다소 가혹하여 제1종 보통운전면허 취소처분을 110일의 제1종 보통운전면허 정지처분으로 변경한다.

■ 음주운전(간호사, 무사고)-제1종보통운전면허취소처분(사건번호 2017-21665)

[재결 요지]

청구인은 이 사건 당시 간호사이던 자로서 2007. 11. 27. 제1종 보통운전면허를 취득한 이래 교통사고전력과 교통법규위반전력이 없다. 청구인은 2017. 9. 1. 22:22경 술에 취한 상태에서 투싼 승용차를 운전하다가 단속 경찰공무원에게 적발되어 음주측정을 한 결과 혈중알코올농도가 0.116%로 측정되었다. 피청구인은 청구인이 혈중알코올농도 0.116%의 술에 취한 상태에서 운전했다는 이유로 청구인의 운전면허를 취소하였다. 「도로교통법」 제93조제1항제1호, 같은 법 시행규칙 제91조제1항 및 별표 28 중 2. 취소처분 개별기준의 일련번호란 2에 따르면, 지방경찰청장은 운전면허를 받은 사람이 술에 만취한 상태(혈중알코올농도 0.1% 이상)에서 운전한 경우에는 운전면허를 취소할 수 있다고 되어 있다. 인정사실에 따르면 청구인은 운전면허 취소기준치 이상에 해당하는 술에 취한 상태에서 자동차를 운전한 사실은 인정되나, 운전면허를 취득한 이래 9년 9개월 이상의 기간 동안 사고 없이 운전한 점, 이 사건 음주운전으로 피해가 발생하지 않은 점 등을 고려할 때 이 사건 처분은 다소 가혹하여 제1종 보통운전면허 취소처분을 110일의 제1종 보통운전면허 정지처분으로 변경한다.

■ 음주운전(영업사원, 무사고)-제1종보통운전면허취소처분(사건번호 2017-19352)

[재결 요지]

청구인은 이 사건 당시 회사원 영업사원이던 자로서 2000. 4. 27. 제1종 보통운전면허를 취득한 이래 교통사고전력은 없으며, 2회의 교통법규위반전력이 있다. 청구인은 2017. 5. 8. 23:00경 술에 취한 상태에서 쏘렌토 승용차를 운전하다가 단속 경찰공무원에게 적발되어 음주측정을 한 결과 혈중알코올농도가 0.118%로 측정되었다. 피청구인은 청구인이 혈중알코올농도 0.118%의 술에 취한 상태에서 운전했다는 이유로 청구인의 운전면허를 취소하였다. 「도로교통법」 제93조제1항제1호, 같은 법 시행규칙 제91조제1항 및 별표 28 중 2. 취소처분 개별기준의 일련번호란 2에 따르면, 지방경찰청장은 운전면허를 받은 사람이 술에 만취한 상태(혈중알코올농도 0.1% 이상)에서 운전한 경우에는 운전면허를 취소할 수 있다고 되어 있다. 인정사실에 따르면 청구인은 운전면허 취소기준치 이상에 해당하는 술에 취한 상태에서 자동차를 운전한 사실은 인정되나, 운전면허를 취득한 이래 17년 이상의 기간 동안 사고 없이 운전한 점, 이 사건 음주운전으로 피해가 발생하지 않은 점 등을 고려할 때 이 사건 처분은 다소 가혹하여 제1종 대형, 제1종 보통 운전면허 취소처분을 110일의 제1종 대형, 제1종 보통 운전면허 정지처분으로 변경한다.

■ 음주운전(회사원, 무사고)-제1종보통운전면허취소처분(사건번호 2017-21844)

[재결 요지]

청구인은 이 사건 당시 회사원이던 자로서 2002. 3. 4. 제1종 보통운전면허를 취득한 이래 교통사고전력은 없고 1회의 교통법규위반전력(2016.11.25. 속도위반)이 없다. 청구인은 2017. 8. 16. 22:31경 술에 취한 상태에서 SM7 승용차를 운전하다가 단속 경찰공무원에게 적발되어 음주측정을 한 결과 혈중알코올농도가 0.117%로 측정되었다. 피청구인은 청구인이 혈중알코올농도 0.117%의 술에 취한 상태에서 운전했다는 이유로 청구인의 운전면허를 취소하였다.「도로교통법」제93조제1항제1호, 같은 법 시행규칙 제91조제1항 및 별표 28 중 2. 취소처분 개별기준의 일련번호란 2에 따르면, 지방경찰청장은 운전면허를 받은 사람이 술에 만취한 상태(혈중알코올농도 0.1% 이상)에서 운전한 경우에는 운전면허를 취소할 수 있다고 되어 있다. 위 인정사실에 따르면 청구인은 운전면허 취소기준치 이상에 해당하는 술에 취한 상태에서 자동차를 운전한 사실은 인정되나, 운전면허를 취득한 이래 15년 5개월 이상의 기간 동안 사고 없이 운전한 점, 이 사건 음주운전으로 피해가 발생하지 않은 점 등을 고려할 때 이 사건 처분은 다소 가혹하여 제1종 보통운전면허 취소처분을 110일의 제1종 보통운전면허 정지처분으로 변경한다.

■ 음주운전(회사원, 무사고)-제2종보통운전면허취소처분(사건번호 2017-21680)

[재결 요지]

청구인은 이 사건 당시 회사원이던 자로서 2009. 12. 21. 제2종 보통운전면허를 취득한 이래 교통사고전력은 없고 2회의 교통법규위반전력이 있다. 청구인은 2017. 8. 23. 00:58경 술에 취한 상태에서 그랜저 승용차를 운전하다가 단속 경찰공무원에게 적발되어 음주측정을 한 결과 혈중알코올농도가 0.106%로 측정되었다. 피청구인은 청구인이 혈중알코올농도 0.106%의 술에 취한 상태에서 운전했다는 이유로 청구인의 운전면허를 취소하였다. 「도로교통법」 제93조제1항제1호, 같은 법 시행규칙 제91조제1항 및 별표 28 중 2. 취소처분 개별기준의 일련번호란 2에 따르면, 지방경찰청장은 운전면허를 받은 사람이 술에 만취한 상태(혈중알코올농도 0.1% 이상)에서 운전한 경우에는 운전면허를 취소할 수 있다고 되어 있다. 인정사실에 따르면 청구인은 운전면허 취소기준치 이상에 해당하는 술에 취한 상태에서 자동차를 운전한 사실은 인정되나, 운전면허를 취득한 이래 7년 8개월 이상의 기간 동안 사고 없이 운전한 점, 이 사건 음주운전으로 피해가 발생하지 않은 점 등을 고려할 때 이 사건 처분은 다소 가혹하여 제2종 보통운전면허 취소처분을 110일의 제2종 보통운전면허 정지처분으로 변경한다.

■ 음주운전(회사원, 무사고-피해없음)-제1종보통운전면허취소처분
(사건번호 2017-19846)

[재결 요지]

청구인은 이 사건 당시 회사원이던 자로서 2007. 3. 23. 제1종 보통운전면허를 취득한 이래 교통사고전력과 교통법규위반전력이 없다. 청구인은 2017. 7. 26. 23:21경 술에 취한 상태에서 티볼리 승용차를 운전하다가 단속 경찰공무원에게 적발되어 음주측정을 한 결과 혈중알코올농도가 0.118%로 측정되었다. 피청구인은 청구인이 혈중알코올농도 0.118%의 술에 취한 상태에서 운전했다는 이유로 청구인의 운전면허를 취소하였다. 「도로교통법」 제93조제1항제1호, 같은 법 시행규칙 제91조제1항 및 별표 28 중 2. 취소처분 개별기준의 일련번호란 2에 따르면, 지방경찰청장은 운전면허를 받은 사람이 술에 만취한 상태(혈중알코올농도 0.1% 이상)에서 운전한 경우에는 운전면허를 취소할 수 있다고 되어 있다.

위 인정사실에 따르면 청구인은 운전면허 취소기준치 이상에 해당하는 술에 취한 상태에서 자동차를 운전한 사실은 인정되나, 운전면허를 취득한 이래 10년 4개월 이상의 기간 동안 사고 없이 운전한 점, 이 사건 음주운전으로 피해가 발생하지 않은 점 등을 고려할 때 이 사건 처분은 다소 가혹하여 제1종 보통운전면허 취소처분을 110일의 제1종 보통운전면허 정지처분으로 변경한다.

■ 중앙선 침범(무사고)-제2종보통운전면허취소처분(사건번호2017-19333)

[재결 요지]

청구인은 통행구분위반(중앙선 침범)으로 벌점 30점을 받았고, 술에 취한 상태에서 말리부 승용차를 운전하다가 K3 승용차를 충격하여 물적 피해가 있는 교통사고를 일으켰고, 위 사고를 조사하는 과정에서 음주운전한 사실이 단속 경찰공무원에게 적발되어 청구인의 혈중알코올농도가 0.055%로 측정되자 음주운전 및 안전운전의무위반으로 벌점 110점(음주운전으로 벌점 100점, 안전운전의무위반으로 벌점 10점)을 받아 청구인의 1년간 누산점수가 140점이 되었다.

위 인정사실에 따르면 이 사건 음주운전 등으로 인하여 청구인의 1년간 누산벌점이 140점이 되어 운전면허 취소기준치 이상에 해당하는 사실은 인정되나, 최근 약 6년 9개월 이상의 기간 동안 사고 없이 운전한 점 등을 고려할 때 이 사건 처분은 다소 가혹하다.

■ 음주운전(대학원생, 무사고)-제2종보통운전면허취소처분(사건번호 2017-18895)

[재결 요지]

청구인은 이 사건 당시 대학원생이던 자로서 2011. 12. 9. 제2종 보통운전면허를 취득한 이래 교통사고전력과 교통법규위반전력이 없다. 청구인은 2017. 7. 23. 23:39경 술에 취한 상태에서 그랜저 승용차를 운전하다가 단속 경찰공무원에게 적발되어 음주측정을 한 결과 혈중알코올농도가 0.110%로 측정되었다. 피청구인은 청구인이 혈중알코올농도 0.110%의 술에 취한 상태에서 운전했다는 이유로 청구인의 운전면허를 취소하였다. 「도로교통법」제93조제1항제1호, 같은 법 시행규칙 제91조제1항 및 별표 28 중 2. 취소처분 개별기준의 일련번호란 2에 따르면, 지방경찰청장은 운전면허를 받은 사람이 술에 만취한 상태(혈중알코올농도 0.1% 이상)에서 운전한 경우에는 운전면허를 취소할 수 있다고 되어 있다. 인정사실에 따르면 청구인은 운전면허 취소기준치 이상에 해당하는 술에 취한 상태에서 자동차를 운전한 사실은 인정되나, 운전면허를 취득한 이래 5년 7개월 이상의 기간 동안 사고 없이 운전한 점, 이 사건 음주운전으로 피해가 발생하지 않은 점 등을 고려할 때 이 사건 처분은 다소 가혹하여 제2종 보통운전면허 취소처분을 110일의 제2종 보통운전면허 정지처분으로 변경한다.

■ 음주운전(매니저, 무사고)-제1종보통운전면허취소처분(사건번호 2017-20469)

[재결 요지]

청구인은 이 사건 당시 엔터테인먼트 회사 매니저이던 자로서, 2003. 9. 19. 제1종 보통운전면허를 취득한 이래 교통사고전력은 없고, 7회의 교통법규위반전력이 있다. 청구인은 2017. 6. 17. 05:38경 술에 취한 상태에서 카니발 승용차를 운전하다가 서울특별시 ○○구 ○○로 ○○ 앞길에서 포터 화물차를 충격하여 물적 피해가 있는 교통사고를 일으켰고, 위 사고를 조사하는 과정에서 음주운전한 사실이 적발되어 같은 날 06:00경 음주측정을 한 결과 청구인의 혈중알코올농도가 0.107%로 측정되었으며, 피청구인이 호흡측정에 의한 혈중알코올농도에 사고시부터 측정시까지의 시간경과에 따른 혈중알코올농도 감소분(위드마크공식을 적용하여 산출한 것)을 합산하여 사고 당시 청구인의 혈중알코올농도를 0.109%로 추정하였다. 피 청구인은 청구인이 혈중알코올농도 0.109%의 술에 취한 상태에서 운전하다가 물적 피해가 있는 교통사고를 일으키자 음주운전을 이유로 청구인의 운전면허를 취소하였다. 「도로교통법」 제93조제1항제1호, 같은 법 시행규칙 제91조제1항 및 별표 28 중 2. 취소처분 개별기준의 일련번호란 2에 따르면, 지방경찰청장은 운전면허를 받은 사람이 술에 만취한 상태(혈중알코올농도 0.1% 이상)에서 운전한 경우에는 운전면허를 취소할 수 있다고 되어 있다. 인정사실에 따르면 청구인은 운전면허 취소기준치 이상에 해당하는 술에 취한 상태에서 자동차를 운전하다가 물적 피해가 있는 교통사고를 일으킨 사실은 인정되나, 운전면허를 취득한 이래 13년 8개월 이상의 기간 동안 사고 없이 운전한 점 등을 고려할 때 이 사건 처분은 다소 가혹하여 제1종 대형, 제1종 보통 운전면허 취소처분을 110일의 제1종 대형, 제1종 보통 운전면허 정지처분으로 변경한다.

■ 음주운전(회사원, 무사고-환자긴급후송)-제1종보통운전면허취소처분
(사건번호 2015-3249)

[재결 요지]

청구인이 2014. 12. 13. 혈중알코올농도 0.119%의 술에 취한 상태에서 운전했다는 이유로 피청구인이 2015. 1. 15. 청구인의 운전면허를 취소(이하 '이 사건 처분'이라 한다)하였다. 청구인은 이 사건 당시 회사원이던 자로서 2006. 7. 19. 제1종 보통운전면허를 취득한 이래 교통사고전력은 없고, 1회의 교통법규위반전력(2008. 2. 3. 음주운전)이 있다. 청구인은 2014. 12. 13. 경상남도 ○○시 ○○동에 있는 ○○○식당에서 배우자 및 배우자 친구와 저녁식사를 하면서 술을 마시던 도중 배우자 친구의 생후 12개월된 자녀가 의자에 앉아 있다가 의자가 뒤로 넘어져 머리를 땅에 부딪히는 사고가 있었고, 배우자 친구가 아기를 급하게 병원에 데려 가기위해 식당을 나오는 과정에서 아기를 매고 있던 띠가 풀리면서 재차 아기가 바닥에 머리를 심하게 부딪혔는데, 상황이 급박하고 아기가 심하게 울었기 때문에 빨리 병원에 데려 가기위해 근처에 세워져 있던 청구인 배우자 소유로 되어 있던 차량을 청구인이 운전하여 병원에 가다 경찰관에게 음주운전으로 적발되었다고 주장하고 있다. 청구인이 운전면허 취소기준치를 넘어 술에 취한 상태에서 자동차를 운전한 사실은 인정되나, 운전면허를 취득한 이래 8년 4개월 동안 사고 없이 운전한 점, 환자의 긴급후송을 위하여 운전한 점, 이 사건 음주운전으로 피해가 발생하지 않은 점 등을 고려할 때 이 사건 처분은 다소 가혹하므로 제1종 보통, 제2종 원동기장치자전거 운전면허 취소처분을 110일의 제1종 보통, 제2종 원동기장치자전거 운전면허 정지처분으로 변경한다.

■ 음주운전(회사원, 대물사고)-제1종보통운전면허취소처분(사건번호 2015-14208)

[재결 요지]

청구인은 2015. 5. 1. 23:00경 술에 취한 상태에서 ○○○ 승용차를 운전하다가 경기도 부천시 ○○구 ○○로 ○○○에 있는 ○○○○○ ○○○○동 앞길에서 신호대기중이던 ○○○ 승용차를 추돌하여 1,000원의 물적 피해가 있는 교통사고를 일으켰고, 위 사고를 조사하는 과정에서 음주운전한 사실이 적발되어 다음 날 02:57경 음주측정을 한 결과 청구인의 혈중알코올농도가 0.101%로 측정되었으며, 피청구인이 호흡측정에 의한 혈중알코올농도에 최종음주시(2015. 5. 1. 22:40경)로부터 음주측정시까지의 시간(257분)에서 90분을 제외한 시간(167분) 경과에 따른 혈중알코올농도 감소분 0.022%(위드마크공식을 적용하여 산출한 것)를 합산하여 청구인의 혈중알코올농도를 0.123%로 추정하여 피청구인이 2015. 5. 20. 음주운전을 이유로 청구인의 운전면허를 취소(이하 '이 사건 처분'이라 한다)하였다. 청구인은 이 사건 당시 회사원이던 자로서 1985. 1. 24. 제1종 보통운전면허를 취득한 이래 교통사고전력 및 교통법규위반전력은 없다. 청구인이 운전면허 취소기준치를 넘어 술에 취한 상태에서 자동차를 운전하다가 교통사고를 일으킨 사실은 인정되나, 운전면허를 취득한 이래 30년 3개월 동안 사고 없이 운전한 점 등을 고려할 때 이 사건 처분은 다소 가혹하므로 제1종 보통운전면허 취소처분을 110일의 제1종 보통운전면허 정지처분으로 변경한다.

■ 음주운전(회사원, 대인사고)-제2종보통운전면허취소처분(사건번호 2015-3676)

[재결 요지]

청구인은 2014. 12. 20. 22:09경 술에 취한 상태에서 ○○○ 화물차를 운전하다가 ○○광역시 ○○구 ○○로 ○○ ○○주택 앞 주택가 이면도로에서 반대방향에서 걸어오던 보행자 ○○○의 오른쪽 볼을 조수석 사이드미러로 충격하여 위 보행자 ○○○에게 '부상신고 1일'의 인적 피해가 있는 교통사고를 일으켰고, 위 사고를 조사하는 과정에서 음주운전한 사실이 적발되어 같은 날 22:32경 음주측정을 한 결과 청구인의 혈중알코올농도가 0.114%로 측정되어 피청구인이 2015. 1. 20. 청구인의 운전면허를 취소(이하 '이 사건 처분'이라 한다)하였다. 청구인은 이 사건 당시 개별 화물운수업에 종사하던 자로서 1991. 8. 28. 제2종 보통운전면허를 취득한 이래 교통사고전력은 없고, 2회의 교통법규위반전력(2000. 9. 2. 신호 또는 지시 위반, 2002. 6. 13. 중앙선 침범)이 있다. 청구인이 운전면허 취소기준치를 넘어 술에 취한 상태에서 자동차를 운전하다가 인적 피해가 있는 교통사고를 일으킨 사실은 인정되나, 운전면허를 취득한 이래 23년 3개월 동안 사고 없이 운전한 점 등을 고려할 때 이 사건 처분은 다소 가혹하므로 제1종 보통, 제2종 보통, 제2종 원동기장치자전거 운전면허 취소처분을 110일의 제1종 보통, 제2종 보통, 제2종 원동기장치자전거 운전면허 정지처분으로 변경한다.

■ 음주운전(회사원, 대인사고)-제1종보통운전면허취소처분(사건번호 2014-25725)

[재결 요지]

청구인은 2014. 8. 30. 08:50경 술에 취한 상태에서 ○○○ 승용차를 운전하다가 서울특별시 ○○○구 ○○로 ○○○ 앞길에서 정차되어 있던 김○○ 운전의 ○○○ 승용차를 충격하여 위 김○○에게 2주의 치료를 요하는 인적 피해와 52만 9,000원의 물적 피해가 있는 교통사고를 일으켰고, 위 사고를 조사하는 과정에서 음주운전사실이 적발되어 같은 날 09:45경 음주측정을 한 결과 청구인의 혈중알코올농도가 0.082%로 측정되었으며, 피청구인은 음주측정에 의한 혈중알코올농도에 사고시부터 측정시까지의 시간경과(55분)에 따른 혈중알코올농도 감소분 0.007%(위드마크공식을 적용하여 산출한 것)를 합산하여 청구인의 혈중알코올농도를 0.089%로 추정하여 술에 취한 상태에서 운전하다가 사람을 다치게 했다는 이유로 피청구인이 2014. 9. 22. 청구인의 운전면허를 취소(이하 '이 사건 처분'이라 한다)하였다.

청구인은 이 사건 당시 회사원이던 자로서 2007. 2. 26. 제1종 보통운전면허를 취득하였다. 청구인은 이 사건 사고당시 차량에서 자고 있었고 운전을 하지 않았다고 주장하나, 사고장소는 평지로 차량 기어가 중립 상태였다 하더라도 차량이 스스로 움직여서 진행하기 어려운데도 차량이 10 ~ 20M나 움직였고 그 밖에 차를 뒤에서 다른 사람이 밀거나 한 상황은 확인되지 않는 점, 청구인의 차량은 시동이 켜져 있어야만 차량기어가 변경되는 점 등을 종합해 볼 때 이에 대한 청구인의 주장은 받아들일 수 없으므로 피청구인의 이 사건 처분이 위법·부당하다고 할 수 없어 적법한 처분이다.

■ 적성검사미필, 기간경과(수용인)-제1종보통운전면허조건부취소처분
   (사건번호 2014-24576)

[재결 요지]

청구인이 적성검사기간(2007. 12. 9. ~ 2008. 6. 8.) 내에 적성검사를 받지 아니하자 피청구인이 2011. 10. 16. 청구인의 운전면허를 2009. 6. 9.자로 조건부 취소(이하 '이 사건 처분'이라 한다)하였다. 피청구인이 2011. 10. 17. 청구인의 운전면허대장상 주소지로 이 사건 처분서를 등기우편으로 발송하였으나 2011. 10. 24. '수취거절'의 사유로 반송되자 2011. 10. 25.부터 2011. 11. 7.까지 14일간 전라남도지방경찰청 게시판에 이 사건 처분 결정공고를 하였으나, 청구인은 2007. 10. 29.부터 2014. 10. 29.까지 목포교도소에 수용된 사실이 확인되었다. 청구인이 2009. 6. 8.까지 적성검사를 받아 이 사건 처분의 내용을 이행하는 것은 이 사건 처분일이 2011. 10. 16.이어서 사실상 불가능하므로 피청구인의 이 사건 처분은 그 하자가 중대하고 명백하여 효력이 없으므로 청구인의 청구를 받아들인다.

■ 적성검사미필, 기간경과(공고요건 불충족)-제1종보통운전면허조건부취소처분
   (사건번호 2014-15909)

[재결 요지]

청구인이 정기적성검사기간(2012. 10. 7. ~ 2013. 4. 6.)내에 적성검사를 받지 아니하자 피청구인이 2014. 1. 28. 청구인의 운전면허를 2014. 4. 8.자로 조건부 취소를 하였다. 피청구인은 이 사건 처분통지를 함에 있어 공고요건을 충족하지 못하였음에도 불구하고 통지에 갈음한 공고절차를 통하여 이 사건 처분을 한 것이므로, 피청구인의 이 사건 처분은 그 과정상의 하자가 있는 위법·부당한 처분이므로 제1종 보통운전면허 조건부 취소처분을 취소한다.

■ 적성검사미필(1종면허불합격)-제2종보통운전면허조건부취소처분
(사건번호 2014-8719)

[재결 요지]

청구인이 정기 적성검사기간내에 적성검사를 받지 아니하자 피청구인이 2014. 1. 27. 청구인의 운전면허를 2014. 4. 10.자로 조건부 취소를 하였다. 청구인이 적성검사기간 내에 적성검사를 받지 아니한 사실이 인정되고, 달리 이 사건 처분의 절차 및 내용에 하자가 있다고 볼 수 없으므로, 피청구인의 이 사건 처분 중 제1종 보통운전면허 취소처분이 무효이거나 위법·부당하다고 할 수 없을 것이나, 제1종 운전면허에 대하여 정기적성검사에 불합격하거나 적성검사기간 만료일 다음 날부터 적성검사를 받지 아니하고 1년을 초과한 경우라고 하여 제1종 운전면허 외에 적성검사를 필요로 하지 않는 제2종 운전면허까지 취소할 수는 없다 할 것이므로, 피청구인의 이 사건 처분 중 제2종 보통운전면허 취소처분은 그 하자가 중대하고 명백하지 않아 무효는 아니나 위법·부당하다.

■ 자동차운전면허취소처분무효확인청구(사건번호 2005-19431)

[재결 요지]

「도로교통법」상 수시적성검사통지서 등의 통지를 공고로써 갈음하도록 하는 것은 운전면허를 받은 사람이 객관적으로 소재불명이라고 볼 수 있을 정도의 사정이 있는 경우에 한하여 예외적으로 인정되어야 할 것이다. 2) 수시적성검사를 받지 아니하는 것이 운전면허의 필요적 취소사유인 점을 고려할 때, 청구인이 습관성약물중독을 이유로 수시적성검사 대상자로 판정되었다면 청구인에 대한 수시적성검사통지서가 반송되었을 때에는 당연히 청구인이 구속 중이거나 형을 선고받아 교도소 등에 수감되어 있는지의 여부를 확인하였어야 할 것이고, 그러한 확인을 하였다면 청구인이 청송교도소에 수용 중인 것을 알 수 있었을 것임에도 불구하고 이를 확인하지 아니한 채 단지 통지서가 반송되었다는 이유만으로 청구인의 운전면허대장에 기재된 주소지의 관할 경찰관서에 수시적성검사대상자공고를 하고 통지에 갈음하였는바, 이 경우 공고요건인 "통지받을 사람의 주소 등을 통상적인 방법으로 확인할 수 없거나 통지서의 송달이 불가능한 경우"를 충족한 것으로는 보기 어렵다 할 것이므로, 위 공고는 공고의 요건을 갖추지 못한 무효의 공고라 할 것이므로 수시적성검사를 받지 아니하였다는 이유로 행한 이 건 자동차운전면허취소처분은 그 하자가 중대하고 명백하여 무효이다.

■ 범칙금부과통고처분취소청구(사건번호 2005-18489)

[재결 요지]

운전면허행정처분기준상의 벌점의 배점은 도로 교통법규 위반행위를 단속하는 기관이 「도로교통법 시행규칙」별표 16의 정하는 바에 의하여 자동차 운전면허의 취소, 정지처분의 기초 자료로 활용하기 위하여 도로 교통법규 위반의 경중, 피해의 정도 등에 따라 배정하는 점수를 말하는 것으로 그 배점 자체만으로는 행정내부의 사실상 행위에 불과하여 아직 국민에 대하여 구체적으로 어떤 권리를 제한하거나 의무를 명하는 등 법적규제 효과를 대외적으로 발생시키는 요건을 갖춘 것이 아니어서 행정심판의 대상이 되는 행정처분이라 할 수 없을 뿐만 아니라 동 벌점은 2005. 8. 15. 특별사면으로 삭제되어 더 이상 다툴 대상이 없게 되었으므로 이 건 청구는 어느 모로 보나 「행정심판법」의 규정을 위반한 부적법한 청구라 할 것이다.

제2절 식품·위생 관련 행정심판

1. 식품·위생 관련 행정심판의 유형

1-1. 영업정지
① 청소년 주류제공
② 호객행위
③ 시설기준 위반 등 식품위생법령을 위반해 영업정지 처분을 받은 경우
④ 유통기한 경과제품 보관·사용

1-2. 영업허가 취소
① 식품 제조·가공·판매·접객업의 영업자가 유해물질 함유 제품을 제조·판매
② 청소년을 유흥접객원으로 고용
③ 청소년유해업소에 청소년 고용
④ 청소년 출입·고용금지업소에 청소년을 출입시키는 행위
⑤ 영업정지 명령을 위반해 영업을 계속하는 등의 식품위생법령상 중대한 위반행위를 해 영업허가 취소처분을 받은 경우

1-3. 과징금 부과
식품 제조·가공·판매·접객업의 영업자가 식품위생법령을 위반해 영업정지등의 처분에 갈음하는 과징금부과 처분을 받은 경우

1-4. 시정명령, 시설개수 명령 등
식품 제조·가공·판매·접객업의 영업자가 식품접객업자의 준수사항 및 시설기준의 위반 등의 사유로 시정명령, 시설개수 명령 등 기타의 처분을 받은 경우

2. 식품·위생 관련 행정심판청구서 작성 방법

2-1. 청구인

먼저 청구인이 개인인지 법인·단체인지를 먼저 선택합니다.

2-1-1. 개인의 경우

① 청구인의 성명과 주민등록번호를 기재합니다. 주민등록번호는 사건진행 현황 조회시 사건번호를 모르는 경우 필요합니다.

② 청구인이 여러 명일 경우에는 별도의 용지에 청구인들의 이름, 주민등록번호, 주소 등을 각각 기재해 첨부할 수 있으며, 필요에 따라 3명 이하의 대표자를 선정할 수 있습니다.

③ 연락가능한 전화번호, 휴대전화번호, E-mail 주소 등을 기재합니다. 휴대전화번호, E-mail주소는 심판진행 과정에서의 각종 SMS, E-mail 안내를 위해 필요합니다.

④ 주소는 주민등록표상 주소, 거주하는 장소를 기재하여, 주소 외에 행정심판 관련서류를 받고자 하는 장소가 있는 경우에는 송달장소란에 기재할 수 있습니다.

⑤ 사망한 자, 소멸한 법인, 사업장, 법인의 지점 등 청구인이 될 수 없는 자의 이름을 기재하면 부적법한 청구가 되어 각하재결 되므로 주의가 필요합니다.

2-1-2. 법인 또는 단체의 경우

① 법인이나 단체의 이름을 법인/단체명란에 기재하고 대표자의 성명을 대표자성명란에 기재하며, 법인이나 단체의 법인번호나 사업자등록번호 또는 대표자 주민등록번호 등을 기재합니다. 법인번호나 사업자등록번호, 대표자 주민등록번호는 사건진행 현황 조회시 필요합니다.

② 대표자의 연락가능한 전화번호, 휴대전화번호, E-mail 주소 등을 기재합니다. 휴대전화번호, E-mail주소는 심판진행 과정에서의 각종 SMS, E-mail 안내를 위해 필요합니다.

③ 주소는 법인인 경우 법인의 주된 사무소가 소재하는 곳(법인등기부
상의 주소)을 기재하고, 단체인 경우 단체의 주된 사무소가 소재하
는 곳 또는 대표자의 주소를 기재합니다. 주소 외에 행정심판 관련
서류를 받고자 하는 장소가 있는 경우에는 송달장소란에 기재할 수
있습니다.

2-2. 대리인

① 행정심판법에서 정하는 아래의 대리인이 선임된 경우 기재합니다.
  - 법정대리인
  - 청구인의 배우자, 청구인 또는 배우자의 사촌 이내의 혈족
  - 청구인이 법인이거나 청구인 능력이 있는 법인이 아닌 사단 또는 재단인
    경우 그 소속 임직원
  - 변호사
  - 다른 법률의 규정에 따라 심판청구의 대리를 할 수 있는 자
  - 그 밖에 행정심판위원회의 허가를 받은 자
② 대리인이 개인인 경우, 대리인의 성명과 주민등록번호를 기재하며, 법인
이나 단체인 경우 법인이나 단체의 이름을 법인/단체명란에 기재하고
대표자의 성명을 대표자성명란에 기재한 후, 법인이나 단체의 법인번호
나 사업자등록번호 또는 대표자 주민등록번호 등을 기재합니다. 대리인
이 법무법인, 노무법인 등의 구성원인 변호사 또는 노무사인 경우에는
해당 구성원을 대표자란에 기재합니다. 대리인의 기재사항은 법인·단
체인 청구인의 기재사항을 참고하시기 바랍니다.
③ 대리인의 유형은 반드시 기재해야 합니다.
④ 대리인의 주소를 기재합니다. 대리인이 선임된 사건은 심판진행과정에
서 발생하는 각종 통지 및 문서의 송달을 대리인의 주소지나 연락처로
합니다.

2-3. 피청구인

① 행정심판의 상대방으로 반드시 기재해야 합니다.

② 피청구인이란 귀하께서 행정심판을 청구한 행정기관으로서, 귀하께서 무효 위법 또는 부당하다고 주장하시는 행정처분을 행한 행정기관을 말합니다.

③ 피청구인의 명칭은 보통 귀하에 대한 처분을 한 행정기관의 장이 됩니다.

④ 피청구인의 기관검색 목록에 없는 기관은 온라인 행정심판이 지원되지 않거나 중앙행정심판위원회의 소관이 아닌 기관입니다.

2-4. 처분내용

① 심판청구에서 다투고자 하는 행정기관의 처분내용을 기재합니다.

(예시)

영업정지처분, 영업허가취소처분, 과징금부과처분 등

② 일정한 신청 또는 청구에 대해 아무런 처분을 하지 아니하는 것에 대한 심판청구인 경우에는 "OOO 부작위처분" 으로 기재합니다.

③ 처분의 내용은 행정심판의 대상물을 확정하는 것이므로 반드시 기재해야 합니다.

2-5. 처분일

① 심판대상인 처분을 알게 된 날을 기재합니다. 문서로써 처분을 통지받은 경우 문서에 기재된 날이 아닌 실제로 처분을 알게 된 날을 기재합니다.

(예시)

행정관청으로부터 2015년 1월 20일부터 2015년 1월 30일 까지 처분을 한다는 내용의 문서를 2015년 1월 10일 발송해 2015년 1월 15일 수령하였다면 처분일은 2015년 1월 15일입니다.

② 처분일을 잘 모를 경우 기재하지 않아도 됩니다.

2-6. 고지여부 및 고지내용

① 행정관청이 처분당시 처분에 대해 불복하고자 하는 경우의 절차 및 기한 등에 대해 청구인에게 알려주었는지 여부와 알려준 내용을 기재합니다.

② 대부분의 고지는 처분을 한 문서에 기재되므로 처분을 한 문서의 내용을 확인 후 고지 유무를 기재하고, 고지의 내용은 처분한 문서에 기재된 내용을 옮겨 적으시면 됩니다.

③ 고지여부 및 고지내용을 잘 모를 경우 기재하지 않아도 됩니다.

2-7. 청구취지

① 행정심판을 청구해 재결청으로 부터 구하고자 하는 재결의 내용을 간략히 기재합니다.

(예시)

− 영업정지처분

　피청구인이 2015. 00. 00. 청구인에게 한 1개월의 영업정지처분을 취소한다.

− 영업허가취소처분

　피청구인이 2015. 00. 00. 청구인에게 한 영업허가 취소처분을 취소한다.

− 과징금부과처분

　피청구인이 2015. 00. 00. 청구인에게 한 영업정지 1개월 처분에 갈음한 과징금 240만원 부과처분을 취소한다." 라는 재결을 구한다.

− 시정명령처분

　피청구인이 2015. 00. 00. 청구인에게 한 시정명령처분을 취소한다.

− 시설개수명령처분

　피청구인이 2015. 00. 00. 청구인에게 한 시설개수명령처분을 취소한다.

② 청구취지는 반드시 기재해야 합니다.

2-8. 청구원인

① 행정심판을 청구하게 된 이유와 처분의 위법·부당성 등에 대한 청구인의 구체적인 주장으로 반드시 기재해야 합니다. 청구원인의 기재는 따로 형식이 정해진 것은 아니나 일반적으로 다음과 같은 순서로 기재합니다.

1. 이 건 처분에 이르게 된 경위

− 청구인이 처분 등을 받게 된 경위를 육하 원칙에 따라 기재합니다.

2. 이 건 처분의 위법·부당성

− 피청구인의 처분이 위법하거나 부당하다고 생각하는 이유와 근거를 제시합니다.

3. 결 론

- 청구인이 결론적으로 주장하고자 하는 바를 기재합니다.

② 청구원인은 본란에서 직접 작성하거나 워드프로세서로 작성해 파일로 제출해도 됩니다.

2-9. 증거서류

① 청구인의 주장을 입증할 증거서류를 첨부합니다.

② 증거서류 외에도 사건과 관련해 청구인에게 유리하다고 생각되는 모든 자료를 제출할 수 있습니다

예 : 진정서, 탄원서, 주민등록증 · 초본, 호적등본, 재직증명서, 표창장 등 각종 상장, 사업자등록증, 장애인수첩 등

3. 영업정지·취소 관련 행정심판청구서 작성례

[서식 예] 영업정지처분 취소심판 청구서(노래방)

<table>
<tr><td colspan="3" style="text-align:center">행정심판 청구서</td></tr>
<tr><td>접수번호</td><td>접수일</td><td></td></tr>
<tr><td rowspan="4">청구인</td><td colspan="2">성명 ○○○</td></tr>
<tr><td colspan="2">주소 ○○시 ○○구 ○○길 ○○</td></tr>
<tr><td colspan="2">주민등록번호(외국인등록번호) 111111-1111111</td></tr>
<tr><td colspan="2">전화번호 010-1111-1234</td></tr>
<tr><td rowspan="4">[ ] 대표자
[ ] 관리인
[ ] 선정대표자
[ ] 대리인</td><td colspan="2">성명 ○○○</td></tr>
<tr><td colspan="2">주소 ○○시 ○○구 ○○길 ○○</td></tr>
<tr><td colspan="2">주민등록번호(외국인등록번호) 111111-1111111</td></tr>
<tr><td colspan="2">전화번호 010-2222-1111</td></tr>
<tr><td>피청구인</td><td colspan="2">△△지방경찰청장</td></tr>
<tr><td>소관
행정심판위원회</td><td colspan="2">[ ] 중앙행정심판위원회 [ ] ○○시·도행정심판위원회
[ ] 기타</td></tr>
<tr><td>처분 내용 또는
부작위 내용</td><td colspan="2">피청구인이 20○○. ○. ○. 청구인에 대하여 한 영업정지처분 취소</td></tr>
<tr><td>처분이 있음을
안 날</td><td colspan="2">20○○년 ○월 ○일</td></tr>
<tr><td>청구 취지 및
청구 이유</td><td colspan="2">별지로 작성</td></tr>
<tr><td>처분청의불복절
차 고지 유무</td><td colspan="2">20○○년 ○월○일</td></tr>
<tr><td>처분청의불복절
차 고지 내용</td><td colspan="2">영업정지처분 취소</td></tr>
<tr><td>증거 서류</td><td colspan="2"></td></tr>
<tr><td colspan="3">「행정심판법」 제28조 및 같은 법 시행령 제20조에 따라 위와 같이 행정심판을 청구합니다.

　　　　　　　　　　　　　　　　년　　　월　　　일

　　　　　　　　　　신청인　　　　　　　(서명 또는 인)

○○행정심판위원회 귀중</td></tr>
<tr><td>첨부서류</td><td>1. 대표자, 관리인, 선정대표자 또는 대리인의 자격을 소명하는 서류(대표자, 관리인, 선정대표자 또는 대리인을 선임하는 경우에만 제출합니다.)
2. 주장을 뒷받침하는 증거서류나 증거물</td><td>수수료
없음</td></tr>
</table>

(별 지)

<h2 align="center">청 구 취 지</h2>

피청구인이 20○○. ○. ○. 청구인에 대하여 결정 고지한 45일의 영업정지처 분은 이를 취소한다.
라는 재결을 구합니다.

<h2 align="center">청 구 이 유</h2>

1. 청구인은 ○○시 ○○구 ○○길 ○○ 소재 지하층 30평을 임차하여 '☆☆☆노래방'이라는 상호로 노래연습장을 경영하고 있습니다.

2. 이 사건 단속경위

   청구인은 20○○. ○. ○. ○○:○○경 위 노래연습장의 종업원인 김□□의 친구인 이□□가 그의 일행 5명을 데리고 왔기에 이들의 주민등록증을 확인하기 위해 주민등록증 제시를 요구하였으나 위 이□□만 주민등록을 소지하고 있어 그의 주민등록증으로 만 18세가 넘었음을 확인하고, 박□□과 최□□에게 나머지 일행들은 모두 친구들이냐고 묻자 그렇다는 말을 믿고 출입시켰는데, 20분 뒤에 피청구인의 관할인 역전파출소 소속 경찰관 2명으로부터 만 18세미만인 박□□ 일행을 입장시켰다는 이유로 단속되었습니다.

3. 위 이□□은 주민등록상 분명히 만 18세가 넘는 자이고, 그 일행 중 2명이 18세 미만자라는 이유로 단속되었는 바, 청구인으로서는 위 이□□ 일행이 종업원의 친구라 하고 이□□이 18세 미만자가 아님이 확인되었기에 일행 중 일부가 연령미달자라고 의심할 여지가 없었던 점에 비추어 본건 처분은 지나치게 가혹한 것이라 생각됩니다.

4. 또한 청구인은 사업 실패 후 은행과 친구들로부터 막대한 돈을 빌려 이 사건 노래연습장을 임차해 내부시설 투자를 하고, 영상가요 반주기를 구입하여 영업을 하면서 생계를 꾸려나가고 있는데, 이 사건 행정처분으로 수입도 얻지 못하게 되어 채무이행은 물론이고 당장 생계유지도 힘든 형편입니다.

5. 따라서 이 사건의 단속경위 등 여러 사정을 참작할 때 피청구인의 45일간의 영업정지처분은 부당하므로 이를 취소하여 주시기 바랍니다.

<h2 align="center">입 증 방 법</h2>

1. 갑 제1호증　　　　　　행정처분통지서 사본

          1. 갑 제2호증   종업원 진술서
          1. 갑 제3호증   탄원서

                    첨 부 서 류

          1. 위 입증방법   각 1통
          1. 심판청구서부본   1통

                    20○○년   ○월   ○일
                    위 청구인   ○○○ (인)

     ○○행정심판위원회 귀중

■ 참고 ■

제출 기관	피청구인 또는 행정심 판위원회(행정심판법 23조)	청구기간	- 처분이 있음을 안 날로부터 90일 - 처분이 있은 날로부터 180일 (행정심판법 27조)
청구인	피처분자	피청구인	행정처분을 한 행정청
제출 부수	청구서 및 부본 각1부	관련법규	행정심판법

불복
방법
	\- 행정심판 재청구의 금지(행정심판법 51조)
	  행정심판법상 행정심판의 단계는 단일화되어 있어 재결에 대한 행정
	  심판 재청구는 할 수 없다. 다만, 국세기본법 등의 개별법에서는 다
	  단계의 행정심판을 인정하고 있음
	\- 재결에 대한 행정소송(행정소송법 19조, 38조)
	  재결자체에 고유한 위법이 있을 때에는 재결 그 자체에 대한 취소소
	  송 및 무효등확인소송을 제기할 수 있음
	\- 다만, 청구인은 기각 재결 등 청구인의 주장이 인용되지 아니한 경우에
	  는 원행정처분에 대하여 행정소송으로 다툴 수 있음(행정소송법 18조)		

[서식 예] 영업정지처분 취소심판 청구서(대중음식점-일식)

<table>
<tr><td colspan="4" align="center">행정심판 청구서</td></tr>
<tr><td>접수번호</td><td colspan="2">접수일</td><td></td></tr>
<tr><td rowspan="4">청구인</td><td colspan="3">성명 ○○○</td></tr>
<tr><td colspan="3">주소 ○○시 ○○구 ○○길 ○○</td></tr>
<tr><td colspan="3">주민등록번호(외국인등록번호) 111111-1111111</td></tr>
<tr><td colspan="3">전화번호 010-1111-1234</td></tr>
<tr><td rowspan="4">[ ] 대표자
[ ] 관리인
[ ] 선정대표자
[ ] 대리인</td><td colspan="3">성명 ○○○</td></tr>
<tr><td colspan="3">주소 ○○시 ○○구 ○○길 ○○</td></tr>
<tr><td colspan="3">주민등록번호(외국인등록번호) 111111-1111111</td></tr>
<tr><td colspan="3">전화번호 010-2222-1111</td></tr>
<tr><td>피청구인</td><td colspan="3">○○시 △△구청장</td></tr>
<tr><td>소관
행정심판위원회</td><td colspan="3">[ ] 중앙행정심판위원회   [ ] ○○시·도행정심판위원회
[ ] 기타</td></tr>
<tr><td>처분 내용 또는
부작위 내용</td><td colspan="3">피청구인이 20○○. ○. ○. 청구인에 대하여 한 대중음식점
영업허가 정지처분 취소</td></tr>
<tr><td>처분이 있음을
안 날</td><td colspan="3">20○○년 ○월 ○일</td></tr>
<tr><td>청구 취지 및
청구 이유</td><td colspan="3">별지로 작성</td></tr>
<tr><td>처분청의불복절
차 고지 유무</td><td colspan="3">20○○년 ○월○일</td></tr>
<tr><td>처분청의불복절
차 고지 내용</td><td colspan="3">영업허가정지처분 취소</td></tr>
<tr><td>증거 서류</td><td colspan="3">통지서, 허가증, 진술서, 확인서, 관보</td></tr>
<tr><td colspan="4">「행정심판법」 제28조 및 같은 법 시행령 제20조에 따라 위와 같이 행정심판
을 청구합니다.

 년   월   일
 신청인   (서명 또는 인)

○○행정심판위원회 귀중</td></tr>
<tr><td>첨부서류</td><td colspan="2">1. 대표자, 관리인, 선정대표자 또는 대리인의 자격
　 을 소명하는 서류(대표자, 관리인, 선정대표자 또
　 는 대리인을 선임하는 경우에만 제출합니다.)
2. 주장을 뒷받침하는 증거서류나 증거물</td><td>수수료
없음</td></tr>
</table>

(별 지)

청 구 취 지

피청구인이 20○. ○. ○. 청구인에 대하여 한 ○○시 ○○구 ○○길 ○○ 소재 대중음식점 ☆☆에 관한 영업정지처분을 취소한다.
라는 재결을 구합니다.

청 구 이 유

1. 처분의 경위

   청구인이 ○○시 ○○구 ○○길 ○○에서「☆☆」라는 상호로 대중음식점 영업을 하여 오던 중, 피청구인은 청구인이 20○. ○. ○. 00:00부터 00:30경까지 위 식당에서 시간외 영업을 하였다는 이유로 식품위생법 제30조 및 같은 법 시행규칙 제53조의 규정에 의하여 20○○. ○. ○.자로 청구인에 대하여 같은 해 ○. ○부터 ○. ○까지 2개월 간 위 음식점에 대한 영업정지를 명하는 이 사건 처분을 하였습니다.

2. 이 사건처분의 위법사항

   1) 청구인은 19○○. ○. ○. 피청구인으로부터 대중음식점 영업허가를 받아 서울 ○○시 ○○구 ○○길 ○○에서 40평 실내규모의 방5개와 홀을 만들어 ☆☆라는 상호로 대중음식점(일식)을 영업해 왔습니다.

   2) 소외 김□□외 2명은 20○○. ○. ○. 21:00 경부터 홀에 들어와 식사를 하던 중 영업주는 위 손님들에게 영업시간이 끝났으니 나가 달라고 부탁하고 손님들이 아직 이야기 안 끝났으니 기다리라고 하면서 일부 반찬은 테이블에 남은 상태에서 홀 안의 집기정리 등을 하고 있는 동안에 00:30분경 단속반이 갑자기 들어와서 청구인은 영업시간을 위반한 것이 아님에도 영업시간위반으로 인정한 이 사건처분은 사실을 오인한 것으로서 위법합니다. 당시 위 업소에는 위 소외인들 외에 다른 손님은 없었습니다.

   3) 또한 이 사건처분으로 인하여 청구인이 입을 불이익은 너무나 큰 것입니다

   4) 위 사항을 종합하면 이 사건처분은 너무 가혹하여 재량권의 범위를 일탈한 위법한 처분입니다.

입 증 방 법

1. 갑 제1호증   행정처분통지서 사본

1. 갑 제2호증   종업원 진술서
1. 갑 제3호증   탄원서

첨 부 서 류

1. 위 입증방법   각 1통
1. 심판청구서부본   1통

20○○년   ○월   ○일
위 청구인   ○○○ (인)

○○행정심판위원회 귀중

[서식 예] 영업정지처분 취소심판 청구서(유흥음식점)

<table>
<tr><td colspan="3" align="center">행정심판 청구서</td></tr>
<tr><td>접수번호</td><td>접수일</td><td></td></tr>
<tr><td rowspan="4">청구인</td><td colspan="2">성명　○○○</td></tr>
<tr><td colspan="2">주소　○○시 ○○구 ○○길 ○○</td></tr>
<tr><td colspan="2">주민등록번호(외국인등록번호) 111111-1111111</td></tr>
<tr><td colspan="2">전화번호 010-1111-1234</td></tr>
<tr><td rowspan="4">[　] 대표자
[　] 관리인
[　] 선정대표자
[　] 대리인</td><td colspan="2">성명　○○○</td></tr>
<tr><td colspan="2">주소　○○시 ○○구 ○○길 ○○</td></tr>
<tr><td colspan="2">주민등록번호(외국인등록번호) 111111-1111111</td></tr>
<tr><td colspan="2">전화번호 010-2222-1111</td></tr>
<tr><td>피청구인</td><td colspan="2">서울시 △△구청장</td></tr>
<tr><td>소관
행정심판위원회</td><td colspan="2">[　] 중앙행정심판위원회　　[　] ○○시·도행정심판위원회
[　] 기타</td></tr>
<tr><td>처분 내용 또는
부작위 내용</td><td colspan="2">피청구인이 20○○. ○. ○. 청구인에 대하여 한 유흥음식점 영업정지취소</td></tr>
<tr><td>처분이 있음을
안 날</td><td colspan="2">20○○년 ○월 ○일</td></tr>
<tr><td>청구 취지 및
청구 이유</td><td colspan="2">별지로 작성</td></tr>
<tr><td>처분청의불복절
차 고지 유무</td><td colspan="2">20○○년 ○월○일</td></tr>
<tr><td>처분청의불복절
차 고지 내용</td><td colspan="2">유흥음식점 영업정지취소</td></tr>
<tr><td>증거 서류</td><td colspan="2"></td></tr>
</table>

「행정심판법」 제28조 및 같은 법 시행령 제20조에 따라 위와 같이 행정심판을 청구합니다.

　　　　　　　　　　　　　　　　　　　년　　　월　　　일

　　　　　　　　　　　　　　　　신청인　　　　　　　(서명 또는 인)

○○행정심판위원회 귀중

<table>
<tr><td>첨부서류</td><td>1. 대표자, 관리인, 선정대표자 또는 대리인의 자격을 소명하는 서류(대표자, 관리인, 선정대표자 또는 대리인을 선임하는 경우에만 제출합니다.)
2. 주장을 뒷받침하는 증거서류나 증거물</td><td>수수료
없음</td></tr>
</table>

(별 지)

청 구 취 지

피청구인이 20○○. ○. ○. 청구인에 대하여 결정 고지한 1월의 영업정지처분은 이를 취소한다.
라는 재결을 구합니다.

청 구 이 유

1. 청구인은 ○○시 ○○구 ○○길 ○○에서 20○○. ○. ○.부터 '☆☆투게더'라는 상호로 유흥음식점을 운영하여 왔는데, 서울시 △△구청장으로부터 미성년자 □□□를 고용하였다는 이유로 20○○. ○. ○. 영업정지 1월의 처분을 고지 받았습니다.

2. 검찰청에서 ○○시 ○○구 ○○길 ○○ 소재 '★★'라는 무허가직업소개소를 수사하면서 이 소개소를 통하여 유흥접객업소에서 일하였다는 □□□의 진술에 따라 청구인 이외에 유흥업소 주인 13명이 검찰청에서 조사를 받았는데 수사공무원이 □□□ 본인이 청구인의 업소에서 일했다는데 뻔한 것 아니냐고 하면서 사실확인도 해보지 아니하고 벌금 1,000,000원의 약식기소가 되었고 검찰청이 피청구인에게 통보함으로써 이 사건 처분이 있게 된 것입니다.

3. 그러나 평소 유흥업소에 출입하는 아가씨들은 가명을 쓰는 경우가 많아 청구인으로서는 □□□ 본인을 직접 대면하지 않고서는 □□□가 청구인의 업소에서 일하였는지의 여부를 알 수 없으므로, 청구인은 □□□의 거주지를 수소문하여 □□□ 본인과 직접 만난 결과 청구인의 업소에서 일한 종업원이 아니었음을 확인하였습니다.

4. 또한 청구인은 19○○. ○.부터 유흥음식점을 경영해왔는데, 종업원 고용시 반드시 주민등록증으로 미성년자인지 여부를 확인해 이 사건 처분시까지 일체의 형사·행정적 처분을 받은 일이 없습니다.

5. 사실이 이러하므로 청구인은 위 약식명령에 대하여 정식재판을 청구할 예정이며, 이 사건 처분도 사실을 오인한 처분이므로 위법한 처분인 바, 이를 취소하여 주시기 바랍니다.

입 증 방 법

    1. 갑제1호증   행정처분통지서 사본
    1. 갑제2호증   확인서
    1. 갑제3호증   공소장
    1. 갑제4호증   탄원서

첨 부 서 류

    1. 위 입증방법   각 1통
    1. 심판청구서부본   1통

20○○년　○월　○일
위 청구인　○　○　○ (인)

○○행정심판위원회 귀중

[서식 예] 영업정지처분 취소심판 청구서(일반음식점)

<table>
<tr><td colspan="3" align="center">행정심판 청구서</td></tr>
<tr><td>접수번호</td><td colspan="2">접수일</td></tr>
<tr><td rowspan="4">청구인</td><td colspan="2">성명 ○○○</td></tr>
<tr><td colspan="2">주소 ○○시 ○○구 ○○길 ○○</td></tr>
<tr><td colspan="2">주민등록번호(외국인등록번호) 111111-1111111</td></tr>
<tr><td colspan="2">전화번호 010-1111-1234</td></tr>
<tr><td rowspan="4">[ ] 대표자
[ ] 관리인
[ ] 선정대표자
[ ] 대리인</td><td colspan="2">성명 ○○○</td></tr>
<tr><td colspan="2">주소 ○○시 ○○구 ○○길 ○○</td></tr>
<tr><td colspan="2">주민등록번호(외국인등록번호) 111111-1111111</td></tr>
<tr><td colspan="2">전화번호 010-2222-1111</td></tr>
<tr><td>피청구인</td><td colspan="2">△△광역시 △△구청장</td></tr>
<tr><td>소관
행정심판위원회</td><td colspan="2">[ ] 중앙행정심판위원회　　[ ] ○○시·도행정심판위원회
[ ] 기타</td></tr>
<tr><td>처분 내용 또는
부작위 내용</td><td colspan="2">피청구인이 20○○. ○. ○. 청구인에 대하여 한 영업정지처분
취소</td></tr>
<tr><td>처분이 있음을
안 날</td><td colspan="2">20○○년 ○월 ○일</td></tr>
<tr><td>청구 취지 및
청구 이유</td><td colspan="2">별지로 작성</td></tr>
<tr><td>처분청의불복절
차 고지 유무</td><td colspan="2">20○○년 ○월○일</td></tr>
<tr><td>처분청의불복절
차 고지 내용</td><td colspan="2">영업정지처분 취소</td></tr>
<tr><td>증거 서류</td><td colspan="2"></td></tr>
<tr><td colspan="3">　「행정심판법」 제28조 및 같은 법 시행령 제20조에 따라 위와 같이 행정심판
을 청구합니다.

 년　　월　　일
 신청인　　　　　　　(서명 또는 인)
　　○○행정심판위원회 귀중</td></tr>
<tr><td>첨부서류</td><td>1. 대표자, 관리인, 선정대표자 또는 대리인의 자격을
　소명하는 서류(대표자, 관리인, 선정대표자 또는
　대리인을 선임하는 경우에만 제출합니다.)
2. 주장을 뒷받침하는 증거서류나 증거물</td><td>수수료
없음</td></tr>
</table>

(별 지)

청 구 취 지

피청구인이 20○○. ○. ○. 청구인에 대하여 한 20○○. ○. ○.부터 같은 해 ○. ○.까지 (1개월)의 일반음식점 영업정지처분은 이를 취소한다.
라는 재결을 구합니다.

청 구 이 유

1. 청구인은 ○○시 ○○구 ○○길 ○○에서 ☆☆레스토랑을 운영하는 자입니다.
2. 그런데 20○○. ○. ○.에 손님 청구외 □□□가 접대하는 여자가 없다고 하면서 스스로 접대부를 전화로 불러(소위 보도) 접대를 하게 되었습니다.
3. 마침 이때 피청구인 소속의 공무원 ◇◇◇에게 발각되었고, 피청구인은 일반음식점에서 여자접대부를 고용하였다는 이유로 20○○. ○. ○.부터 같은 해 ○. ○.까지 1개월간의 영업정지처분을 하였습니다.
4. 그러나 이러한 처분은 청구인이 모르는 사이 손님이 한 행위로 영업정지처분을 함을 부당하고 또한 이는 너무나 과다한 행정처분이므로 행정심판을 구하고자 이 건 청구에 이른 것입니다.

입 증 방 법

　　1. 갑제1호증　　　　　　　영업정지 행정처분
　　1. 갑제2호증　　　　　　　일반음식점 신고증
　　1. 갑제3호증　　　　　　　사업자등록증

첨 부 서 류

　　1. 위 입증방법　　　　　각 1통
　　1. 심판청구서부본　　　　　1통

20○○년　　○월　　○일
위 청 구 인　　○　○　○　(인)

○○행정심판위원회 귀중

ふふ 관련판례

영업허가취소처분이 나중에 행정심판에 의하여 재량권을 일탈한 위법한 처분임이 판명되어 취소되었다고 하더라도 그 처분이 당시 시행되던 공중위생법시행규칙에 정하여진 행정처분의 기준에 따른 것인 이상 그 영업허가취소처분을 한 행정청 공무원에게 그와 같은 위법한 처분을 한 데 있어 어떤 직무집행상의 과실이 있다고 할 수는 없다(대법원 1994. 11. 8. 선고 94다26141 판결).

[서식 예] 영업취소처분 취소심판 청구서(대중음식점-일식)

<table>
<tr><td colspan="3" align="center">행정심판 청구서</td></tr>
<tr><td>접수번호</td><td colspan="2">접수일</td></tr>
<tr><td rowspan="4">청구인</td><td colspan="2">성명 ○○○</td></tr>
<tr><td colspan="2">주소 ○○시 ○○구 ○○길 ○○</td></tr>
<tr><td colspan="2">주민등록번호(외국인등록번호) 111111-1111111</td></tr>
<tr><td colspan="2">전화번호 010-1111-1234</td></tr>
<tr><td rowspan="4">[ ] 대표자
[ ] 관리인
[ ] 선정대표자
[ ] 대리인</td><td colspan="2">성명 ○○○</td></tr>
<tr><td colspan="2">주소 ○○시 ○○구 ○○길 ○○</td></tr>
<tr><td colspan="2">주민등록번호(외국인등록번호) 111111-1111111</td></tr>
<tr><td colspan="2">전화번호 010-2222-1111</td></tr>
<tr><td>피청구인</td><td colspan="2">△△특별시△△구청장</td></tr>
<tr><td>소관
행정심판위원회</td><td colspan="2">[ ] 중앙행정심판위원회   [ ] ○○시·도행정심판위원회
[ ] 기타</td></tr>
<tr><td>처분 내용 또는
부작위 내용</td><td colspan="2">피청구인이 20○○. ○. ○. 청구인에 대하여 한 대중음식점 영업허가 취소처분</td></tr>
<tr><td>처분이 있음을
안 날</td><td colspan="2">20○○년 ○월 ○일</td></tr>
<tr><td>청구 취지 및
청구 이유</td><td colspan="2">별지로 작성</td></tr>
<tr><td>처분청의불복절
차 고지 유무</td><td colspan="2">20○○년 ○월○일</td></tr>
<tr><td>처분청의불복절
차 고지 내용</td><td colspan="2">영업허가 취소</td></tr>
<tr><td>증거 서류</td><td colspan="2">재직증명서, 경력증명서, 전세계약서, 주민등록등본</td></tr>
<tr><td colspan="3">「행정심판법」 제28조 및 같은 법 시행령 제20조에 따라 위와 같이 행정심판을 청구합니다.

 년   월   일
 신청인   (서명 또는 인)

○○행정심판위원회 귀중</td></tr>
<tr><td>첨부서류</td><td>1. 대표자, 관리인, 선정대표자 또는 대리인의 자격을
   소명하는 서류(대표자, 관리인, 선정대표자 또는
   대리인을 선임하는 경우에만 제출합니다.)
2. 주장을 뒷받침하는 증거서류나 증거물</td><td>수수료
없음</td></tr>
</table>

(별 지)

청 구 취 지

피청구인이 20○○년 ○월 ○일 청구인에 대하여 한 서울 ○○구 ○○길 ○
○번지에 있는 대중음식점 ○○에 대한 영업허가취소처분을 취소한다.
라는 재결을 구합니다.

청 구 이 유

1. 이 사건 처분의 경위

　　청구인은 20○○년 ○월 ○일 피청구인으로부터 대중음식점 영업허가를
받아 서울 ○○구 ○○길 ○○번지에서 ○○라는 상호로 대중음식점 영업
을 해 오던중 20○○년 ○월 ○일 위 업소에 청소년에게 주류를 제공하였
다는 이유로 ○○구청 소속 단속반원들에게 적발되었습니다.

　　이에 피청구인은, 금번에 적발되기 전 20○○년 ○월 ○일과 ○○년 ○월
○일 2차례에 걸쳐 같은 내용으로 적발되어 영업정지에 갈음한 과징금 처
분을 하였고 청소년에게 주류를 제공, 식품위생법 제44조 영업자의준수사
항을 위반하였다는 이유로 영업허가 취소사유에 해당 같은 법 시행규칙
제89조의 별표23에 규정된 행정처분기준을 적용하여 20○○년 ○월 ○일
청구인에 대하여 위 대중음식점 영업허가를 취소하는 처분을 하였습니다.

2. 처분의 위법

가. 사실오인

　　청구인이 제3차로 적발될 당시 저녁8시 무렵 손님이 많은 관계로 청년과
청소년들을 구분하기가 쉽지 않았을 뿐만 아니라 처음에 3명의 건장한
청년들이 들어와 고기와 술을 시켜서 먹고 마시고 있었고 다음에 청소년
이 들어와 자연스럽게 앉아서 고기를 먹고 있었던 터라 청구인은 전혀
의심을 하지 않았습니다. 청구인은 3명의 청년들과 같이 있는 걸로 보아
같은 또래로 착각을 할 수밖에 없었습니다. 그 당시로는 그 중에서 1명
이 청소년인줄을 전혀 인식할 수 없었고 이로 말미암아 단속반들에 적발되
어 영업허가를 취소 당하였는바, 그 당시 청소년이 술을 마셨는지 정확히
규명하지 아니하고 청소년에게 주류를 제공하는 행위로 이 사건 처분은
사실을 잘못 인정한 것으로서 위법합니다.

나. 재량남용, 일탈

　　가사 청소년에게 주류를 제공하는 위반사실이 인정된다 하더라도 처음 3

명은 청소년이 아니었고 나중에 온 청소년은 전혀 예상할 수가 없었을 뿐 아니라 이 사건 음식점은 5명의 종업원을 두고 주로 고기 등을 조리 판매 하면서 영업을 운영하고 있을 뿐만 아니라 청구인은 이미 2번에 걸쳐 같은 내용으로 적발되어 행정처분을 받은 상태라 평소 많은 주의를 가지고 영업을 해왔습니다.

3. 이러한 여러 사정등을 종합하여 보면, 청구인이 위와 같이 식품위생법 제44조를 위반하였다는 사유로 상당기간의 영업정지처분을 하는 것은 별론으로 하고 곧바로 이 사건 음식점의 영업으로 청구인은 청소년을 출입시켜 수익을 올리고 싶은 생각은 전혀 없었습니다.

또한 적발당시의 청소년이 술을 마셨는지 정확한 규명이 없었으며 이러한 정황을 비추어 볼 때 청소년에 대한 주류판매로 인하여 이 사건 음식점에 대한 영업허가가 취소됨으로써 청구인은 막대한 경제적 손해를 입게 되는 것입니다.

취소까지 한 이 사건처분은 그에 의하여 실현하고자 하는 공익목적을 감안한다 하더라도 재량권의 한계를 현저히 일탈한 위법한 처분인 것입니다.

입 증 방 법

1. 소갑 제1호증   통지서사본
1. 소갑 제2호증   허가증사본
1. 소갑 제3호증   진술서
1. 소갑 제4호증   확인서

첨 부 서 류

1. 위 입증방법   각 1통
1. 심판청구서부본   1통

20○○년 ○월 ○일
위 청구인 ○ ○ ○ (인)

○○행정심판위원회 귀중

⚖️ **관련판례**

행정청이 식품위생법령에 따라 영업자에게 행정제재처분을 한 후 그 처분을 영업자에게 유리하게 변경하는 처분을 한 경우, 변경처분에 의하여 당초 처분은 소멸하는 것이 아니고 당초부터 유리하게 변경된 내용의 처분으로 존재하는 것이므로, 변경처분에 의하여 유리하게 변경된 내용의 행정제재가 위법하다 하여 그 취소를 구하는 경우 그 취소소송의 대상은 변경된 내용의 당초 처분이지 변경처분은 아니고, 제소기간의 준수 여부도 변경처분이 아닌 변경된 내용의 당초 처분을 기준으로 판단하여야 한다(대법원 2007. 4. 27. 선고 2004두9302 판결).

[서식 예] 영업정지처분 취소심판 청구서(주점)

<table>
<tr><td colspan="3" align="center">행정심판 청구서</td></tr>
<tr><td>접수번호</td><td colspan="2">접수일</td></tr>
<tr><td rowspan="4">청구인</td><td colspan="2">성명 ○○○</td></tr>
<tr><td colspan="2">주소 ○○시 ○○구 ○○길 ○○</td></tr>
<tr><td colspan="2">주민등록번호(외국인등록번호) 111111-1111111</td></tr>
<tr><td colspan="2">전화번호 010-1111-1234</td></tr>
<tr><td rowspan="4">[ ] 대표자
[ ] 관리인
[ ] 선정대표자
[ ] 대리인</td><td colspan="2">성명 ○○○</td></tr>
<tr><td colspan="2">주소 ○○시 ○○구 ○○길 ○○</td></tr>
<tr><td colspan="2">주민등록번호(외국인등록번호) 111111-1111111</td></tr>
<tr><td colspan="2">전화번호 010-2222-1111</td></tr>
<tr><td>피청구인</td><td colspan="2">△△시 △△구청장</td></tr>
<tr><td>소관
행정심판위원회</td><td colspan="2">[ ] 중앙행정심판위원회　　[ ] ○○시·도행정심판위원회
[ ] 기타</td></tr>
<tr><td>처분 내용 또는
부작위 내용</td><td colspan="2">피청구인이 20○○. ○. ○. 청구인에 대하여 한 영업정지처분
취소</td></tr>
<tr><td>처분이 있음을
안 날</td><td colspan="2">20○○년 ○월 ○일</td></tr>
<tr><td>청구 취지 및
청구 이유</td><td colspan="2">별지로 작성</td></tr>
<tr><td>처분청의불복절
차 고지 유무</td><td colspan="2">20○○년 ○월○일</td></tr>
<tr><td>처분청의불복절
차 고지 내용</td><td colspan="2">영업정지처분 취소</td></tr>
<tr><td>증거 서류</td><td colspan="2"></td></tr>
<tr><td colspan="3">「행정심판법」 제28조 및 같은 법 시행령 제20조에 따라 위와 같이 행정심판
을 청구합니다.

　　　　　　　　　　　　　　　　년　　　월　　　일

　　　　　　　　　　신청인　　　　　　　　(서명 또는 인)

○○행정심판위원회 귀중</td></tr>
<tr><td>첨부서류</td><td>1. 대표자, 관리인, 선정대표자 또는 대리인의 자격을
　소명하는 서류(대표자, 관리인,선정대표자 또는 대
　리인을 선임하는 경우에만 제출합니다.)
2. 주장을 뒷받침하는 증거서류나 증거물</td><td>수수료
없음</td></tr>
</table>

(별 지)

청 구 취 지

피고가 20○○. ○. ○. 원고에 대하여 한 ○○시 ○○구 ○○길 ○○ 소재 주점 ☆☆에 대한 영업정지처분은 이를 취소한다.
라는 재결을 구합니다.

청 구 이 유

1. 청구인은 20○○. ○. ○. 청구 외 김□□이 경영하던 ○○시 ○○구 ○○길 ○○소재 주점(약108평)을 시설비 및 권리금을 6,000만원으로 하여 양수받고 건물주인 청구외 이□□ 외 1인과 임차보증금 1억원, 월 임료 300만원의 조건으로 새로 임대차계약을 체결하였습니다.

2. 이에 청구인은 약 1억원 정도의 비용을 들여 새로 인테리어를 한 다음 피청구인에게 영업허가를 신청하였고, 20○○. ○. ○. 자로 영업허가를 취득하였습니다.

3. 그런데 청구인이 위 ☆☆를 인수하기 전인 20○○. ○. ○. 전의 영업주인 청구외 김□□이 수명의 대학생들에게 생맥주를 판매하다가 그 중 2명의 여학생이 아직 만 19세가 되지 아니한 대학신입생이었고, 이것이 적발되는 바람에 위 호프집에 대해 행정처분 절차가 진행 중에 있었다고 합니다.

4. 청구인은 이러한 사실을 모르고 전 영업주로부터 이 사건 점포를 양수받았는바, 그로부터 약 1년이 경과된 지금에 와서야 피고는 위 20○○. ○. ○. 자 적발내용을 이유로 청구인에게 2개월간의 영업을 정지하라는 처분을 고지하였습니다.

5. 영업정지와 같은 행정처분은 단속법규를 위반한 영업자에 대한 대인적 제재조치로서 강학상 이른바 대인처분이라고 할 것이고 이러한 대인처분은 원칙적으로 사업양수인에게 승계되지 아니한다 할 것입니다.
   다만 식품위생법 제78조에 의하면 영업자가 그 영업을 양도할 경우 행정제재 처분의 절차가 진행 중인 때에는 양수인에 대하여 행정제재처분의 절차를 속행할 수 있으나 이때에도 양수인이 양도시에 그 처분 또는 위반사실을 알지 못하였음을 증명하는 때에는 그러하지 아니하다고 규정되어 있는 바, 청구인은 전 영업주로부터 이러한 사실을 들은 바 없이 위 호프집을 양수받았던 것이므로 피청구인이 양수인인 청구인에 대해 본 건과 같은 영업정지처분을 하는 것은 부당하다고 할 것입니다.

6. 그 외에도 청구인이 확인한 바에 의하면 전 영업주인 위 최□□은 평소 미성년자의 업소출입을 강력히 금지하여 왔었으나 그날 많은 손님이 몰려들어 일일이 그들이 미성년자인지 확인하는 것이 사실상 곤란하였고, 또한 단속에 적발된 그 여대생과 같이 온 남학생들은 평소에도 업소에 자주 출입하는 단골로서 대학 3학년생들이었기 때문에 동반한 여학생들도 당연히 성년의 대학생 친구로만 알고 굳이 미성년자인지 여부를 확인하지 않았던 것이며 실제로도 그녀들은 머지않아 곧 만19세가 되는 여학생이었다고 합니다.

7. 따라서 비록 청소년보호법에 의해 아직 정서적으로 보호받아야 하는 청소년들에게 유해환경을 제공한 영업자에게 행정제재를 가함으로써 청소년을 보호해야 하는 공익적 요청 또한 무시할 수 없는 것이나, 이러한 행정제재는 행정목적 달성에 필요한 한도 내에서 최소한에 그쳐야 하는 것인 바 원고의 경우 본인이 직접 위반행위를 행한 바가 없고 전 영업자로부터 그 제재처분을 승계한 자로서 영업양수시 그러한 사실을 알지 못하였으며 또 전 영업자가 출입시켜 주류를 제공한 여학생들의 경우 외견상 청소년으로 보이지도 않았고 실제로도 머지않아 만19세가 되는 등 위반행위의 태양에 있어서도 참작할 사유가 있음에도 이를 고려함이 없이 무조건 획일적으로 동종의 위반행위를 한 다른 업소와 동일하게 2개월의 영업정지를 명하는 행정처분을 하는 것은 재량권의 한계를 일탈하거나 남용한 위법한 처분이라고 할 것입니다.

8. 이에 청구인은 피청구인의 이 사건 행정처분의 취소를 구하기 위하여 이 사건 청구에 이르게 되었습니다.

입 증 방 법

1. 갑제1호증	영업신고증
1. 갑제2호증의 1	식품위생법위반업소 영업정지 통보
1. 갑제2호증의 2	영업정지명령서
1. 갑제3호증	임대차계약서
1. 갑제4호증	인증서
1. 갑제5호증	탄원서

첨 부 서 류

1. 위 입증방법	각 1통
1. 심판청구서부본	1통

1. 위임장   1통

20○○년   ○월   ○일

위 청구인의 대리인
변호사   ○   ○   ○   (인)

○○행정심판위원회 귀중

● 행정심판 재결례

■ 영업의 전부 또는 일부를 정지(사건번호 2017-1139)

[재결 요지]

식품위생법 제37조에서는 영업 종류별 또는 영업소별로 허가를 받거나 신고를 하도록 하고 있고, 같은 법 제75조의 허가취소 등 처분도 영업허가 또는 등록을 취소하거나 영업의 전부 또는 일부를 정지하도록 하는 대물적 처분에 해당하며, 같은 법 제82조에서 영업정지 처분에 갈음하여 과징금을 부과하는 취지는 처분대상 사업장의 영업을 정지하는 대신 해당 사업장의 매출을 기준으로 한 과징금을 부과하려는 것이므로 이 사건 매장의 2016년도 총매출액 중 다른 매장의 매출액을 제외한 금액을 기준으로 과징금을 산정하여야 한다.

■ 옥외영업의 영업신고 규정 위반여부(사건번호 2017-984)

[재결 요지]

청구인은 식약처의 유권해석에 따르면 옥외 영업은 불법이 아니고, 루프탑 영업이 공공연하게 이루어지는 현실 및 청구인과 종업원 생계의 어려움을 감안하여 달라고 주장하나, 식약처의 유권해석은 지방자치단체장이 옥외영업에 대한 일정한 기준을 마련하여 운영할 수 있다는 내용이고, 피청구인이 그러한 기준을 마련하지 않은 이상 옥외영업을 허용하고 있다고 할 수 없으며, 위법행위에 평등원칙을 주장하는 것은 받아들이기 어렵고, 건전한 영업질서 유지를 위한 근간은 영업신고 관련 규정은 엄격히 해석하여야 할 것인바, 이 사건 처분이 재량권을 일탈·남용하여 위법·부당하다고 할 수 없다.

■ 동일한 위반행위의 행정처분 기준(사건번호 2017-835)

[재결 요지]
청구인은 이 사건 위반행위가 적발된 후 이 사건 처분이 있기 전 재차 동일한 위반행위를 하였으므로, 피청구인은 청구인의 이 사건 위반행위와 처분 전 적발된 동일한 위반행위에 대하여 그 위반 횟수마다 행정처분 기준의 2분의 1씩 더하여 하나의 처분을 하여야 한다.

■ 조리식품 규격 위반 사실에 따른 제재처분(사건번호 2017-937)

[재결 요지]
식품위생법령상 식품 등의 출입·검사·수거 등에 따른 위반행위에 대한 행정처분은 그 위반행위가 해당식품 등의 제조·가공·운반·진열·보관 또는 판매·조리과정 중의 어느 과정에서 기인하는지 여부를 판단하여 그 원인제공자에 대하여 처분하여야 하는데, 이 사건 조리식품 규격 위반 사실에 대하여, 그 제조·가공자와 보관자가 상이하고 보관 과정이 아니라 제조·가공 과정에서 위반행위가 발생하였을 개연성을 배제할 수 없음에도, 피청구인이 원인제공자를 가리려는 아무런 조사 없이 보관 과정에서 위반행위가 기인한 것으로 보아 보관자인 청구인에게 그에 따른 제재처분을 한 것은 위법하다.

■ 양수인이 양수할 때에 그 처분 또는 위반사실을 알지 못하였음을 증명하는 때에 해당여부(사건번호 2017-275)

[재결 요지]
영업자 지위승계 신고일과 개업일 사이, 현 업주인 청구인이 전혀 관여할 수 없는 상황에서 전 업주가 한 법 위반행위에 대하여 청구인에게 의무해태를 탓할 수 없는 정당한 사유가 있고, 청구인이 위반행위를 예상할 수도 없었다고 보이므로, 이는「식품위생법」제78조 단서 '양수인이 양수할 때에 그 처분 또는 위반사실을 알지 못하였음을 증명하는 때'에 해당한다.

■ 위반행위에 대한 통보가 제대로 이루어지지 않은 상태에서 병합처분의 위법 여부(사건번호 2017-174)

[재결 요지]

첫 번째 위반행위에 대한 행정처분 시까지 피청구인에게 두 번째 위반행위에 대한 통보가 제대로 이루어지지 않은 상태여서 병합처분을 하는 것은 물리적으로 불가능하다 하더라도, 그러한 현실적 한계와 처분의 적법 여부는 근본적으로 별개의 문제이고, 이 사건 규정의 취지, 목적에 비추어 볼 때 현실적인 한계를 이유로 이 규정을 문언과 달리 불리하게 축소 해석하는 것은 적당하지 않으며, 처분 후에라도 잘못된 것을 알게 된 경우 처분을 취소, 변경토록 함이 국민의 이익보호의 측면에서 타당하다고 할 것이므로 행정청이 행정절차 진행 중 다시 위반사항이 발생한 사실을 모르고 병합처분을 하지 않았다고 하더라도 이는 위법하다.

■ 집행정지가 효력을 잃거나 영업정지처분 취소에 대한 행정심판 심리 결과 기각 결정의 정당성(사건번호 2016-916)

[재결 요지]

집행정지가 효력을 잃거나 영업정지처분 취소에 대한 행정심판 심리 결과 기각 결정이 날 경우에 당사자들이 자동적으로 영업정지 처분의 효력이 되살아난다는 것을 인지하고 영업정지를 개시하는 것은 실무적으로 거의 불가능하며, 재결 이후 다시 영업정지기간을 지정 통보하여 집행하는 대다수의 행정현실과 맞지 않는다.

■ 시설물이 멸실되기만 하면 영업허가의 취소사유에 해당하는지 여부(사건번호 2016-609)

[재결 요지]

시설물이 멸실되기만 하면 영업허가의 취소사유에 해당하는지 여부는 수허가자의 귀책사유에 의하지 아니한 시설물 멸실까지 제재를 한다는 취지는 아니라 할 것이나 이미 관할 세무서에 폐업신고를 하여 사업자등록이 말소된 이상 영업허가를 취소한 이 사건 처분은 적법하다.

■ 과징금 부과처분의 부당성 여부(사건번호 2015-490)

[재결 요지]

청구인이 대표로 되어 있는 ○○○○○○(주)에서 호텔(숙박업) 및 호텔 내 일반음식점을 영업하다가, 일반음식점에 대해 식품위생법 위반을 이유로 과징금 부과처분을 하였는 바, 과징금 산정기준(매출금액)을 일반음식점 매출금액이 아닌, ○○○○○○(주)의 총매출금액으로 본 것은 부당하다.

■ 영업정지기간 중 영업행위로 폐쇄처분을 할 경우, 그 처분의 대상자(사건번호 2015-233)

[재결 요지]

영업정지기간 중 영업행위로 폐쇄처분을 할 경우 , 처분의 대상은 피청구인에게 영업신고 된 자인 청구인이 되어야 할 것인데, 이 사건 업소를 실질적으로 운영하고 있는 청구외 ○○○에게 한 것은 처분의 당사자를 잘못 지정한 하자가 있어 위법하므로 취소되어야 한다.

■ 닭갈비매장에서 청소년에게 주류제공하여 영업정지 1개월(사건번호 강행심 2015-1)

[재결 요지]

청구인은 강원도 원주시 ○○로 ○○ 소재에서 '○○닭갈비'라는 일반음식점을 운영하여 오던 중 2014. 5. 11. 01:00경 청소년 김○○(16세, 남) 등 6명에게 청소년 유해약물인 소주를 판매하였다가 ○○경찰서 소속 경찰관에게 적발되었고, 이 내용을 통보받은 피청구인은 2014. 12. 30. 청구인에게 영업정지 1개월의 처분을 하였다.

청구인은 자의에 의해 청소년들에게 주류를 제공·판매한 적이 없고, 검사가 제출한 증거들은 청구인의 협의를 입증하기에 부족하다고 하나, 청구인은 벌금 50만원의 구약식명령을 받고, 선고유예 판결을 받아 관련 법령을 위반한 사실이 명백하므로 청구인의 주장은 이유가 없다. 또한 피청구인은 청구인에게 식품위생법 위반으로 영업정지 2개월 처분을 하여야 하나 청구인이 춘천지방법원 ○○지원으로부터 선고유예 판결을 받은 사실을 참작하여 처분의 2분의 1을 경감하였는바 이와 같은 피청구인의 이 사건 처분은 적법·타당하다.

■ 일반음식점에서 청소년에게 주류제공하여 영업정지 2개월(사건번호 강행심 2013-150)

[재결 요지]

일반음식점을 운영하여 오던 청구인이 2013. 4. 21. 01:00경 청소년 김○○(만17세, 남) 등 3명에게 연령을 확인하지 않고 청소년 유해약물인 소주 2병, 감자탕 등 총 31,000원 상당을 판매하였다가 ○○경찰서 소속 단속경찰관에게 적발되었고, 통보받은 피청구인은 청구인에게 영업정지 2개월 처분을 하였다. 직원들에게 반드시 신분증 확인을 하라고 철저히 교육시켰음에도 불구하고 사건 당일 직원이 "들어온 손님들이 키도 크고 체격이 좋은 데다 대학생"이라고 해서 학생증만 보고 술을 제공하는 큰 실수를 했다는 청구인의 주장은 관계 법령에 따른 주의의무를 다하여야 하는 의무를 위반한 것으로 볼 수밖에 없으므로 피청구인이 청구인에 대하여 한 이 사건 처분은 일응 적법·타당하다. 다만, 청구인의 직원이 적발된 청소년 3명 중 1명의 학생증을 확인한 점, 확인된 청소년이 대학생이었다는 점에 대하여 피청구인이 이의를 제기하지 않고 있는 점, 청구인의 위반행위가 처음인 점, 청구인이 지역사회에 지속적으로 봉사활동을 하고 있다는 점, 이 사건 처분으로 인해 생계에 곤란을 겪을 수 있다는 점 등을 고려할 때 이 사건 처분을 통하여 달성하려는 공익에 비하여 청구인이 입게 될 불이익이 보다 크다고 판단하여 1개월 감경한다.

■ 단골손님과 함께 온 청소년에게 주류제공하여 영업정지 2개월(사건번호 강행심2013-144)

[재결 요지]

일반음식점을 운영하던 청구인이 2013. 9. 6. 23:30경 청구인의 아들 최○○이 청소년 이○○(만 17세, 여) 등 4명의 연령을 확인하지 않고 청소년 유해약물인 소주 3병을 포함하여 치킨 및 음료수 등 총 24,000원 상당을 판매하였다가 ○○경찰서 소속 단속경찰관에게 적발되었고, 이에 피청구인은 청구인에게 영업정지 2개월 처분을 하였다.

청구인은 청구인의 아들 최○○이 평소 단골손님(성년)과 함께 온 청소년들이 친구들이라는 말만 믿고 신분증 확인을 하지 않은 채 술을 제공한 것이 실수였다고 주장하나, 이와 같은 청구인의 주장은 관계 법령에 따른 주의의무를 다하지 않은 것으로 볼 수밖에 없으므로 피청구인이 청구인에 대하여 한 이 사건 처분은 일응 적법·타당하다. 다만, 이 사건 청소년들이 성인들과 동석한 점, 업소 특성상 청소년 여부를 식별하기 쉽지 않다는 점, 청구인의 위반행위가 처음인 점, 청구인이 다년간 봉사활동을 지속하고 있는 점, 이 사건 처분으로 인해 생계에 곤란을 겪을 수 있다는 점 등을 고려할 때 이 사건 처분을 통하여 달성하려는 공익에 비하여 청구인이 입게 될 불이익이 보다 크다고 판단하여 1개월로 감경한다.

■ 유흥주점에서 청소년에게 주류제공하여 영업정지 2개월(사건번호 강행심2013-47)

[재결 요지]

유흥주점을 운영하던 청구인의 종업원 박○○가 2012. 11. 18. 23:13경부터 2012. 11. 19. 01:30경까지 청소년 이○(17세, 여) 등 4명의 연령을 확인하지 않고 소주 5병 20,000원을 비롯하여 안주 포함 43,000원을 판매하다가 ○○경찰서 소속 단속경찰관에게 적발되어 피청구인은 청구인에게 영업정지 2개월 처분을 하였다.

청구인의 종업원은 신병치료 중인 청구인을 대신하여 출입하고자 하는 자들의 신분을 철저히 확인하여 청소년이 아니라고 판명될 경우에만 출입시켜야 함에도 불구하고 이 사건 청소년들의 신분증을 확인하지 아니한 채 주류를 판매하였기에 피청구인이 관계 법령에 따라 청구인에게 이 사건 처분을 한 것은 타당하다고 할 것이나, 청구인의 위반행위가 처음인 점, 신병치료를 하고 있는 청구인이 업소를 상시 출입하기가 어려운 점 등을 고려할 때 이 사건 청구인의 법 위반 정도 및 이 사건 처분을 통하여 달성하려는 공익에 비하여 청구인이 입게 될 불이익이 보다 크다고 판단되므로 45일로 감경한다.

■ 종업원이 청소년에게 주류제공하여 영업정지 1개월(사건번호 강행심2013-43)

[재결 요지]

청구인은 ○○시 ○○로 ○○○번길 ○○ 소재에서 일반음식점인 "○○○"를 운영하던 중 종업원인 김○○이 2013. 2. 3. 03:00경 청소년 신○○(95년생, 남) 등 4명에게 연령을 확인하지 않고 소주 5병 등을 판매하였다가 ○○경찰서 단속경찰관에게 적발되었고, 피청구인은 영업정지 1개월을 처분하였다. 기소유예 처분을 받은 청구인의 종업원에게 피청구인이 관계 법령의 경감 규정에 따라 처분의 2분의 1을 경감하여 청구인에 대하여 한 이 사건 처분은 적법·타당한 처분이라 할 것이나, 청구인이 아니라 종업원이 청소년에게 주류를 판매한 점, 경찰의 1차 단속시 청소년들이 위조된 신분증을 제시한 점, 청구인의 종업원이 청소년 신○○를 제외한 청소년들에 대하여는 신분증 검사를 하였던 점 등을 고려할 때 이 사건 청구인의 법위반 정도 및 이 사건 처분을 통하여 달성하려는 공익에 비하여 청구인이 입게 될 불이익이 보다 크다고 판단되므로 15일로 감경한다.

■ 종업원이 신분확인없이 청소년에게 주류제공하여 영업정지 1개월 15일(사건 번호 강행심2013-40)

[재결 요지]

일반음식점을 운영하고 있는 청구인의 종업원 임○○이 청소년 김○○(17세, 여)외 2명의 연령을 확인하지 않고 소주 1병과 안주 오겹김치찌개 등 22,000원 상당을, 2012. 10. 14. 00:00경 청구인이 청소년인 이○○(15세, 여)과 김○○(16세, 여)의 연령을 확인하지 않고 맥주 2,000CC, 소주 2병, 치킨안주 등을 판매하였다가 ○○경찰서 소속 단속경찰관에게 각각 적발되었고, 피청구인은 2013. 4. 19. 청구인에게 영업정지 1개월 15일 처분을 하였다.

일반음식점을 운영하는 청구인으로서는 청구인은 물론 종업원으로 하여금 청소년으로 의심되는 자에 대하여 주민등록증이나 이에 유사한 정도로 연령에 관한 공적 증명력이 있는 증거에 의하여 신분확인을 하도록 하여야 할 의무가 있음에도 청구인의 종업원이 청소년 2명에게 연령 확인 없이 22,000원 상당의 주류와 안주 등을 판매하였다가 적발되어 청구인의 종업원은 선고유예를, 청구인은 기소유예 처분을 받은 사실을 인정할 수 있으므로, 피청구인이 관계 법령에 따라 청구인에 대하여 한 이 사건 처분은 적법·타당한 처분이라 할 것이나, 청구인이 종업원들에게 신분증 검사에 대해 교육을 하였음에도 종업원이 신분증 검사를 하지 아니한 채 청소년들에게 주류 등을 판매한 점, 이 사건 적발시까지 위반행위가 없었던 점, 점포 내에 지문인식기를 설치하여 청소년의 업소 출입을 막으려 한 점 등을 고려할 때 이 사건 청구인의 법위반 정도 및 이 사건 처분을 통하여 달성하려는 공익에 비하여 청구인이 입게 될 불이익이 지나치게 크다고 판단되어 1개월로 감경한다.

■ 일반음식점에서 유통기한이 경과된 식빵을 조리·판매하여 벌금부과 처분(사건번호 2013-625)

[재결 요지]

청구인은 ○○군 ○면 ○구○○로 ○○○번지 소재 호텔○○온천 내에서 '○○○'라는 상호의 일반음식점을 운영하던 중, ○○경찰서와 ○○군청의 합동 위생점검단의 점검에서 유통기한이 경과된 "○○○ ○○○" 식빵 6봉(42일 경과) 및 "이삭" 식빵 2봉(18일 경과)을 조리·판매의 목적으로 보관한 사실이 적발되어 피청구인에게 통보되었고, ○○지방법원 ○○지원에서는 호텔○○온천(대표 권○○)과 청구외 주방장 김○○에 대해 각각 50만원의 벌금을 처분하였으며, 이에 피청구인은 식품위생법 제44조 제1항의 규정을 위반한 청구인 업소에 대하여 같은 법 제75조, 같은 법 시행규칙 제89조의 규정에 의거 영업정지 15일의 처분을 하였다. 청구인은 이 사건 호텔00온천 내 식당에서「식품위생법」규정을 위반한 사실에 대해 책임을 통감하고 깊은 반성을 하고 있으며, 냉동고에 보관되어 있던 유통기한 경과된 식빵 6봉지가 일부 직원의 관리 소홀로 인한 실수이고 고의적인 것은 아니라고 주장하지만, 청구인이 유통기한 경과 제품을 조리장내 냉동고에 보관하였음은 식품위생법을 위반한 것이 명백하고, 특히「식품위생법 시행규칙」제2조에 의하면 식품 등의 보관·운반·진열시에는 식품 등의 기준 및 규격이 정하고 있는 보존 및 유통기준에 적합하도록 관리하여야 하므로 식빵은 냉장보관 하여야 하는데 청구인은 이를 냉동고에 보관하는 등 식품 보관에 적절함을 기하지 못하였다. 나아가 청구인의 음식점은 규모가 크고 다수의 관광객들이 방문하는 곳으로서 청구인은 국민의 보건위생 증진을 위하여 음식의 조리 및 식품의 취급을 엄격히 관리하여야 할 의무가 있음에도 불구하고 그 유통기한의 경과 일수가 42일이나 되는 상당한 장기간에 해당하는 등 업소관리를 소홀히 한 바 고의성 없는 단순 실수로 보기 어렵고, 피청구인의 이 사건 처분은 적법·타당하다고 할 것이므로 기각한다.

■ 일반음식점은 청소년고용금지 업소에 해당함에도 미성년자를 고용하여 영업 정지(사건번호 전남행심 2014-506)

[재결 요지]

청구인은 OO시 OO로 OOO길 OO-O에서 'OOOOO'라는 갈비전문점(일반음식점)을 운영하고 있는 자로서, 청구인의 영업소가 청소년고용금지 업소에 해당함에도 미성년자인 박OO(18세, 여)을 고용한 사실이 2014. 6. 15. 19 : OO OO경찰서에 적발되어 2014. 7. 18. OO지방검찰청 지청장으로부터 청소년보호법 위반으로 기소유예처분결정을 받은 청구인에 대하여 피청구인이 2014. 7. 28. 청구인에 대하여 '45일'의 영업정지처분을 내렸는바 청구인이 행정처분서를 송달받지 못하였다고 주장하며 2014. 8. 17. 영업정지기간의 변경을 요청하였고, 피청구인이 이를 받아들여 기 집행된 1일(2014. 8. 17)을 차감하여 2014. 8. 19. '44일'의 영업정지처분을 내리자 청구인이 2014. 8. 30. 동 처분의 부당함을 주장하며 행정심판을 청구한 사건이다.

청구인이 자신이 운영하는 식당에서 일하는 종업원인 박OO(19세, 여)이 하루 일을 쉬게 되자 박OO의 친구인 박OO 역시 성년에 도달한 자로 판단하여 박OO 대신 하루 고용하여 주방에서 일을 하게 한 사실로 보아 청구인이 고의적으로 미성년자를 종업원으로 고용했다고 보기 어렵고, 미성년자인 박OO이 청구인의 업소에서 일한 기간이 단 하루에 불과하다는 사실 등의 제반 정황을 참작하여 검찰에서 기소유예처분을 받았으며, 청구인이 배우자와 이혼 후 11세의 초등학생 딸과 노모를 부양하고 있고, 각종 할부금, 건물 임차료 및 청구인이 업소 운영을 위해 차입한 대출금에 대한 원금과 이자를 매월 갚아야 하는 청구인의 곤궁한 경제적 형편, 위와 같은 사정을 감안하여 청구인에게 정상참작의 여지가 있을 뿐만 아니라 피청구인의 행한 44일의 영업정지처분은 청구인의 생계에 상당한 타격을 줄 우려가 큰 점 등을 종합하면 피청구인이 행한 이 사건 행정처분은 청구인에게 다소 가혹한 것으로 사료되므로 감경한다.

■ 호프집에서 미성년자를 고용하여 영업정지 3개월(사건번호 전남행심 2014-500)

[재결 요지]

청구인은 호프집을 운영하고 있는 자로서, 위의 영업소가 청소년고용금지 영업소에 해당함에도 미성년자인 문OO(18세. 여), 김OO(18세. 여)를 시간당 13,000원을 주기로 고용한 사실이 OO경찰서에 적발되어서, 위 적발사실을 통보받은 피청구인이 청구인에게 영업정지 3개월 처분을 하자, 위 행정처분의 부당함을 주장하며 행정심판을 청구하였다.

청구인이 영업을 개시하기 위하여 시장 조사차 동종 업소를 방문하던 중 그곳에서 종업원으로 일하고 있던 문OO에게 청구인의 업소에서 함께 일하자는 제안을 하여 그를 고용하게 되었는데 청구인은 문OO이 업소에서 종업원으로 일하고 있어서 당연히 성년자로 생각하여 신분증 확인 없이 그를 고용하였고, 문OO이 사촌 언니인 김OO와 함께 일하고 싶다고 소개하자 그의 신분증을 확인한 결과 성인이었기에 별 의심 없이 고용하였는데 나중에 경찰 조사과정에서야 비로소 김OO가 청소년임이 밝혀졌다. 이 사건 청소년들이 일한 기간이 20여일에 불과하고, 청구인이 업소를 운영하기 위하여 지인들로부터 6,000만원을 차용하여 매달 이 차용금에 대한 이자를 지급하고 있고, 1급 장애를 가진 부친을 부양하는 등 가족의 생계를 책임지고 있으며, 청구인이 영업정지처분을 받게 되면 3개월간 영업을 할 수 없게 되어 상당한 생활고를 겪게 될 것이 분명해 보이는 등 제반 사정을 종합해 보면, 식품위생관계법령상의 '행정처분 기준'에 의거 영업정지 3개월 처분을 한 이 사건 처분은 청구인에게 다소 가혹한 것으로 사료되므로 감경한다.

■ 일반음식점에서 접객원을 고용하여 영업정지 2개월(사건번호 전남행심 2012-252)

[재결 요지]

청구인은 ○○시 ○동 ○○○○-○○에서 "○○○"라는 일반음식점을 운영하는 자로서, 음식점에 찾아온 남자손님 2명의 좌석에 여자종업원 1명을 합석시켜 술을 따라주고 받아 마시는 등의 유흥접객행위를 하다가 신고를 받고 출동한 ○○경찰서 소속 단속경찰관에게 적발되었고, ○○경찰서장이 수사결과 기소의견으로 송치되었다는 사실을 피청구인에게 통보함에 따라 피청구인이 영업정지 2월의 처분을 하자, 이 사건 처분의 취소를 구하는 행정심판을 청구한 사건이다.

행정청이 위 법규 소정의 위반행위를 이유로 행정처분을 하는 경우에는 그 위반경위나 위반정도, 행정처분에 의하여 달성하려는 공익적 목적과 개인이 입게 될 불이익 등을 따져 그 처분의 적정을 기하여야 할 것인 바, 위의 인정사실에 의하면 청구인의 위반행위는 이번이 처음으로 성실하게 업소 운영을 해 온 점을 인정할 수 있는 점, 청구인은 상당한 부채를 지고 영업을 시작했으며 매달 상환해야 할 대출이자 등으로 경제적 어려움을 겪고 있는 점, 청구인 혼자서 초등학생 자녀 1명을 부양하면서 어렵게 살고 있는 점, 영업정지 처분으로 청구인과 가족의 생계에 위협이 될 수 있는 점 등을 종합적으로 고려해 볼 때 식품위생법이 달성하고자 관계법령의 공익을 고려한다 하더라도 이 사건 처분으로 청구인이 입게 될 불이익이 더 큰 것으로 보여 영업정지 2월의 처분은 다소 가혹한 처분이라 인정되므로 감경한다.

■ 유흥주점에서 청소년인 접객원을 고용하여 영업허가취소(사건번호 전남행심 2014-95)

[재결 요지]

청구인은 2014. 1. 2.부터 OO시 OO로 OOO에서 "OOOOO"이라는 유흥주점을 청구외 박OO으로부터 양수받아 운영하는 사람으로, 위 업소에서 청소년인 안OO(만16세, 여)외 1명을 유흥접객원으로 고용하여 영업하던 중 2014. 1. 11. OO경찰서에 적발되어 피청구인이 영업허가자인 청구외 박OO에게 2014. 3. 4. 영업허가 취소처분을 하자, 이 사건 처분의 취소를 구하는 행정심판을 청구한 사건이다.

OO경찰서의 적발보고서 및 피의자 신문조서 등을 통해 청구인이 이 사건 원인이 된 청소년들의 신분증을 확인하지 않고 고용한 사실을 알 수 있고, 청구인이 청소년들의 외모를 보고 미성년임을 의심하였음에도 신분확인을 미뤄온 점, 청소년들의 나이가 만15, 16세에 불과한 점, OO지방법원 OO지원으로부터 징역 6월, 집행유예 1년의 비교적 무거운 형을 선고받은 점 등을 종합적으로 판단하여 보면, 청소년을 유해한 환경으로부터 보호·구제하고 건전한 인격체로 성장할 수 있도록 하여야 하는 청소년보호법을 위반한 사실이 명백한 이 사건에서 피청구인의 처분으로 청구인이 입게 되는 불이익보다는 그로 인하여 달성하고자 하는 공익이 크다고 보이므로 피청구인이 청구외 박OO에게 한 유흥주점 허가취소 처분은 부당함이나 재량권 남용이 발견되지 않은 적법한 처분이라 할 수 있으므로 이를 기각한다.

■ 식당을 찾은 손님이 유통기간이 경과된 막걸리를 제공하여 과징금처분(사건번호 대행심2014-87)

[재결 요지]

청구인은 식당을 운영하는 자로 2014.5.7. 식당을 찾은 손님이 유통기간이 경과된 막걸리를 청구인이 제공했다고 전화로 피청구인에게 민원을 제기하여 피청구인은 청구인에게 영업정지 15일 갈음 과징금 15,900,000원 처분하였다. 청구인이 판매하다 적발된 유통기간이 경과된 막걸리는 판매할 목적이 아니라 반품할 목적으로 보관하고 있던 것을 종업원의 실수로 제공하여 고의성이 없음이 인정되는 점, 또한 손님이 음용하지 않아 직접적인 피해를 주지 않았다는 점 등을 비추어 피청구인의 영업정지 15일 갈음한 과징금 15,900,000원의 행정처분은 가혹한 면이 있어 영업정지 10일 갈음한 과징금 10,600,000원으로 감경하기로 한다.

■ 영업자지위승계를 할 당시 종전 영업주의 행정처분 승계여부(사건번호 행심 제2010-160호)

[재결 요지]

청구인은 영업자지위승계를 할 당시 종전 영업주가 「식품위생법」 제44조 위반(윤락 알선 행위)으로 행정처분 계류 중임을 알고 있었으므로, 피청구인이 동법 제61조 행정제재처분효과의 승계 규정에 따라 청구인에 대하여 한 처분은 정당하다. 다만, 현행 「식품위생법 시행규칙」 제89조 [별표 23] 3. 식품접객업, 14. 「성매매 알선 등 행위의 처벌에 관한 법률」 제4조에 따른 금지행위를 한 경우 1차 위반 시 영업정지 1개월을 처분하도록 규정하고 있고, 「식품위생법 시행규칙」 부칙에 "이 규칙 시행 전의 위반행위에 대한 행정처분에 관하여는, … 종전보다 완화된 경우에는 이 규칙의 개정규정에 따른다."라고 규정하고 있으므로, 행위 시의 법률에 따라 영업정지 2월에 갈음하는 과징금 21,600,000원을 부과하는 것이 아니라 현재의 규정대로 영업정지 1월에 갈음한 10,800,000원을 부과하는 것이 타당하다. 따라서 피청구인이 2010. 1. 22. 청구인에 대하여 한 과징금 21,600,000원 부과 처분은 이를 과징금 10,800,000원 부과 처분으로 변경한다.

■ 유흥주점에서 성매매 및 성매매 알선 등을 하여 영업허가가 취소된 경우 행정심판의 청구(사건번호 2014 경행심 380)

[재결 요지]
이 사건 업소는 '유흥주점'으로서 유흥종사자와 유흥시설을 두어 손님들에게 노래와 춤 등의 유흥을 돋우는 행위가 허용되는 형태로 영업이 이루어지므로 성매매 및 성매매 알선 등이 더욱 일어나기 쉬운바 영업주로서는 그러한 위반행위가 일어나지 않도록 더욱더 주의를 기울였어야 하고, 이 사건 처분으로 인해 청구인이 다소간의 경제적 손실을 입더라도 성매매 등의 행위를 근절하여 유흥주점의 영업질서와 건전한 유흥 및 놀이문화를 정착시키려는 공익이 결코 작다고 할 수 없으므로 이 사건 처분이 사실오인 및 법리오해가 있다거나 재량권을 일탈·남용하여 위법·부당하다고 할 수 없는 바, 이 사건 심판청구는 이유 없다

■ 청소년에게 주류를 제공하여 2개월의 영업정지 처분(사건번호 제특행심 2013-12)

[재결 요지]
청소년에게 주류를 제공한 법위반 사실이 명백하여 이 사건 처분이 위법·부당하지는 않으나, 1. 업소가 소규모이고 해당 영업이 유일한 생계수단인 점, 2. 동종의 처벌 전력이 없는 점, 3. 고의성이 있다고 보여 지지 않는 점, 4. 반성하고 있는 점 등을 고려할 때, 다소 가혹하므로 행정처분기준 별표23. Ⅰ. 일반기준 15. 마. 에 의하여 처분을 경감하는 것이 공익목적·사익침해 정도에 부합하다. 또한, 청구인이 이 사건 업소의 영업을 계속할 수 있도록 영업정지에 갈음한 과징금으로 선처를 바라고 있는 점을 고려하여 2개월의 영업정지 처분을 1/2감경하여 1개월로 갈음한 과징금으로 변경한다.

■ 식파라치가 의도적으로 몰래 촬영하여 신고한 사건 (사건번호 제특행심2010-0036)

[재결 요지]

영업이 이루어지는 현장을 몰래 촬영하여 신고한 것이 아니라 식파라치가 의도적으로 이 사건 처분이 된 원인을 제공한 후 이를 이용하여 촬영하고 신고를 한 것으로 보이는 점, 식파라치와 동석한 종업원이 유흥접객원인지 여부에 대한 피청구인의 입증자료의 제시가 확실하지 아니한 점, 검찰청의 불기소(기소유예) 처분 역시 위와 같은 사정을 감안한 처분으로 보이는 점 등의 사정을 종합적으로 고려한다면 피청구인이 이 사건 처분으로 실현하고자 하는 공익에 비하여 청구인이 입게 될 손실이 너무 크다 할 것이다. 그렇다면, 청구인의 청구는 일부 이유 있다 할 것이므로 이를 변경하기로 한다.

■ 의약품으로 오인·혼동할 우려가 있는 내용의 표시·광고로 보여진 사건의 처분에 위법여부(사건번호 제특행심2013-53)

[재결 요지]

청구인은 구체적인 병명(동맥경화, 고혈압, 감기 등)이 포함된 광고를 게재하였고 이는 질병의 예방 및 치료에 효능·효과가 있거나 의약품으로 오인·혼동할 우려가 있는 내용의 표시·광고로 보여 지므로 이 사건 처분에 위법은 없다. 다만, 이 사건 제품과 감귤의 효능은 서로 다른 인터넷페이지에 게시되어 있어 소비자 입장에서 허위.과대라고 오인할 여지가 적고, 소비자 피해가 없다고 보여 지며, 위반의 정도가 경미하거나 고의성이 없는 사소한 부주의로 볼 수 있고, 청구인이 장애로 인해 몸이 불편함에도 제주도의 특산품인 감귤의 상품화에 상당한 노력을 하였던 점 등을 고려하면 처분이 다소 과하다고 보이므로 영업정지에 갈음한 과징금 3,000,000원 부과처분은 이를 1,500,000원으로 변경한다.

■ 청소년에게 주류를 제공한 행위가 3월 영업정지의 행정처분에 해당하는지 여부(사건번호 제특행심2012-15)

[재결 요지]

청구인이 청소년에게 주류를 제공한 행위가 3번 적발되어 영업소폐쇄를 명한 이 사건 처분이 위법하지는 않으나, 1. 피청구인은 청구인이 행정소송 항소심에서 변론기일에 2회 출석하지 아니하여 항소가 취하로 간주되자 판결확정증명원을 발급받아 당초 영업정지를 부활시켜 3월 영업정지의 행정처분을 하였으나 청구인은 행정심판의 집행정지는 재결서 도달일, 행정소송의 영업정지처분효력정지는 판결 선고시까지로 되어 있어 피청구인의 행정처분은 잘못이 있다고 주장하여 행정심판 청구를 하여 '인용'재결을 받은 사실이 있는 점과, 2. 청구인은 피청구인에게 2011.11.10.부터 2012.02.09.까지와 2012.02.10.부터 2012.05.09.까지 영업정지 처분을 받자 2011.11.10.부터 2011.12.06. 도행정심판위원회가 집행정지신청에 대해 인용 결정하여 청구인에게 송달될 때까지 약 한 달간의 영업정지를 이행한 점 등을 비추어 보면, 피청구인에게도 영업정지의 행정처분의 기산을 잘못한 사실도 인정된다 할 것이므로 피 청구인이 청구인에게 한 행정처분은 재량의 범위를 넘어선 처분으로 보여 지므로 이를 영업정지 5월 처분으로 변경하기로 한다.

제3절 정보공개 관련 행정심판

1. 정보공개 관련 행정심판의 유형

① 정보공개처분

정보공개청구를 해 전부공개 한다는 처분을 받았으나 불충분한 정보공개인 경우

② 정보비공개처분

비공개대상으로 규정된 정보(개인의 사생활의 비밀 등) 혹은 제3자의 비공개요청으로 인해 정보를 공개하지 않는다는 결정을 받은 경우

③ 정보부분공개처분

비공개 대상부분과 공개가능 부분이 혼합되어 있으나 분리 가능해 정보를 부분공개한다는 결정을 받은 경우

④ 비공개 또는 부분공개결정에 대한 이의신청 각하·기각결정처분

비공개결정 또는 부분공개결정을 받고 이의신청을 하였으나 각하나 기각결정을 받은 경우

2. 정보공개 관련 행정심판청구서 작성 방법

2-1. 청구인

먼저 청구인이 개인인지 법인·단체인지를 먼저 선택합니다.

2-1-1. 개인의 경우

① 청구인의 성명과 주민등록번호를 기재합니다. 주민등록번호는 사건 진행 현황 조회시 사건번호를 모르는 경우 필요합니다.

② 청구인이 여러 명일 경우에는 별도의 용지에 청구인들의 이름, 주민등록번호, 주소 등을 각각 기재해 첨부할 수 있으며, 필요에 따라 3명 이하의 대표자를 선정할 수 있습니다.

③ 연락가능한 전화번호, 휴대전화번호, E-mail 주소 등을 기재합니다.

휴대전화번호, E-mail주소는 심판진행 과정에서의 각종 SMS, E-mail 안내를 위해 필요합니다.

④ 주소는 주민등록표상 주소, 거주하는 장소를 기재하여, 주소 외에 행정심판 관련서류를 받고자 하는 장소가 있는 경우에는 송달장소 란에 기재할 수 있습니다.

⑤ 사망한 자, 소멸한 법인, 사업장, 법인의 지점 등 청구인이 될 수 없는 자의 이름을 기재하면 부적법한 청구가 되어 각하 재결되므로 주의가 필요합니다.

2-1-2. 법인 또는 단체의 경우

① 법인이나 단체의 이름을 법인/단체명란에 기재하고 대표자의 성명을 대표자성명란에 기재하며, 법인이나 단체의 법인번호나 사업자등록번호 또는 대표자 주민등록번호 등을 기재합니다. 법인번호나 사업자등록번호, 대표자 주민등록번호는 사건진행 현황 조회시 필요합니다.

② 대표자의 연락 가능한 전화번호, 휴대전화번호, E-mail 주소 등을 기재합니다. 휴대전화번호, E-mail주소는 심판진행 과정에서의 각종 SMS, E-mail 안내를 위해 필요합니다.

③ 주소는 법인인 경우 법인의 주된 사무소가 소재하는 곳(법인등기부상의 주소)을 기재하고, 단체인 경우 단체의 주된 사무소가 소재하는 곳 또는 대표자의 주소를 기재합니다. 주소 외에 행정심판 관련서류를 받고자 하는 장소가 있는 경우에는 송달장소란에 기재할 수 있습니다.

2-2. 대리인

① 행정심판법에서 정하는 아래의 대리인이 선임된 경우 기재합니다.
- 법정대리인
- 청구인의 배우자, 청구인 또는 배우자의 사촌 이내의 혈족
- 청구인이 법인이거나 청구인 능력이 있는 법인이 아닌 사단 또는 재단인

경우 그 소속 임직원
- 변호사
- 다른 법률의 규정에 따라 심판청구의 대리를 할 수 있는 자
- 그 밖에 행정심판위원회의 허가를 받은 자

② 대리인이 개인인 경우, 대리인의 성명과 주민등록번호를 기재하며, 법인이나 단체인 경우 법인이나 단체의 이름을 법인/단체명란에 기재하고 대표자의 성명을 대표자성명란에 기재한 후, 법인이나 단체의 법인번호나 사업자등록번호 또는 대표자 주민등록번호 등을 기재합니다. 대리인이 법무법인, 노무법인 등의 구성원인 변호사 또는 노무사인 경우에는 해당 구성원을 대표자란에 기재합니다. 대리인의 기재사항은 법인·단체인 청구인의 기재사항을 참고하시기 바랍니다.

③ 대리인의 유형은 반드시 기재해야 합니다.

④ 대리인의 주소를 기재합니다. 대리인이 선임된 사건은 심판진행과정에서 발생하는 각종 통지 및 문서의 송달을 대리인의 주소지나 연락처로 합니다.

2-3. 피청구인

① 행정심판의 상대방으로 반드시 기재해야 합니다.

② 피청구인이란 귀하께서 행정심판을 청구한 행정기관으로서, 귀하께서 무효 위법 또는 부당하다고 주장하시는 행정처분을 행한 행정기관을 말합니다.

③ 피청구인의 명칭은 보통 귀하에 대한 처분을 한 행정기관의 장이 됩니다.

④ 피청구인의 기관검색 목록에 없는 기관은 온라인 행정심판이 지원되지 않거나 중앙행정심판위원회의 소관이 아닌 기관입니다.

2-4. 처분내용

① 심판청구에서 다투고자 하는 행정기관의 처분내용을 기재합니다.
(예시)
정보공개결정 처분, 정보비공개결정 처분, 정보부분공개결정 처분, 이의신청

기각결정처분 등

② 일정한 신청 또는 청구에 대해 아무런 처분을 하지 아니하는 것에 대한 심판청구인 경우에는 "○○○부작위처분" 으로 기재합니다.

③ 처분의 내용은 행정심판의 대상물을 확정하는 것이므로 반드시 기재해야 합니다.

2-5. 처분일

① 심판대상인 처분을 알게 된 날을 기재합니다. 문서로써 처분을 통지받은 경우 문서에 기재된 날이 아닌 실제로 처분을 알게 된 날을 기재합니다.

(예시)

행정관청으로부터 2015년 1월 20일부터 2015년 1월 30일까지 처분을 한다는 내용의 문서를 2015년 1월 10일 발송해 2015년 1월 15일 수령하였다면 처분일은 2015년 1월 15일입니다.

② 처분일을 잘 모를 경우 기재하지 않아도 됩니다.

2-6. 고지여부 및 고지내용

① 행정관청이 처분당시 처분에 대해 불복하고자 하는 경우의 절차 및 기한 등에 대해 청구인에게 알려주었는지 여부와 알려준 내용을 기재합니다.

② 대부분의 고지는 처분을 한 문서에 기재되므로 처분을 한 문서의 내용을 확인 후 고지 유무를 기재하고, 고지의 내용은 처분한 문서에 기재된 내용을 옮겨 적으시면 됩니다.

③ 고지여부 및 고지내용을 잘 모를 경우 기재하지 않아도 됩니다.

2-7. 청구취지

① 행정심판을 청구해 재결청으로부터 구하고자 하는 재결의 내용을 간략히 기재합니다.

(예시)

− 정보공개결정처분

□ 피청구인은 2015. 00. 00. 청구인에게 한 정보공개결정 처분한 사항을 이행해야 한다.

□ 피청구인이 2015. 00. 00. 청구인에게 한 정보공개결정 처분을 취소한다.

□ 피청구인은 청구인이 공개청구한 정보를 전자파일로 전송하는 형태로 청구인에게 공개하라.

— 정보비공개결정처분

피청구인이 2015. 00. 00. 청구인에게 한 정보비공개결정처분(또는 부작위)은 위법·부당하므로 피청구인은 청구인에게 정보공개를 이행해야 한다.

— 정보부분공개결정처분

□ 피청구인이 2015. 00. 00. 청구인에게 한 정보부분공개결정 처분(또는 부작위)은 위법·부당하므로 피청구인은 청구인에게 정보공개를 이행해야 한다.

□ 피청구인이 2015. 00. 00. 청구인에게 한 정보부분공개결정 처분을 취소한다.

— 이의신청 기각결정처분

□ 피청구인이 2015. 00. 00. 청구인에게 한 이의신청 기각결정 처분을 취소하고 정보공개청구서에 명시된 기존의 요청대로 원본대조필을 날인해 공개해야 한다."라는 재결을 구한다.

□ 피청구인이 2015. 00. 00. 청구인에게 한 이의신청 기각결정 처분을 취소한다.

— 정보부존재결정처분

피청구인이 2015. 00. 00. 청구인에게 한 정보부존재결정처분을 취소한다.

② 청구취지는 반드시 기재해야 합니다.

2-8. 청구원인

행정심판을 청구하게 된 이유와 처분의 위법·부당성 등에 대한 청구인의 구체적인 주장으로 반드시 기재해야 합니다. 청구원인의 기재는 따로 형식이 정해진 것은 아니나 일반적으로 다음과 같은 순서로 기재합니다.

① 이 건 처분에 이르게 된 경위

청구인이 처분 등을 받게 된 경위를 육하원칙에 따라 기재합니다.

② 이 건 처분의 위법·부당성

피청구인의 처분이 위법하거나 부당하다고 생각하는 이유와 근거를 제시합니다.

③ 결 론

청구인이 결론적으로 주장하고자 하는 바를 기재합니다.

④ 청구원인은 본란에서 직접 작성하거나 워드프로세서로 작성해 파일로 제출해도 됩니다.

2-9. 증거서류

① 청구인의 주장을 입증할 증거서류를 첨부합니다.

② 증거서류 외에도 사건과 관련해 청구인에게 유리하다고 생각되는 모든 자료를 제출할 수 있습니다.

　　예 : 진정서, 탄원서, 주민등록증·초본, 호적등본, 재직증명서, 표창장 등 각종 상장, 사업자등록증, 장애인수첩 등

3. 정보비공개 관련 행정심판청구서 작성례

[서식 예] 정보비공개결정처분 취소심판 청구서

행정심판 청구서		
접수번호	접수일	
청구인	성명 ○○○	
	주소 ○○시 ○○구 ○○길 ○○	
	주민등록번호(외국인등록번호) 111111-1111111	
	전화번호 010-1111-1234	
[ ] 대표자 [ ] 관리인 [ ] 선정대표자 [ ] 대리인	성명 ○○○	
	주소 ○○시 ○○구 ○○길 ○○	
	주민등록번호(외국인등록번호) 111111-1111111	
	전화번호 010-2222-1111	
피청구인	국가보훈처장	
소관 행정심판위원회	[ ] 중앙행정심판위원회 [ ] ○○시·도행정심판위원회 [ ] 기타	
처분 내용 또는 부작위 내용	피청구인이 20○○. ○. ○. 청구인에 대하여 한 정보비공개결 정처분 취소	
처분이 있음을 안 날	20○○년 ○월 ○일	
청구 취지 및 청구 이유	별지로 작성	
처분청의불복절 차 고지 유무	20○○년 ○월○일	
처분청의불복절 차 고지 내용	정보비공개결정처분 취소	
증거 서류		
「행정심판법」 제28조 및 같은 법 시행령 제20조에 따라 위와 같이 행정심판 을 청구합니다. 년 월 일 신청인 (서명 또는 인) **○○행정심판위원회 귀중**		
첨부서류	1. 대표자, 관리인, 선정대표자 또는 대리인의 자격을 　소명하는 서류(대표자, 관리인,선정대표자 또는 대 　리인을 선임하는 경우에만 제출합니다.) 2. 주장을 뒷받침하는 증거서류나 증거물	수수료 없음

(별 지)

<h2 style="text-align:center;">청 구 취 지</h2>

1. 피청구인이 20○○. ○. ○. 청구인에 대하여 한 정보비공개결정처분을 취
   소한다.
2. 소송비용은 피청구인이 부담한다.
라는 재결을 구합니다.

<h2 style="text-align:center;">청 구 이 유</h2>

1. 처분의 경위

 가. 청구인의 아버지인 심판외 망 ☆★☆는 19○○. ○. ○. 군대에 입대하여
    베트남전에 참전하였다가 19○○. ○. ○. 만기전역한 참전유공자입니다.
    위 심판외 ☆★☆는 월남전 참전으로 인한 고엽제후유의증으로 20○○.
    ○. ○. 고도장애판정을 받고, 20○○. ○. ○. 국가유공자로 등록된 후,
    20○○. ○. ○. 사망하였습니다.

 나. 청구인은 '국립묘지의 설치 및 운영에 관한 법률'에 따라 심판외 ●◎호
    국원에 심판외 망 ☆★☆를 위 호국원에 안장하여 줄 것을 신청하였으
    나, 심판외 ●◎호국원장은 위 ☆★☆가 20○○. ○. ○.경 교통사고를
    일으켜 금고 1년에 집행유예 2년의 형을 받은 사실이 있다는 점을 이유
    로 국립묘지안장거부처분을 하였습니다. 이에 청구인은 20○○. ○. ○.
    ◇◆지방법원에 위 거부처분의 취소를 구하는 소를 제기하여, 현재 소송
    이 계속 중입니다.

 다. 심판외 ●◎호국원에서는 안장심의대상자가 금고 이상의 형을 받은 경우
    국가보훈처 산하의 '국립묘지안장대상심의위원회'에 위 대상자가 국립묘
    지의 영예성을 침해하는지 여부에 대한 판단을 구하고, 위 위원회의 결
    정에 따라 안장여부를 결정합니다. 그리고 '국립묘지안장대상심의위원회
    운영규정' 제4조 제3항은 '영예성 훼손여부는 ①과실의 경중 또는 우발
    적인 행위여부, ②상대방이 입은 피해의 경중 또는 생계형 범죄여부, ③
    피해자와 합의 및 변제 등 적극적인 피해구제 노력여부, ④입대 이전 범
    행여부, ⑤안장대상자 자격요건 취득(유공시점 기준) 이전 범행여부, ⑥
    사면·복권 여부, ⑦병적말소, 불명예 제대, 행방불명 및 전역사유 미확인
    자 등 병적사항이상 여부를 종합적으로 고려하여 심의·의결한다.'고 규정
    하고 있습니다.

라. 이에 따라 위 사건은 국립묘지안장대상심의위원회가 위에서 규정한 제반 정상참작 요소를 종합적으로 고려하였는지 여부가 주된 쟁점이 되었습니다.

마. 위 소송 과정에서 심판외 ●◎호국원장은 위 심의위원회가 심의 과정에서 여러 가지 요소를 종합적으로 고려하였다고 주장하면서도, 구체적으로 어떠한 사유를 어떻게 고려하였는지 아무 것도 밝히지 못하고 있었습니다. 또한 위 소송 과정에서, 청구인의 경우 일반적인 경우와 달리 심판외 망 ☆★☆에 관한 여러 가지 정상참작 자료들(교통사고 당시의 합의관련 자료, 여러 기관에서 받은 봉사활동 관련 표창, 위 사고 이외에는 평생 아무런 전과가 없음을 소명하는 자료 등 일체)을 제출할 기회조차 부여받지 못하였다는 점이 드러났습니다.

바. 위 소송의 재판부는 청구인에게 '국립묘지안장대상심의위원회에서 심의를 하였다면 심의 과정을 기록한 회의록이 있을 것이므로, 이에 대한 제출을 요청하라.'는 취지의 석명을 하였고, 이에 청구인은 피청구인에게 사실조회신청을 하였습니다. 그러나 피청구인은 '회의록은 비공개 대상임'이라는 이유를 대며 회신을 거부하였고, 이에 청구인은 피청구인에게 법원을 통하여 문서송부촉탁신청을 하였으나, 이 또한 '심의위원들의 자유로운 의사개진을 보장하기 위해서 공개할 수 없다.'는 취지의 회신만을 하여 왔습니다.

사. 이에 청구인은 직접 피청구인에 대하여 '국립묘지안장대상심의위원회에서 망 ☆★☆가 국립묘지안장대상자에 해당하는지 여부를 심의하면서 작성된 회의록'에 관한 정보공개를 청구하였습니다.

아. 그러나 피청구인은 20○○. ○. ○. '안장대상심의위원회는 안장대상 여부를 결정하는 권한을 가진 의결기구로서 심의위원회에서의 자유롭고 활발한 심의, 의결이 보장되기 위해서는 위원회가 종료된 후라도 심의, 의결과정에서 개개 위원들이 한 발언내용이 외부에 공개되지 않는다는 것이 철저히 보장되어야 합니다. 만약, 참석위원의 발언 내용이 기재된 회의록이 공개된다면 위원들은 심리적 압박을 받아 솔직하고 자유로운 의사교환을 할 수 없고, 심지어 외부의 부당한 압력 등 업무의 공정성을 저해할 우려마저 있어 이러한 사태를 막아 심의위원들이 심의에 집중하도록 하여 심의의 내실화를 도모하고 공정성을 확보하기 위함입니다.'라는 이유로 청구인에게 정보비공개결정처분(이하 '이 사건 비공개처분'이라 합니다)을 통지하였습니다. 이는 위 소송에서 피청구인이 받은 문서송부촉탁에 대한 회신과 문구까지 정확하게 일치하는 내용이었습니다.

2. 관련 법령

가. 공공기관의 정보공개에 관한 법률

제9조(비공개대상정보)

① 공공기관이 보유·관리하는 정보는 공개대상이 된다. 다만, 다음 각호의 1에 해당하는 정보에 대하여는 이를 공개하지 아니할 수 있다.

    5. 감사·감독·검사·시험·규제·입찰계약·기술개발·인사관리·의사결정과정 또는 내부검토과정에 있는 사항 등으로서 공개될 경우 업무의 공정한 수행이나 연구·개발에 현저한 지장을 초래한다고 인정할 만한 상당한 이유가 있는 정보

② 공공기관은 제1항 각호의 1에 해당하는 정보가 기간의 경과 등으로 인하여 비공개의 필요성이 없어진 경우에는 당해 정보를 공개대상으로 하여야 한다.

③ 공공기관은 제1항 각 호의 범위 안에서 당해 공공기관의 업무의 성격을 고려하여 비공개대상정보의 범위에 관한 세부기준을 수립하고 이를 공개하여야 한다.

나. 국가보훈처 행정정보 공개운영지침

제5조(비공개대상 정보의 기준)

① 국가보훈처에서 관리하고 있는 정보는 공개를 원칙으로 하되, 별표 2의 기준에 해당하는 정보에 대하여는 이를 공개하지 아니할 수 있다.

② 정보공개담당관은 별표 2의 기준을 적용함에 있어 당해 정보를 공개함으로써 얻게 되는 국민의 알 권리 보장과 비공개함으로써 보호되는 다른 법익과의 조화가 이루어질 수 있도록 공정하게 공개여부를 판단하여야 한다.

③ 정보공개책임관은 정보공개법의 취지가 충분히 반영되고 각급 기관의 공무원이 보다 객관적으로 정보공개여부를 판단할 수 있도록 별표 2의 기준을 지속적으로 보완하여야 한다.

다. 국가보훈처 행정정보 공개운영지침 별표 2 : 공공기관의 정보공개에 관한 법률 제9조 제1항 제5호 관련

    8. 국가보훈위원회, 보훈심사위원회, 국립묘지안장대상심의위원회, 독립유공자공적심사위원회, 상이등급구분심사위원회 등 국가보훈처 소관 위원회 운영에 관한 정보로서 다음 각 호에 해당하는 정보

        가. 회의의 내용이 대부분 개인의 신상·재산 등 사생활의 비밀과 관련되어 있는 정보

        나. 회의의 내용이 공개로 인하여 외부의 부당한 압력 등 업무의 공정성을 저해할 우려가 있는 정보

다. 회의참석자의 심리적 부담으로 인하여 솔직하고 자유로운 의사교환이 이루어질 수 없다고 인정되는 정보

라. 심사 중에 있는 사건의 의결에 참여한 위원의 명단

3. 정보비공개결정처분의 위법성

가. '공공기관의 정보공개에 관한 법률' 및 '국가보훈처 행정정보 공개운영지침'의 규정 및 해석

1) '공공기관의 정보공개에 관한 법률(이하 '정보공개법'이라고 합니다)' 제3조 및 '국가보훈처 행정정보 공개운영지침(이하 '정보공개지침'이라고 합니다)' 제2조는 특별한 사정이 없는 한 공공기관의 정보를 국민에게 공개하도록 규정하면서, 정보공개법 제9조 및 정보공개지침 제5조에서 예외적으로 비공개하는 경우를 한정적으로 열거하고 있습니다.

2) 위 입법의 취지는 '국민의 알 권리를 보장하고 국정에 대한 국민의 참여와 국정운영의 투명성을 확보(정보공개법 제1조)'함에 있습니다. 그러므로 공공기관이 국민의 정보공개청구를 거부하기 위해서는 '국가의 안전보장 및 공공질서, 국민에 대한 사생활의 비밀과 자유' 등에 관한 개별적, 직접적, 구체적인 위협 내지 침해의 우려가 있어야 합니다.

나. 피청구인이 주장하는 이 사건 비공개처분의 이유

1) 청구인의 청구가 위 ①항 및 ④항과 관련이 없음은 분명합니다. 이는 피청구인 역시 다투고 있지 않습니다. 결국 문제는 피청구인이 청구인에게 심판외 망 ☆★☆에 대한 심의와 관련한 회의록을 공개할 경우 '외부의 부당한 압력 등으로 인하여 업무의 공정성을 저해할 우려가 있는지 또는 회의참석자의 심리적 부담으로 인하여 솔직하고 자유로운 의사교환이 이루어 질 수 없다고 인정되는지' 여부입니다.

2) 이는 정보공개법이 정보의 원칙적 공개를 규정하고 있으므로, 위 회의록의 공개에 위와 같은 우려가 있는지 여부에 대해서는 피청구인이 적극적으로 개별적, 구체적, 직접적 주장 및 입증을 해야 합니다.

3) 그런데 피청구인은 이에 관한 아무런 구체적 이유 제시도 없이 '회의록이 공개되면 회의참석자의 심리적 부담으로 인하여 솔직하고 자유로운 의사교환이 이루어질 수 없고, 외부의 부당한 압력 등으로 인하여 업무의 공정성을 저해할 우려가 있다'라고만 막연하게 주장하고 있습니다. 그러나 이는 아래에서 살펴보는 것과 같이 아무런 이유가 없습니다.

다. 청구인이 심판외 심의위원회에 영향력을 행사할 수 있는지 여부

1) 우선, '솔직하고 자유로운 의사교환을 불가능하게 하고 업무의 공정성

을 저해할 우려가 있는지'를 판단하기 위해서는, 심의위원회에 앞으로 행할만한 어떤 업무가 남아있는 것이 전제되어야 합니다. 장래에 행할 어떠한 업무가 남아있어야 거기에 부당한 영향을 미치든 말든 할 수 있을 것이기 때문입니다.

2) 그런데 이미 심의위원회는 심판외 망 ☆★☆와 관련한 자신들의 결론을 내리고 이를 외부에 공표한 상태이므로, 그들은 자신들의 업무를 모두 마쳤습니다. 이와 같은 상황에서는 청구인이 위원회의 '솔직하고 자유로운 의사교환 및 업무의 공정성'을 저해한다는 것은 현실적으로 불가능합니다.

3) 가사 심의위원회가 재심결정 등을 통해 심판외 망 ☆★☆에 대한 심의를 다시 한 번 하는 상황이 발생한다고 가정하더라도, 정치적, 경제적 영향력을 가진 사회인사도 아닌 청구인이 심의위원회에 어떠한 방법으로 부당한 압력 내지 영향력을 행사할 수 있을지 지극히 의문입니다.

4) 그러므로 청구인이 심의위원회에 부당한 압력을 행사할 가능성이 있어 심의위원회의 업무의 공정성을 해할 수 있다거나, 회의참석자의 솔직하고 자유로운 의사교환을 하기 어렵다거나 하는 취지의 주장은 이유가 없습니다.

라. 심의위원회의 회의록 내지 회의자료는 심의.결정의 종료 이후에도 무제한적, 무조건적으로 비공개대상으로 남아야 하는지 여부

1) 피청구인의 '외부의 부당한 압력 등' 운운하는 주장을 백번 양보하여 선해하더라도, 이는 '심의위원들이 결정을 내린 후에 회의록이 공개된다면 심의위원회에서의 결정 과정 내지 결과에 대해 비판이 가해질 수 있고, 심의위원들은 차후의 그러한 비판을 의식하여 활발하고 자유로운 토론을 하지 못할 가능성이 있다'는 취지의 주장으로 해석할 수 있을 것입니다. 그러나 이는 정보공개법 제9조 제2항의 '비공개 정보도 비공개의 필요성이 없어진 경우에는 당해 정보를 공개대상으로 하여야 한다.'는 규정에 정면으로 배치되는 주장입니다.

2) 심의 도중에는 외부의 부당한 압력 내지 의사결정과정의 왜곡 등의 염려가 있으므로 회의록 내지 회의자료를 공개하지 않을 수 있지만, 심의를 마친 이후까지 그러한 필요성이 지속된다고 보기 어렵습니다. 오히려 심의를 마친 후에는 회의록 내지 회의자료를 국민들이 열람할 수 있도록 공개하여, 심의 과정에서 부당한 의사결정과정의 왜곡은 없었는지, 외부의 부당한 압력이 있었던 것은 아닌지, 심의위원들의 심의가 충실하게 이루어졌는지 등을 국민으로부터 검증받고, 이를 바탕

으로 심의의 질을 높이는 과정이 필요하다고 보는 것이 합리적입니다.

3) 피청구인은 심의 이후에 심의 내용이 공개되면 심의위원들이 심리적으로 위축된다고 주장하나, 충실하고 올바른 심의과정을 거쳐 떳떳한 결론을 도출해낸 것이라면 그 과정을 국민 앞에 공개하지 못할 이유가 없습니다. 국민 앞에서 영원히 검증받지 않을 수 있는 특혜 앞에서만 '할발하고 자유로운' 토론이 가능하다는 권위주의적 밀실 행정식 발상이 아니라면, 국민의 알 권리 보장과 행정의 투명성 제고를 위해 원칙적으로 심의 및 의결이 종료된 이후에는 회의 내용의 공개를 지향해야 합니다. 그것이 정보공개법 제9조 제2항의 규정 취지에도 부합하고, 민주주의적이고 국민 친화적인 선진 행정문화 정착과도 맥을 같이 합니다.

4) 경우에 따라서 회의 내용의 전면적 공개가 부적절한 경우가 있을 수 있고, 공개의 범위 및 공개의 대상을 한정해야 할 경우도 있을 수 있습니다. 그러나 이는 어디까지나 '공개의 원칙'에 대한 예외로서, 이에 대한 구체적인 필요가 있는 경우에 한하여 받아들여져야 하는 것입니다. 그럼에도 불구하고 피청구인은 '원칙적 비공개, 예외는 없다.'라는 태도를 취하고 있는데, 이러한 권위적이고 독선적인 태도는 결국 국민과의 소통 부재로 인한 신뢰의 상실로 이어질 수밖에 없는 것이어서 반드시 개선되어야 합니다.

5) 청구인의 이 사건 정보공개청구는 심판외 망 ☆★☆에 관하여 안장비대상결정을 한 심의위원회의 심의결과에 불복하는 과정에서 이루어진 것입니다. 즉, 청구인은 심판외 ●◎호국원장에게 심판외 망 ☆★☆에 대한 안장거부처분의 위법 부당함을 주장하며 안장거부를 한 이유를 밝혀 달라고 수차례 요구했으나, '제반 사정을 참작하였다'는 형식적인 답변만을 들었을 뿐 아무런 실질적인 대답을 듣지 못하였습니다. 이에 청구인은 이의신청 및 행정심판을 거쳐 행정소송에 이르게 되었고, 재판부의 석명에 따라 회의록에 대한 사실조회신청 및 문서송부촉탁신청을 하였음에도 거절당하자 이 사건 정보공개청구를 하기에 이른 것입니다.

6) 아무런 관계없는 제3자도 아닌 직접적 이해당사자가 소송으로서 피청구인 산하의 심의위원회의 결정에 불복하면서 이를 뒷받침하기 위한 자료로 사용하기 위하여, 그리고 이를 판단하는 법원이 사실심리를 충실히 하기 위하여 필요한 자료로서 해당 정보의 공개를 청구하는데도 이를 공개할 수 없다면, 피청구인을 견제하고 비판할 수 있는 이는 도대체 누구라는 것인지 의문입니다.

4. 결 론

이와 같이 피청구인의 이 사건 정보비공개결정처분은 아무런 법적 근거가 없는 위법.부당한 처분이므로, 청구인은 피청구인의 위법한 처분의 취소를 구하기 위하여 이 사건 심판을 제기하였습니다.

입 증 방 법

1. 갑 제1호증 (정보비공개결정통지서)

첨 부 서 류

1. 위 입증방법 각 1통
1. 심판청구서 부본 1통
1. 납부서 1통

20○○년 ○월 ○일

위 청구인 ○○○ (인)

○○행정심판위원회 귀중

■ 참 고 ■

제출 기관	피청구인 또는 행정심판 위원회(행정심판법 23조)	청구기간	- 처분이 있음을 안 날로부터 90일 - 처분이 있은 날로부터 180일 (행정심판법 27조)
청구인	피처분자	피청구인	행정처분을 한 행정청
제출 부수	청구서 및 부본 각1부	관련법규	행정심판법
불복 방법	- 행정심판 재청구의 금지(행정심판법 51조) 행정심판법상 행정심판의 단계는 단일화되어 있어 재결에 대한 행정심판 재청구는 할 수 없다. 다만, 국세기본법 등의 개별법에서는 다단계의 행정심판을 인정하고 있음 - 재결에 대한 행정소송(행정소송법 19조, 38조) 재결자체에 고유한 위법이 있을 때에는 재결 그 자체에 대한 취소소송 및 무효등확인소송을 제기할 수 있음 - 다만, 청구인은 기각 재결 등 청구인의 주장이 인용되지 아니한 경우에는 원행정처분에 대하여 행정소송으로 다툴 수 있음(행정소송법 18조)			

■ 학교폭력대책자치위원회의 회의록을 공개하라는 정보공개청구를 할 수 있는지요?

Q A중학교에 다니는 甲은 같은 반 친구를 지속적으로 괴롭혔는데, 이에 대하여 학교폭력대책자치위원회의 요청에 따라 A중학교 교장 乙은 '조건부 퇴학처분' 징계를 내렸습니다. 甲의 부모는 자치위원회의 회의록을 공개해줄 것을 요청하였지만, 乙은 공개를 거부하였습니다. 甲의 부모가 자치위원회의 회의록을 공개해줄 것을 청구할 수 있는지요?

A 국민의 알 권리를 보장하기 위하여, 「정보공개법」에서는 모든 국민이 정보의 공개를 청구할 권리를 가진다고 규정하고 있습니다. 다만 사생활의 비밀과 같은 다른 기본권과의 조화를 위하여 「정보공개법」에서는 공공기관이 공개하지 않을 수 있는 비공개대상정보를 규정하고 있습니다. 공공기관이 국민의 정보공개청구에 대하여 「정보공개법」상의 비공개사유가 없음에도 공개하지 않는다는 '비공개처분'을 하였을 경우에는, '비공개처분'에 대한 행정심판이나 행정소송을 제기하여 이를 다툴 수 있습니다.

과거에는 「학교폭력예방 및 대책에 관한 법률」제21조 제3항에서 학교폭력대책자치위원회의 회의를 공개하지 아니한다고 규정하고 있어, 판례도 이러한 취지에서 자치위원회의 회의록에 대한 정보공개청구를 받아들이지 아니하였습니다. 하지만 2011. 5. 19. 「학교폭력예방 및 대책에 관한 법률」이 개정되어 제21조 제3항 단서에 '피해학생·가해학생 또는 그 보호자가 회의록의 열람·복사 등 회의록 공개를 신청한 때에는 학생과 그 가족의 성명, 주민등록번호 및 주소, 위원의 성명 등 개인정보에 관한 사항을 제외하고 공개하여야 한다.'는 내용이 추가되었습니다.

따라서 甲과 그 부모는 乙의 비공개처분이 「학교폭력예방 및 대책에 관한 법률」 제21조 제3항 단서에 위반함을 들어 행정심판 또는 행정소송을 통하여 다툴 수 있다고 판단됩니다.

● 행정심판 재결례

■ 국민연금 기금에 대한 정보공개 요구(사건번호 2017-13535)

[재결 요지]

청구인은 2017. 4. 11. 피청구인에게 '국민연금 기금의 2017. 3. 24. ㈜○○에 대한 정기주총 주주의결권 행사내역과 관련하여 ① 국민연금 기금 의결권 행사 지침 제8조에 따른 투자위원회에서 결정한 위의 의결권 행사 기준 등이 포함된 회의록 및 의결 내용 일체, ② 위의 제1호 안건 '회장선임 의결'에 대하여 '중립'의결에 대한 주식 수 배분 결과 확인내역-찬성, 반대 주식 수 정당 적용 확인여부, ㈜○○에 실제 확인 하였는지 여부 및 국민연금기금의 실제 찬성과 반대 배정 주식 수의 정보공개를 청구하였으나 피청구인은「공공기관의 정보공개에 관한 법률」제9조제1항제5호 및 제7호에 해당하는 비공개대상정보라는 이유로 정보 비공개결정통지를 하였다. 이에 청구인은 비공개 사유에 해당한다고 판단할 명확한 이유가 없다고 주장하였으나 위원회는 정보 ①은 비공개 대상정보이고 정보 ②는 정보공개법 제2조의 '정보'에 해당한다고 보기 어려워 정보 ②에 대한 청구는 행정심판의 대상이 아닌 사항을 대상으로 한 부적법한 청구인 것으로 판단하였다.

■ 입학전형시험에 대한 정보공개 요구(사건번호 2017-07106)

[재결 요지]

청구인은 피청구인에게 정보의 공개를 청구하였으나, 피청구인은 청구인에게 이 사건 정보는 시험에 관한 사항으로 비공개대상 정보에 해당한다는 이유로 비공개하였다. 이에 청구인은 이 사건 정보의 공개로 인해 입학전형 업무의 공정한 수행이 객관적으로 현저하게 지장을 받을 것이라고 보기 어렵고, 입학전형의 공정성과 객관성에 대한 국민 감시의 필요성이 크며, 전문대학원의 실제 채점기준의 공개 거부처분에 대하여 취소를 구하는 행정심판에서 인용된 사례도 있으므로, 이 사건 정보를 공개하지 않은 피청구인의 이 사건 처분은 위법·부당하다고 주장하였다. 위원회는 피청구인이 '의학전문대학원의 신입생 입학전형기준 관련 각 서류심사 채점(배점)표 및 면접심사 채점(배점)표' 보유·관리하고 있다고 인정할 만한 상당한 개연성이 있는 객관적인 자료도 확인되지 않는바, 청구인에게 법률상 이익이 있다고 볼 수 없으므로 각하하고 나머지 정보는 평가분야나 평가요소별 평가기준이나 배점으로 표현된 계량적 수치와 그 주관적인 평가 결과 사이의 정합성을 둘러싸고 이해관계를 가진 자들로부터 시시비비에 휘말려 공정한 평가업무 수행에 지장을 초래할 우려가 있는 점 등을 고려하면, 정보가 공개될 경우 시험업무의 수행에 현저한 지장을 초래한다고 인정할 만한 상당한 이유가 있다고 인정되므로, 피청구인이 정보공개를 거부한 부분이 위법·부당하다고 할 수 없다고 재결하였다.

■ 군인 장관급 진급자에 대한 정보공개 요구(사건번호 2017-10581)

[재결 요지]

청구인은 피청구인에게 '2014년부터 현재까지 장관(원수, 대장, 중장, 소장 및 준장) 진급자의 출신대학교별/연도별 인원현황, 장관 진급자의 출신대학원별/연도별 인원현황, 장관 진급자의 학력별/연도별 인원현황'의 공개를 청구하였고, 피청구인은 청구인에게 이 사건 정보가 「개인정보 보호법」, 「국방 정보공개운영 훈령」, 「군사보안업무훈령」에 따라 공개가 제한되는 정보라는 이유로 정보비공개결정을 하였다. 이에 청구인은 이 사건 정보는 장관진급자들의 학력·출신학교·인원수와 같은 단순한 통계자료로서 행정 감시 등 공공의 이익을 목적으로 사용하려는 것이므로 개인정보보호를 이유로 해당 정보를 공개하지 않아야 할 이유는 없으므로 피청구인은 이 사건 정보를 공개하여야 한다고 주장하였다. 위원회도 구체적인 비공개사유를 기재하지 아니한 채 「개인정보 보호법」, 「국방 정보공개운영 훈령」, 「군사보안업무훈령」에 따라 공개가 제한되는 정보라는 개괄적인 사유만을 들어 공개를 거부한 이 사건 처분은 위법·부당하다고 판단하였다.

■ 일부정보는 비공개대상정보라는 이유로 정보 비공개결정(사건번호 2017-02000)

[재결 요지]

청구인은 피청구인에게 정보의 공개를 청구하였고 피청구인은 일부정보는 비공개대상정보라는 이유로 정보 비공개결정통지를 하였고, 인터넷 전자관보에 게재되어 있는 정보는 검색방법을 안내하는 내용의 정보 공개결정통지를 하였다. 이에 위원회는 피청구인이 보유·관리하고 있지 않은 정보에 관한 부분에 대해서는 각하, 공단의 정당한 이익을 현저히 해칠 우려가 있다고 보기 어려운 정보에 관한 부분은 공개, 나머지 정보에 대하여는 기각 재결을 하였다.

■ 광물시험료와 관련하여 정보공개 청구(사건번호 2017-07966)

[재결 요지]

청구인은 피청구인에게 광물시험료와 관련하여 정보공개를 청구하였고, 피청구인은 청구인에게 비공개대상정보라는 이유로 정보비공개결정을 통지하였다. 이에 청구인은 수익자에게 부담하게 하는 사업 경비의 산정기준은 공고하도록 되어 있고, 그 기준에 따른 시험료 산출내역이 경영상·영업상 비밀에 해당한다고 볼 수 없으므로, 이를 비공개한 피청구인의 이 사건 처분은 위법·부당하여 취소되어야 한다고 주장하였으나 피청구인 공사의 사장이 정하는 광물시험료는 피청구인의 내부 경영·영업상의 독자적 판단에 따라 결정되는 것이므로 그 결정기준이 된 항목별 산출금액이 기재된 이 사건 정보는 '법인 등의 경영·영업상의 비밀'에 해당하고, 이러한 정보가 공개될 경우 타 시험기관에 시험방식 등이 노출될 우려가 있어 피청구인 공사의 정당한 이익을 현저히 해할 우려가 있음이 인정되며, 달리 이 사건 정보가 위법·부당한 사업활동으로부터 국민의 재산 또는 생활을 보호하기 위하여 공개할 필요가 있는 정보에 해당된다고 볼만한 사정도 보이지 않으므로 이 사건 정보를 비공개한 피청구인의 이 사건 처분이 위법·부당하다고 할 수 없다고 재결하였다.

■ 부모신상 등을 기재하여 직업 등을 추정 또는 특정이 가능한 각 로스쿨의 입학자의 수 및 기재사례의 통계 등에 관한 모든 정보공개 요구(사건번호 2017-10582)

[재결 요지]

청구인은 피청구인에게 '부모신상 등을 기재하여 부모직업 등을 추정 또는 특정이 가능(교직원 자녀 포함)한 각 로스쿨의 입학자의 수 및 기재사례의 통계 등에 관한 모든 정보'(이하 '이 사건 정보 ①'이라 한다), '부모의 직업을 암시적으로 기재한 각 로스쿨의 입학자의 수 및 기재사례의 통계 등에 관한 모든 정보'(이하 '이 사건 정보 ②'라 한다), '신상기재금지를 고지하였음에도 면접관에게 자기소개서를 제출한 A대학의 실명'(이하 '이 사건 정보 ③'이라 한다), '교육부는 각 로스쿨로부터 실질반영방법 및 실질반영비율에 관한 자료(실제채점기준)를 제출받아 자기소개서의 신상기재와 합격과의 인과관계를 확인할 수 없었다고 판단하였는지 아니면 실제채점기준과 대조 없이 자기소개서의 신상기재여부만으로 인과관계를 확인할 수 없었다고 판단하였는지 여부에 관한 공식 답변'(이하 '이 사건 정보 ④'라 한다)에 대한 정보공개를 청구하자, 피청구인은 청구인에게 이 사건 정보 ①, ②, ④에 대해서는 정보부존재 결정을, 이 사건 정보 ③에 대해서는 대학의 실명을 공개할 경우 해당 학생의 실명을 유추할 수 있는 단서가 되므로 「개인정보 보호법」에 따라 공개가 불가능하다는 취지의 정보 비공개 결정·통지를 하였다. 이에 청구인은 우리 위원회에 이 사건 정보 ①, ②, ③, ④의 공개 이행을 구하는 행정심판을 제기하였다. 그 이후 보충서면을 제출하면서 이 사건 정보 ① 중 로스쿨의 입학자 수 부분 및 이 사건 정보 ④의 공개청구에 대해서는 심판청구를 취하하였다. 위원회는 ① 중 기재사례 통계 등에 관한 모든 정보 및 이 사건 정보 ②에는 공개를 구할 법적 이익이 없어 부적법한 청구이며, ③의 공개로 얻어지는 공익에 비해 개인의 사생활 보호가 결코 작다고 할 수 없어 피청구인이 이 사건 정보 ③에 대해 정보공개법 제9조제1항제6호에 해당한다는 이유로 비공개한 이 사건 처분은 위법·부당하다고 할 수 없고, 피청구인에게 이 사건 정보 ③을 공개할 의무가 없다고 판단하였다.

■ 학교폭력대책지역위원회 재심 회의록 정보공개 청구(사건번호 2017-16565)

[재결 요지]

청구인은 2017. 6. 30. 피청구인에게 ① 2017년 5월 경기도 학교폭력대책지역위원회 재심(○○초등학교 피해학생 이○○ 관련 지역위원회 재심 회의록), ② 2017년 6월 경기도 지역위원회 재심(○○초등학교 피해학생 이○○ 관련 지역위원회 재심 회의록)의 공개를 청구하였고, 피청구인은 같은 날 청구인에게 이 사건 정보는 「공공기관의 정보공개에 관한 법률」제9조제1항제1호 및 제5호, 「학교폭력예방 및 대책에 관한 법률」제21조 및 같은 법 시행령 제24조.제33조에 해당하는 정보라는 이유로 비공개 한다고 통지하였다. 이에 청구인은 이의신청을 하였지만 피청구인은 이의신청 기각결정 통지를 하였다. 회의가 비공개인 것과 피해 당사자의 회의록 열람에 있어 비밀범위를 제외하고 공개하는 것은 별개의 것이므로, 피청구인은 자치위원회 회의록과 동일한 방식으로 이 사건 정보를 공개하여야 한다고 주장하였다. 위원회도 피해학생의 보호자가 지역위원회 회의록의 공개를 신청하는 경우 자치위원회 회의록과 달리 비공개해야 할 합리적 이유도 인정되지 않아 이 사건 처분이 위법.부당하다고 판단하였다.

■ ○○년도부터 ○○년 현재까지 설치된 인공어초 좌표파일 정보공개 청구(사건번호 2017-08895)

[재결 요지]

청구인은 피청구인에게 '2000년도부터 2017년 현재까지 설치된 인공어초 좌표파일'의 공개를 청구하였고, 이에 대하여 피청구인은 2017. 3. 16. 청구인에게 정보비공개결정을 하였다. 청구인은 피청구인에게 이의신청을 하였고, 피청구인은 청구인에게 「인공어초사업 집행 및 관리규정」에 인공어초 위치정보는 '어업인 등'이 활용할 수 있다고 규정되어 있으나 레저를 위한 일반 낚시인은 「수산업법」에 정한 '어업인 등'의 범주에 포함되어질 수 없다는 이유로 이의신청 기각결정을 하였다. 이에 청구인은 이 사건 정보는 「공공기관의 정보공개에 관한 법률」 제9조의 비공개사유가 될 수 없다고 주장하였다. 위원회도 이사건 정보는 공공데이터법 제28조제1항제1호의 적용대상이 되지 않고, 정보공개법 제9조제1항제1호에 따른 '법률 또는 법률에서 위임한 명령에 따라 비밀이나 비공개 사항으로 규정된 경우'에 해당한다고 볼 수 없다고 판단하였다.

■ 한국농어촌공사가 시행한 경영회생지원 농지매입사업 현황에 대해 연도, 사업시행 장소 정보공개 청구(사건번호 2017-09871)

[재결 요지]

청구인은 한국농어촌공사 ○○지사장에게 '2008년 이후 한국농어촌공사 ○○지사가 시행한 경영회생지원 농지매입사업 현황에 대해 연도, 사업시행 장소'에 대한 정보공개를 청구하였고, 피 청구인은 청구인에게 이 사건 정보에 포함되어 있는 이름, 주민등록번호 등 개인에 관한 사항으로서 공개될 경우 개인의 사생활의 비밀 또는 자유를 침해할 우려가 있다고 인정되는 정보로 「공공기관의 정보공개에 관한 법률」제9조제1항제6호에 해당된다는 이유로 정보 비공개결정을 하였다. 이에 청구인은 이의신청을 하여 사업시행 장소는 소재지 행정단위(○○리)까지 공개'하고, 나머지 정보는 당해 정보에 포함되어 있는 이름, 주민등록번호 등 개인에 관한 사항으로서 공개될 경우 개인의 사생활의 비밀 또는 자유를 침해할 우려가 있다고 인정되는 정보로 정보공개법 제9조제1항제6호에 해당된다는 이유로 청구인에게 정보공개 이의신청 부분인용결정을 하였다. 청구인은 공익을 위하여 공개 되어야 한다고 주장하였으나 심판청구 중 '○○농지-796호(2017. 3. 7.) 3)'항의 지자체통보를 이행하라는 청구부분은 심판청구요건을 갖추지 못한 부적법한 청구이므로 이를 각하하기로 하고, 이 사건 정보가 공개될 경우 보호받아야 될 토지소유자의 개인정보가 그대로 드러나게 되는바 개인의 사생활의 비밀 또는 자유를 침해할 우려가 있다고 인정되는 정보로 판단하여 기각하였다.

■ ○○ 재정건전화 연구용역결과보고서 정보공개 청구(사건번호 2015-0023)

[재결 요지]

청구인이 2014. 12. 23. 피청구인에게 '○○ 재정건전화 연구용역결과보고서'에 대한 정보공개를 청구하자, 피청구인은 2015. 1. 5. 이 사건 결과보고서의 내용이 「공공기관의 정보공개에 관한 법률」 제9조제1항제7호의 '법인·단체 또는 개인의 경영상·영업상 비밀에 관한 사항으로서 공개될 경우 법인 등의 정당한 이익을 현저히 해칠 우려가 있다고 인정되는 정보'에 해당함을 이유로 이를 비공개하는 정보공개 거부처분을 내렸다.

이 사건 결과보고서는 피청구인의 경영·영업상 비밀에 관한 사항을 담고 있고 원칙적으로 공개가 가능한 정보와 공개할 경우 피청구인의 정당한 이익을 해할 우려가 있는 비공개대상 정보가 혼재되어 있는바, 두 부분은 분리 가능하지 않거나 분리하여 공개한다 하더라도 공개청구의 취지에 어긋날 우려가 있으므로 부분 공개할 수 있는 성질의 것이 아니라고 판단되므로 이 사건 결과보고서 전체에 대하여 비공개하기로 하여 청구인의 정보공개 청구를 거부한 이 사건 처분은 적법·타당하다.

■ 적성검사의 점수취득기준 정보공개 청구(사건번호 2014-21302)

[재결 요지]

해양경찰공무원(해기사, 전경) 특별채용시험의 점수는 응시자가 체크한 항목을 바탕으로 적성검사프로그램을 통해 등급을 판정하여 환산되기 때문에 별도의 '적성검사의 점수취득기준'은 피청구인이 보유·관리하고 있지 아니하는 것으로 보이며, '적성점수에서 과락의 존재 여부'는 피청구인이 청구인에게 이미 공개한 바 있으므로, 이에 관한 청구인의 청구는 부적법하다. 청구인이 이 사건 시험에 대한 '필기점수', '체력점수' 및 '가산점'을 지정기간 내 인터넷검색, 현장 확인 및 가산점 계산 등을 통해 알고 있었거나 알수 있었다 하더라도 청구인이 본인의 점수를 최종적으로 확인할 수 있도록 하여야 하고 그것이 공개된다고 하여 피청구인의 시험에 관한 업무수행에 공정성을 해칠 우려가 있다고 보이지 않는다. 그러나 '청구인의 적성점수, 면접점수', '청구인의 면접에 관한 자료', '이 사건 시험의 해기사(항해)분야 응시자들의 총합산점수가 나와 있는 자료[인적사항 제외]'는 공개될 경우 주관적 평가 결과의 정합성 시비에 휘말려 피청구인의 시험업무 수행에 현저한 지장을 초래할 상당한 이유가 있다고 인정된다.

■ 중등교사 전보 내신 관련 ○○지역을 제1순위로 희망한 수학 과목 교사의 전보년수별 인원수 일체 정보공개 청구(사건번호 2014-2749)

[재결 요지]
청구인이 공개청구한 '2014학년도 경기도교육청 중등교사 전보 내신 관련 ○○지역을 제1순위로 희망한 수학 과목 교사의 전보년수별 인원수 일체'는 더 이상 의사결정 내지 내부검토 과정에 있는 사항이 아니어서 공개하여도 업무의 공정한 수행에 현저한 지장을 초래할 우려가 크지 않은 점, 청구인의 청구가 단지 근무년수별 인원수를 공개하라는 취지에 불과한 점, 피청구인이 이 사건 처분의 사유로 들고 있는 ·민원사무처리에 관한 법률· 제26조는 이 사건 정보를 비밀이나 비공개 사항으로 규정한 것으로 볼 수 없는 점 등에 비추어 볼 때, 정보공개법 제9조제1항제5호 및 ·민원사무처리에 관한 법률· 제26조를 근거로 한 이 사건 처분은 위법·부당하므로, 피청구인은 위 정보를 공개할 의무가 있다.

■ 건강보험공단에서 본인 주민번호, 건강보험가입번호 등으로 조회한 모든 내역 정보공개 청구(사건번호 2015-7407)

[재결 요지]
청구인이 피청구인에게 공개 청구한 '2012년 7월부터 2014년 12월까지 건강보험공단에서 본인 주민번호, 건강보험가입번호 등으로 조회한 모든 내역'은 피청구인이 로그파일 등의 기초자료를 전자적 형태로 보유·관리하고 있다고 볼 수 있고 그 기초자료를 검색하고 편집하는 과정으로 인해 업무 수행에 현저한 지장을 초래할 우려가 있다고 보기는 어려우므로 이 사건 정보가 부존재하다는 이유로 정보공개를 거부한 피청구인의 이 사건 처분은 위법·부당하다.

■ 직장 내 불륜에 의한 친자확인 유전자감식 사례 정보공개 청구(사건번호 강
   행심2015-50)

[재결 요지]

청구인은 피청구인 직장 내 불륜에 의한 친자확인 유전자감식 사례가 있는
지 여부와 이와 같은 사례가 있으면 이를 공개하여 달라는 내용의 정보공
개 청구를 하였는데, 이 사건 대상이 되는 정보는 피청구인이 직무상 작성
또는 취득하여 보유·관리하고 있는 정보가 아니라고 판단되는 점, 피청구인
이 직무상 작성 또는 취득하여 보관하고 있는 객관적인 자료가 없는 점 등
을 고려할 때 공개할 정보가 존재하지 않아 정보부존재 결정 통지한 피청
구인의 이 사건 처분은 적법·타당하다.

■ 신문사별 구독부수, 생산방법·판매방법, 그 밖에 영업활동에 유용한 기술
   상·경영상 정보공개 청구(사건번호 2017-1046)

[재결 요지]

신문사별 구독부수는 피청구인의 예산 집행과 관련된 것이어서, 행정의 투명
성과 책임성의 관점에서 원칙적으로 공개대상 정보에 해당하는 것으로 보아
야 하고, 피청구인에게 신문을 판매하고 있다는 사실이 신문사의 생산방법·
판매방법, 그 밖에 영업활동에 유용한 기술상·경영상 정보에 해당하는 '경영·
영업상 비밀'에 해당한다고 볼 수 없으며, 피청구인의 신문사별 구독현황 공
개가 기존 신문사의 정당한 이익을 현저히 해할 우려가 있다고 볼 수 없다.

■ 통장위촉보고서 중 동장의견 정보공개 청구(사건번호 2017-1066)

[재결 요지]

통장위촉보고서 중 동장의견의 공개여부는 통장을 위촉하는 과정에서 동장의 통장후보자에 대한 개별의견은 평가자가 보유하고 있는 전문적 식견 등에 근거한 평가자의 주관적 평가이므로 만일 동장 의견 내용이 기재된 통장위촉보고서가 공개된다면 동장은 심리적 압박을 받아 자유로운 의견을 개진할 수 없고 심지어는 후보자별로 무난한 의견을 개진할 우려마저 있어 공정성 확보에 지장을 초래할 수 있으며, 그 평가업무의 수행자체에 지장을 초래할 것이 명백함은 물론, 궁극적으로는 추천 업무의 존립이 무너지게 될 염려가 있으므로 통장위촉보고서 중 동장의견은 정보공개법 제9조 제1항 제5호의 '공개될 경우 업무의 공정한 수행에 현저한 지장을 초래한다고 인정할 만한 상당한 이유가 있는 정보'에 해당한다.

■ 단체협약 및 임금협정서 등 회사와 교섭대표노동조합이 협의한 내용 정보공개 청구(사건번호 2017-488)

[재결 요지]

단체협약 및 임금협정서는 회사와 교섭대표노동조합이 협의하여 근로시간 및 근로형태, 임금지급체계, 인사, 징계, 쟁의행위 등에 관하여 정한 문서로서 노동조합원은 물론 노동조합원이 아닌 근로자에게 공개되어야 하는 문서로, 정보공개법 제9조 제1항에서 정하는 회사의 '경영·영업상 비밀에 관한 사항'이라고 할 수 없다. 또한 공공기관이 보유·관리하고 있는 정보라면 정보공개를 청구한 자가 회사와 관계가 없다고 하더라도 국민의 알 권리 보장 등을 위해 공개가 필요하다.

■ 조합 해산 시 제출된 해산 동의서의 이름, 거주지 등의 개인 정보공개 청구 (사건번호 2017-489)

[재결 요지]

주택재건축정비사업조합의 조합 해산 시 제출된 해산 동의서의 이름, 거주지 등의 개인정보는 공개될 경우 개인의 사생활의 비밀 또는 자유를 침해할 우려가 있는 사항으로서 정보공개법에서 정하는 비공개 대상 정보에 해당된다.

■ 사망진단서 정보공개 청구(사건번호 2017-311)

[재결 요지]

정보공개법 제9조 제1항 제1호에서는 다른 법률 또는 법률에서 위임한 명령에 따라 비밀이나 비공개 사항으로 규정된 정보는 공개하지 아니할 수 있다고 정하고 있어 의료법에 따라 사망진단서는 비밀이나 비공개사항으로 규정된 정보에 해당하고, 정보공개법 제4조 제1항은 정보의 공개에 관하여는 다른 법률에 특별한 규정이 있는 경우를 제외하고는 이 법에서 정하는 바에 따른다고 규정하고 있고, 의료인이나 의료기관에 종사하는 자가 환자에 관한 기록을 환자가 아닌 다른 사람에게 열람하게 하거나 사본을 교부하는 경우 의료법과 그 시행령에서 그 요건과 절차를 상세하게 규정하고 있으므로, 정보공개법 제4조 제1항에 따라 의료법이 우선하여 적용된다.

■ 정비구역 직권해제에 동의하는 토지등소유자들의 이름, 주소 등 정보공개 청구(사건번호 2016-1219)

[재결 요지]

정비구역 직권해제동의자(요청자) 명부 및 토지등소유자별 직권해제동의서에는 정비구역 직권해제에 동의하는 토지등소유자들의 이름, 주소 등이 기재되어 있는 것으로 이 사건 정보가 공개될 경우 이 사건 조합, 조합의 임원 및 이 사건 사업구역의 정비구역 직권해제에 반대하는 측에 의하여 정비구역 직권해제에 동의한 토지등소유자 등의 인격적·정신적 내면생활에 지장이 초래되거나 자유로운 사생활을 영위하는데 위험성이 초래될 것으로 예상되므로 비공개대상 정보에 해당한다.

■ 재정비촉진구역조합 설립동의서 정보공개 청구(사건번호 2016-1268)

[재결 요지]

청구인이 피청구인에게 공개요청한 ○○○○재정비촉진구역조합 설립동의서는 도시정비법 제81조에 따라 추진위원회 위원장 또는 사업시행자가 공개요청에 응하여야 할 시행에 관한 서류 및 관련자료에 해당하고, '서울시 조합원명부 등 공개업무처리기준'도 조합설립동의서를 도시정비법 제81조에 따른 공개의무 대상에 포함되는 것으로 규정하였다. 따라서 사업시행자 등은 주민등록번호를 제외하고, 공개요청에 응하여야 할 것이고, 해당 사업시행자 등이 공개요청에 응하지 않을 경우, 정보를 보유한 구청장 등이 개인정보보호법에 의한 조치를 한 후 정보를 공개하여야 할 것이다.

■ 인성검사 및 1차면접 전형 자료 정보공개 청구(사건번호 2016-925)

[재결 요지]

청구인이 피청구인에게 정보공개를 청구한 정보 중 인성검사 및 1차면접 전형 자료는 합격자를 결정하기 위한 심의와 평가내용에 관한 정보에 해당하는바, 이러한 정보가 공개될 경우 단순 수치만으로 계량화할 수 없는 추상적인 평가기준에 따른 주관적인 평가결과 등을 둘러싸고 시시비비가 발생할 우려가 농후하고 이로써 공정하고 중립적으로 이루어져야 할 신입사원 채용업무와 면접관의 면접평가업무 등의 수행에 현저한 지장을 초래한다고 인정할 만한 상당한 이유가 있다.

■ 새로운 정보의 생산 또는 가공에 해당하는 정보공개 청구(사건번호 2016-743)

[재결 요지]

이 사건 CCTV는 위·변조 방지를 위하여 편집기능이 제공되지 않으므로 녹화 영상 일부분을 모자이크 처리하거나 삭제하는 등의 편집행위를 할 수 없고, 피청구인이나 CCTV 제작업체가 통상 사용하는 컴퓨터 하드웨어, 소프트웨어와 기술적 전문지식을 이용하여 녹화된 영상을 가공할 수 있는 별도의 방법이 없는 것으로 보인다. 설령 편집기술을 가진 사람이 화면갈무리 기능을 통하여 프레임단위로 동영상을 갈무리한 다음 각각의 프레임을 그림파일 형태의 별도 파일로 저장하여 모자이크처리를 한 뒤 영상압축기술을 이용하여 새로운 동영상을 만든다고 하더라도 이는 새로운 정보의 생산 또는 가공에 해당하는데, 정보공개법에 따른 정보공개제도는 공공기관이 보유·관리하는 정보를 그 상태대로 공개하는 제도이므로, 새롭게 생산 또는 가공된 정보는 이 사건 정보공개 청구의 대상이 될 수 없다고 할 것이다. 따라서 분리공개는 가능하다고 보기 어렵다.

■ 건축물현황도 중 평면도 및 단위세대별 평면도 정보공개 청구
(사건번호 2015-570)

[재결 요지]

정보공개법 제21조 제1항이 "제11조 제3항의 규정에 의하여 공개 청구된 사실을 통지받은 제3자는 통지받은 날부터 3일 이내에 당해 공공기관에 대하여 자신과 관련된 정보를 공개하지 아니할 것을 요청할 수 있다"고 규정하고 있다고 하더라도, 이는 공공기관이 정보공개여부를 결정함에 있어 제3자와의 관계에서 거쳐야 할 절차를 규정한 것에 불과할 뿐, 제3자의 비공개 요청이 있다는 사유만으로 정보공개법상 정보의 비공개사유에 해당한다고 볼 수 없다(대법원 2008. 9. 25. 선고 2008두8680 판결). 한편, 건축물대장의 기재 및 관리 등에 관한 규칙 제11조 제3항은 건축물현황도 중 평면도 및 단위세대별 평면도는 건축물 소유자의 동의를 얻거나 다음 각 호의 어느 하나에 해당하는 자가 신청하는 경우에 한하여 발급하거나 열람하게 할 수 있다고 규정하고 있는 바, 청구인이 공개 청구한 정보 전부를 비공개한 것은 위법·부당하다고 할 것이고, "건축물현황도 중 평면도 및 단위세대별 평면도"와 "제3자의 주민등록번호 등 개인식별정보"를 제외한 나머지 정보는 공개하여야 할 것이다.

■ 임대주택 표준임대료 산출근거 정보공개 청구(사건번호 2015-871)

[재결 요지]

임대주택 표준임대료 산출근거 공개는 입주민들의 알권리 충족, 공공기관의 주택정책의 투명성 확보 차원에서 공개함이 타당하다.

■ 소방간부후보생선발실기시험 응시자 수등 정보공개이행청구
(사건번호 2004-07011)

[재결 요지]

청구인이 정보공개이행을 청구한 정보 중 "③제13기소방간부후보생선발실기시험 응시자 수, ④제13기소방간부후보생선발실기시험 합격자 수, ⑤제13기소방간부후보생선발면접시험 응시자 수, ⑥제13기소방간부후보생선발면접시험 합격자 수"에 대한 정보는 소방간부선후보생발시험에 대한 사항에 해당하기는 하나 진행이 종료된 시험에 대한 자료로서 그 공개로 인하여 향후 소방간부후보생선발시험업무의 공정한 관리를 저해할 수 있다고 인정되지 아니하므로 동법 제7조제1항제5호에서 규정한 비공개대상정보에 포함되지 않는다 할 것이며 달리 공개를 거부할 만한 법령상 특별한 이유를 찾을 수 없으므로 ③ 내지 ⑥항이 비공개대상정보에 해당한다는 이유로 한 피청구인의 이 건 처분은 위법·부당하다고 할 것이다.

제4절 국가유공자 관련 행정심판

1. 국가유공자 관련 행정심판의 유형

① 국가유공자 등록거부처분

② 보훈보상대상자 등록거부처분

③ 고엽제후유증환자 등급판정처분

④ 고엽제후유증환자 등록거부처분

⑤ 고엽제후유증환자유족 등록거부처분

2. 국가유공자 관련 행정심판청구서 작성 방법

2-1. 청구인

먼저 청구인이 개인인지 법인·단체인지를 먼저 선택합니다.

2-1-1. 개인의 경우

① 청구인의 성명과 주민등록번호를 기재합니다. 주민등록번호는 사건 진행 현황 조회시 사건번호를 모르는 경우 필요합니다.

② 청구인이 여러 명일 경우에는 별도의 용지에 청구인들의 이름, 주민등록번호, 주소 등을 각각 기재해 첨부할 수 있으며, 필요에 따라 3명 이하의 대표자를 선정할 수 있습니다.

③ 연락가능한 전화번호, 휴대전화번호, E-mail 주소 등을 기재합니다. 휴대전화번호, E-mail주소는 심판진행 과정에서의 각종 SMS, E-mail 안내를 위해 필요합니다.

④ 주소는 주민등록표상 주소, 거주하는 장소를 기재하여, 주소 외에 행정심판 관련서류를 받고자 하는 장소가 있는 경우에는 송달장소란에 기재할 수 있습니다.

⑤ 사망한 자, 소멸한 법인, 사업장, 법인의 지점 등 청구인이 될 수 없는 자의 이름을 기재하면 부적법한 청구가 되어 각하재결되므로 주의가 필요합니다.

2-1-2. 법인 또는 단체의 경우

① 법인이나 단체의 이름을 법인/단체명란에 기재하고 대표자의 성명을 대표자성명란에 기재하며, 법인이나 단체의 법인번호나 사업자등록번호 또는 대표자 주민등록번호 등을 기재합니다. 법인번호나 사업자등록번호, 대표자 주민등록번호는 사건진행 현황 조회시 필요합니다.

② 대표자의 연락가능한 전화번호, 휴대전화번호, E-mail 주소 등을 기재합니다. 휴대전화번호, E-mail주소는 심판진행 과정에서의 각종 SMS, E-mail 안내를 위해 필요합니다.

③ 주소는 법인인 경우 법인의 주된 사무소가 소재하는 곳(법인등기부상의 주소)을 기재하고, 단체인 경우 단체의 주된 사무소가 소재하는 곳 또는 대표자의 주소를 기재합니다. 주소 외에 행정심판 관련 서류를 받고자 하는 장소가 있는 경우에는 송달장소란에 기재할 수 있습니다.

2-2. 대리인

① 행정심판법에서 정하는 아래의 대리인이 선임된 경우 기재합니다.
- 법정대리인
- 청구인의 배우자, 청구인 또는 배우자의 사촌 이내의 혈족
- 청구인이 법인이거나 청구인 능력이 있는 법인이 아닌 사단 또는 재단인 경우 그 소속 임직원
- 변호사
- 다른 법률의 규정에 따라 심판청구의 대리를 할 수 있는 자
- 그 밖에 행정심판위원회의 허가를 받은 자

② 대리인이 개인인 경우, 대리인의 성명과 주민등록번호를 기재하며, 법인이나 단체인 경우 법인이나 단체의 이름을 법인/단체명란에 기재하고 대표자의 성명을 대표자성명란에 기재한 후, 법인이나 단체의 법인번호나 사업자등록번호 또는 대표자 주민등록번호 등을 기재합니다. 대리인이 법무법인, 노무법인 등의 구성원인 변호사 또는 노무사인 경우에는 해당 구성원을 대표자란에 기재합니다. 대리인의 기재사항은 법인·단

체인 청구인의 기재사항을 참고하시기 바랍니다.

③ 대리인의 유형은 반드시 기재해야 합니다.

④ 대리인의 주소를 기재합니다. 대리인이 선임된 사건은 심판진행과정에서 발생하는 각종 통지 및 문서의 송달을 대리인의 주소지나 연락처로 합니다.

2-3. 피청구인

① 행정심판의 상대방으로 반드시 기재해야 합니다.

② 피청구인이란 귀하께서 행정심판을 청구한 행정기관으로서, 귀하께서 무효 위법 또는 부당하다고 주장하시는 행정처분을 행한 행정기관을 말합니다.

③ 피청구인의 명칭은 보통 귀하에 대한 처분을 한 행정기관의 장이 됩니다.

④ 피청구인의 기관검색 목록에 없는 기관은 온라인 행정심판이 지원되지 않거나 중앙행정심판위원회의 소관이 아닌 기관입니다.

2-4. 처분내용

① 심판청구에서 다투고자 하는 행정기관의 처분내용을 기재합니다.

(예시)

국가유공자 등록거부처분, 보훈보상대상자 등록거부처분, 고엽제후유증환자 등급판정처분, 고엽제후유증환자 등록거부처분, 고엽제후유증환자유족 등록거부처분

② 일정한 신청 또는 청구에 대해 아무런 처분을 하지 아니하는 것에 대한 심판청구인 경우에는 "OOO부작위처분" 으로 기재합니다.

③ 처분의 내용은 행정심판의 대상물을 확정하는 것이므로 반드시 기재해야 합니다.

2-5. 처분일

① 심판대상인 처분을 알게 된 날을 기재합니다. 문서로써 처분을 통지받은 경우 문서에 기재된 날이 아닌 실제로 처분을 알게 된 날을 기재합니다.

(예시)

행정관청으로부터 2015년 1월 20일부터 2015년 1월 30일까지 처분을 한다는 내용의 문서를 2015년 1월 10일 발송해 2015년 1월 15일 수령하였다면 처분일은 2015년 1월 15일입니다.

② 처분일을 잘 모를 경우 기재하지 않아도 됩니다.

2-6. 고지여부 및 고지내용

① 행정관청이 처분당시 처분에 대해 불복하고자 하는 경우의 절차 및 기한 등에 대해 청구인에게 알려주었는지 여부와 알려준 내용을 기재합니다.

② 대부분의 고지는 처분을 한 문서에 기재되므로 처분을 한 문서의 내용을 확인 후 고지 유무를 기재하고, 고지의 내용은 처분한 문서에 기재된 내용을 옮겨 적으시면 됩니다.

③ 고지여부 및 고지내용을 잘 모를 경우 기재하지 않아도 됩니다.

2-7. 청구취지

① 행정심판을 청구해 재결청으로부터 구하고자 하는 재결의 내용을 간략히 기재합니다.

(예시)

－ 국가유공자 등록거부처분

□ 피청구인이 2015.00.00. 청구인에게 한 국가유공자 등록거부처분을 취소한다.

□ 피청구인이 2015.00.00. 청구인에게 한 국가유공자 및 보훈보상대상자 등록거부처분을 취소한다.

－ 보훈보상대상자 등록거부처분

피청구인이 2015.00.00. 청구인에게 한 보훈보상대상자 등록거부의 처분을 취소한다.

－ 고엽제후유증환자 등급판정처분

피청구인이 2015.00.00. 청구인에게 한 고엽제후유증환자 등급판정처분을 취소한다.

－ 고엽제후유증환자 등록거부처분

피청구인이 2015.00.00. 청구인에게 한 고엽제후유증환자 등록거부처분을 취소한다.

- 고엽제후유증환자유족 등록거부처분

  피청구인이 2015.00.00. 청구인에게 한 고엽제후유증환자 유족 등록거부
  처분을 취소한다.

② 청구취지는 반드시 기재해야 합니다.

2-8. 청구원인

행정심판을 청구하게 된 이유와 처분의 위법·부당성 등에 대한 청구인
의 구체적인 주장으로 반드시 기재해야 합니다. 청구원인의 기재는 따로
형식이 정해진 것은 아니나 일반적으로 다음과 같은 순서로 기재합니다.

① 이 건 처분에 이르게 된 경위

청구인이 처분 등을 받게 된 경위를 육하원칙에 따라 기재합니다.

② 이 건 처분의 위법·부당성

피청구인의 처분이 위법하거나 부당하다고 생각하는 이유와 근거를 제
시합니다.

③ 결론

청구인이 결론적으로 주장하고자 하는 바를 기재합니다.

④ 청구원인은 본란에서 직접 작성하거나 워드프로세서로 작성해 파일로
제출해도 됩니다.

2-9. 증거서류

① 청구인의 주장을 입증할 증거서류를 첨부합니다.

② 증거서류 외에도 사건과 관련해 청구인에게 유리하다고 생각되는 모든
자료를 제출할 수 있습니다.

　　예 : 진정서, 탄원서, 주민등록등·초본, 호적등본, 재직증명서, 표창장 등 각종
　　　　상장, 사업자등록증, 장애인수첩 등

3. 국가유공자 관련 행정심판청구서 작성례

[서식 예] 국가유공자 등록거부처분 취소 심판신청서

행정심판 청구서		
접수번호	접수일	
청구인	성명 ○○○	
	주소 ○○시 ○○구 ○○길 ○○	
	주민등록번호(외국인등록번호) 111111-1111111	
	전화번호 010-1111-1234	
[ ] 대표자 [ ] 관리인 [ ] 선정대표자 [ ] 대리인	성명 ○○○	
	주소 ○○시 ○○구 ○○길 ○○	
	주민등록번호(외국인등록번호) 111111-1111111	
	전화번호 010-2222-1111	
피청구인	국가보훈처장	
소관 행정심판위원회	[ ] 중앙행정심판위원회 [ ] ○○시·도행정심판위원회 [ ] 기타	
처분 내용 또는 부작위 내용	피청구인이 20○○. ○. ○. 청구인에 대하여 한 국가유공자 등록거부처분 취소	
처분이 있음을 안 날	20○○년 ○월 ○일	
청구 취지 및 청구 이유	별지로 작성	
처분청의불복절 차 고지 유무	20○○년 ○월○일	
처분청의불복절 차 고지 내용	국가유공자 등록거부처분 취소	
증거 서류		
「행정심판법」 제28조 및 같은 법 시행령 제20조에 따라 위와 같이 행정심판을 청구합니다. 년 월 일 신청인 (서명 또는 인) **○○행정심판위원회 귀중**		
첨부서류	1. 대표자, 관리인, 선정대표자 또는 대리인의 자격을 소명하는 서류(대표자, 관리인,선정대표자 또는 대리인을 선임하는 경우에만 제출합니다.) 2. 주장을 뒷받침하는 증거서류나 증거물	수수료 없음

청 구 취 지

피청구인이 0000. 00. 00. 청구인에게 한 국가유공자 등록거부처분을 취소한다.

청 구 이 유

1. 사건개요

청구인은 2000. 0. 00. 피청구인에게 국가유공자 등록신청을 하였으나, 피청구인은 이 사건 상이가 군 공무수행과 상당 인과관계가 되어 발병 또는 악화된 것으로 인정하지 아니한다는 이유로 2000. 00. 00. 청구인에게 국가유공자 등록거부처분을 하였다.

2. 사건발생 경위

청구인은 2000. 0. 00. 육군에 입대하여 2000. 0. 00. 병장으로 만기전역한 자로서, 군 복무 중에 축구공에 우안을 맞아 '우안 외상성 시신경병증'(이하 '이 사건 상이'라 한다)이 발병하였다는 이유로 2000. 0. 00. 피청구인에게 국가유공자 등록신청을 하였으나, 피청구인은 이 사건 상이가 군 공무수행과 상당 인과관계가 되어 발병 또는 악화된 것으로 인정하지 아니한다는 이유로 2000. 00. 00. 청구인에게 국가유공자 등록거부처분(이하 '이 사건 처분'이라 한다)을 하였다.

3. 이 사건 처분의 위법·부당성

전투체육활동시간 중 축구공에 우안을 맞아 사단 의무대 외진을 갔으나 국군일동병원으로 가라하여 국군일동병원을 경유하여 국군수도병원에서 외진을 받았고, 증상이 계속되어 청원휴가를 나가 ○○병원에 갔으나 장비가 없어 진료를 받지 못하고 부대에 복귀하였으며 그 후 적절한 치료를 받지 못한 채 2000. 0. 00.경 청원 휴가를 나가 ○○ ○○대학교 ○○병원의 진료를 통해 이 사건 상이로 진단을 받았는바 이는 군 공무수행으로 인하여 발병한 것이므로 이를 고려하지 않은 피청구인의 이 사건 처분은 위법·부당하여 취소되어야 한다.

4. 결론

따라서 피청구인의 이 사건 처분은 위법·부당하므로 취소되어야 한다.

행정심판기록 제출명령신청서

사   건   2000구단 0000
원   고   ○ ○ ○
피   고   ○○보훈지청장

  위 사건에 관하여 원고는 다음과 같이 행정소송법 제25조에 따른 행정심판기록의 제출명령을 신청합니다.

다   음

1. 재결을 행한 행정청(제출명령 대상 행정청)

○○행정심판위원회
주소 -

2. 신청이유

  이 사건 쟁점은 원고의 현 상병에 대한 업무수행성, 업무기인성이라 할 것인바, 이에 대하여 피고측은 행정심판기록의 일부만을 을호증으로 제출하였을 뿐이고 공무원인사기록카드, 장애인증명서, 의무기록사본, 진단서 등은 누락되어 있는 상태로 이 사건 쟁점 판단을 위해서는 행정심판기록 전부가 필요하기 때문입니다.

3. 제출대상 행정심판기록

  원고의 2014-○○○○ 국가유공자 등록거부처분 등 취소사건의 행정심판기록 일체(또는 위 기록 중 .....부분)

20○○. ○. ○.
위 원고 ○○○(서명 또는 날인)

○○행정법원 귀중

⚖ 관련판례 1

국가유공자 비해당결정 등 원결정에 대한 이의신청이 받아들여지지 아니한 경우에도 이의신청인으로서는 원결정을 대상으로 항고소송을 제기하여야 하고, 국가유공자 등 예우 및 지원에 관한 법률 제74조의18 제4항이 이의신청을 하여 그 결과를 통보받은 날부터 90일 이내에 행정심판법에 따른 행정심판의 청구를 허용하고 있고, 행정소송법 제18조 제1항 본문이 "취소소송은 법령의 규정에 의하여 당해 처분에 대한 행정심판을 제기할 수 있는 경우에도 이를 거치지 아니하고 제기할 수 있다."라고 규정하고 있는 점 등을 종합하면, 이의신청을 받아들이지 아니하는 결과를 통보받은 자는 통보받은 날부터 90일 이내에 행정심판법에 따른 행정심판 또는 행정소송법에 따른 취소소송을 제기할 수 있다(대법원 2016. 7. 27. 선고 2015두45953 판결).

⚖ 관련판례 2

국가유공자및월남귀순자특별원호법(1962.4.16. 법률 제1053호)상 국가수호자특별원호심사위원회의 위 법 적용대상자를 심사결정할 권한은 국가유공자예우등에관한법률(1989.12.30. 법률 제4185호)의 제정으로 보훈처장에게 이관되고, 보훈처장의 위 권한은 다시 같은법시행령 제8조, 제9조의2에 따라 지방보훈청장 및 지청장에 위임되었으므로 행정심판법 제13조 제1항 단서에 따라 국가유공자및월남귀순자특별원호법상 위 위원회의 위 법 적용대상자의 심사결정에 관한 행정처분의 취소 또는 무효확인심판에 있어서 국가보훈처 보훈심사위원장은 피청구인 적격이 없다(대법원 1992. 2. 28. 선고 91누6979 판결).

● 행정심판 재결례

■ 정신질환의 발병으로 자살한 자, 국가유공자유족 등록신청(사건번호 2017-07118)

[재결 요지]

청구인은 故 전○○의 부(父)이고, 고인은 2012. 6. 5. 육군에 입대하여 2013. 2. 3. 사망 제적된 자로, 청구인은 고인이 군 복무 중에 동료 훈련병의 총기사망, 다친 다리에 대한 부적절한 치료, 선임병들로부터의 지속적인 인격모독과 질책 등으로 인하여 정신질환이 발병하여 자살하였다는 이유로 피청구인에게 국가유공자유족 등록신청을 하였으나, 피청구인은 고인이 국가유공자 및 보훈보상대상자 요건에 해당하지 아니한다는 이유로 청구인에게 이를 통지하였다. 청구인은 고인은 군 입대 전에는 자살을 유발할만한 정신질환 등의 기왕증이 없었는 점 등을 근거로 결국 불가피한 사유에 의해 자해행위를 하여 사망에 이르게 된 것이므로 피청구인의 이 사건 처분이 위법·부당하다고 주장하였다. 살피건대 고인은 신병교육대 시절에 받은 군 인성검사, 신인성검사, 우울증 검사 등에서 특별한 문제가 없었고, (생략) 당시 이를 담당한 조교는 2명에 불과하여 1:1로 밀착하여 생활하는 등의 철저한 관리를 하지 않았고, 오히려 심각한 정신질환을 가지고 있는 고인을 방치한 것으로 보이는 점 등을 종합적으로 고려하면 고인의 직무수행과 사망 사이에 상당인과관계가 있다고 봄이 타당하다고 할 것이므로 이 사건 사고와 직무수행 또는 교육훈련 사이에 상당인과관계가 인정되지 않는다는 이유로 한 피청구인의 이 사건 처분은 위법·부당하다.

■ 만기전역 후 군복무중 상이를 입은 자, 국가유공자유족 등록신청(사건번호 2017-15763)

[재결 요지]

청구인은 2003. 9. 15. 육군에 입대하여 2005. 9. 20. 병장으로 만기 전역한 사람으로서, 군 복무 중 유류고 유류통 작업을 하다가 이 사건 상이를 입었다는 이유로 2016. 6. 13. 피청구인에게 국가유공자 및 보훈보상대상자 등록신청을 하였다. 청구인은 입대 전 10세경 담벼락에서 떨어져 좌측 척골의 골절 상병이 있었으나, 군 입대까지 10년이 경과한 시점에서는 그 골절부위가 유합되었고, 군복무 중 사고로 인한 척골골절 및 그 후유증세인 척골신경손상 확진은 군복무 중 업무와 이 사건 상이 사이에 상당한 인과관계성이 인정된다고 주장하나, 일반적인 의학적 견해에 따르면 '지연성(만기성) 척골신경마비'는 유아시절의 주골절 등 때문에, 성장함에 따라 외반사를 초래하고 척골신경에 신전력과 굴신에 수반하는 마찰력이 작용하여, 점차 마비증상을 나타내는 것을 말하는데, 위 인정사실에 따르면 군 병상일지상 광주국군병원의 2004. 3. 9.자 수술보고서에는 청구인의 수술 후 진단명은 내반주 변형, 만기성 척골신경마비이고, 수술명은 고정적 절골술, 척골신경 감압술로 확인되나, 소속부대장의 2004. 1. 6.자 공무상병인증서에는 청구인이 군 입대 전 1992년경 담벼락에서 떨어지는 부상을 당해 왼쪽 팔꿈치 골절로 병원에서 치료를 받고 완쾌되어 군 입대를 하였다고 되어 있는바, 청구인은 군 입대 전부터 이 사건 상이 부위인 좌측 수부에 골절부상이 있었던 것으로 보이는 점, 국군광주병원의 2004. 7. 5.자 협의진단기록지에는 청구인에 대해 2003. 12. 9. 시행한 근전도 검사소견과 2004. 6. 11. 추적검사결과 등으로 볼 때, 큰 변화소견 보이지 않고, 큰 악화나 호전소견 없이 만성적인 좌측 주관절 주위 척골신경병증으로 진단함이 올바른 소견으로 생각된다고 되어 있는바, 이 사건 상이는 군 입대 전부터 청구인의 만성적인 질병으로 보이는 점, 「국가유공자 등 예우 및 지원에 관한 법률」에서 정한 공상군경 등 요건에 대한 판단은 국가보훈처장이 보훈심사위원회의 심의·의결을 거쳐 결정하는 것이어서 청구인의 소속기관에서 청구인의 이 사건 상이에 대해 전·공상심사의결서상 '공상'으로 의결하였더라도 이에 구속되지 아니하는 점, 청구인이 다른 동료들과 달리 일반적인 업무의 범주를 벗어나 특별히 과중한 업무를 수행하였다거나 특수한 환경에서 근무함으로써 이 사건 상이가 발생 또는 악화하였다는 것을 입증할 만한 객관적이고 구체적인 기록이 없는 점, 달리 청구인의 주장 외에 이 사건 상이가 군 공무수행으로 인하여 발생하였다거나 발병 초기 적절한 치료를 받지 못하여 자연적인 진행경과 이상으로 급격히 악화되었음을 입증할 만한 구체적이고 객관적인 입증자료도 보이지 않는 점 등을 종합적으로 고려할 때, 청구인의 이 사건 상이가 군 직무수행 또는 교육훈련과 상당인과관계가 되어 발병 또는 악화된 것으로 인정하기는 어려우므로, 이를 이유로 한 피청구인의 이 사건 처분 1, 2가 위법·부당하다고 할 수 없다.

■ 군복무중 수류탄 사고로 부상자, 국가유공자유족 등록신청(사건번호 2017-13178)

[재결 요지]

청구인은 1969. 6. 19. 육군에 입대하여 1972. 5. 19. 병장으로 만기전역하였는데, 군 복무 중 수류탄 사고로 인하여 가슴 등에 부상을 입었다는 이유로 '가슴, 배(창자), 탈장, 당뇨, 왼쪽 눈'의 상이를 신청상이로 하여 2016. 2. 7. 피청구인에게 국가유공자 등록신청을 하였으나, 피청구인은 이 사건 상이가 군 직무수행이나 교육훈련과 상당인과관계가 되어 발병 또는 악화되었다고 인정하기 어렵다는 이유로 2017. 4. 28. 청구인에게 국가유공자 등록거부처분(이하 '이 사건 처분 1'이라 한다) 및 보훈보상대상자 등록거부처분(이하 '이 사건 처분 2'라 한다)을 하였다. 청구인은 1969년 6월 군에 입대한 후 ○○사단 ○○연대 ○대대 ○중대 ○소대 철책선에서 근무 중인 1969년 11월 동기생이 수류탄을 떨어뜨려 폭발하는 사고로 인하여 청구인 심장 옆에 파편이 박혀 3개월 동안 ○○○병원에 입원한 적이 있고, 현재 그 파편으로 인한 가슴 통증으로 고통을 받고 있는바, 비록 당시의 공상처리 및 군병원 후송서류가 없다고 하더라도 전우들의 인후보증서와 파편 조각이 있다는 민간병원의 진단서 등을 보면 위의 내용이 사실임을 알 수 있을 것임에도 불구하고 단지 군병원 기록이 없다는 이유만으로 청구인의 이 사건 상이가 군 복무와 상당인과관계가 없다고 보아 한 피청구인의 이 사건 처분 1, 2는 위법·부당하므로 취소되어야 한다고 주장하나, 살피건대 관련 자료상 청구인이 군 복무 중 수류탄 사고를 당하였음을 입증할 만한 객관적이고 구체적인 기록이 확인되지 아니하고, 달리 이 사건 상이의 구체적인 발병 시기 및 발병 원인, 발병 경위를 확인할 만한 병상일지도 확인되지 아니한 점, 청구인이 제출한 X-ray는 전역 후 상당기간이 지난 상태에서 촬영된 것으로 이 사건 상이의 발병에 사적인 생활에 속하는 요인이 관여하였을 가능성을 배제하기 어려운 점 등을 종합적으로 고려하면, 청구인의 X-ray상 흉부에 금속성 이물질이 존재한다는 사정만으로 곧바로 이 사건 상이가 군 공무수행과 상당인과관계가 되어 발병하였다고 단정하기 어려운바, 청구인이 향후 전역 이래로 이 사건 상이를 유발할 만한 업무환경 등에 노출되지 않았음을 입증할 만한 자료 등을 추가하여 다시 국가유공자 등록 신청을 할 수 있음은 별론으로 하더라도, 현재 제출한 자료만으로는 이 사건 상이와 군 공무수행 사이에 상당인과관계가 있다고 인정하기 어려우므로, 피청구인의 이 사건 처분 1, 2가 위법·부당하다고 할 수 없다.

■ 군무원으로 근무중 상이를 입은 자, 국가유공자유족 등록신청(사건번호 2017-11253)

[재결 요지]

청구인은 1984. 11. 1. 군무원으로 임용되어 2016. 6. 8. 퇴직한 사람으로서, 재직 중 직무수행 과정에서 '경추간판탈출증 C3-4, 경추 신경손상'의 상이를 입고 사지가 마비되었다며, 2016. 10. 27. 피청구인에게 국가유공자 등록신청을 하였다. 피청구인은 2017. 3. 15. 청구인에게 '경추간판탈출증 C3-4'은 재해부상공무원 요건 상이에는 해당하나, 공상공무원 요건 상이에는 해당하지 아니함을 이유로, '경추 신경손상'은 공상공무원 및 재해부상공무원 요건 상이에 모두 해당하지 아니함을 이유로, 각 국가유공자 등록거부처분(이하 '이 사건 처분 1'이라 한다) 및 상이처 일부인정거부처분(이하 '이 사건 처분 2'라 한다)을 하였다. 청구인은 2012. 1. 31. 오전 10시경 제○군지사 ○○○○대대에서 사격장 확장작업 감독 업무를 수행하던 중 2m 높이의 언덕에서 넘어져 '경추간판탈출증 C3-4, 경추 신경손상'의 상이를 입고 사지가 마비되었는바, 이는 국민의 생명·재산 보호와 직접적인 관련이 있는 직무수행이나 교육훈련 중 상이를 입게 된 것임에도 불구하고, '경추간판탈출증 C3-4'은 공상공무원 요건 상이에 해당하지 아니하고, '경추 신경손상'은 공상공무원 및 재해부상공무원 요건 상이에 모두 해당하지 아니함을 이유로 피청구인이 청구인에게 한 이 사건 처분 1, 2는 위법·부당하고 주장한다. 살피건대, 1)「국가유공자 등 예우 및 지원에 관한 법률」이 정한 공상공무원에 해당하는 사람이란 같은 법 시행령 별표 1 제2호의 국가의 수호·안전보장 또는 국민의 생명·재산 보호와 직접적인 관련이 있는 직무수행이나 교육훈련 중 사망하거나 상이를 입은 사람에 해당하는 사망자 또는 상이자를 말하는 것인데, 위 인정사실에 따르면, 청구인이 1984. 11. 1. 군무원으로 임용되어 2009. 2. 27.부터 2012. 8. 28.까지 제○○탄약대대 탄약정비반장으로 복무하다가 2016. 6. 8. 퇴직한 사실, 청구인이 2012. 1. 31. 제○○탄약대대 영내 영점사격장에서 사선확장 작업을 하던 중 약 2m 높이의 언 흙더미에서 실족하여 '경추간판탈출증 C3-4'의 상이를 입은 사실 등이 인정되나, 위 인정사실만으로는 청구인이 군무원으로서 국가의 수호·안전보장 또는 국민의 생명·재산 보호와 직접적인 관련이 있는 직무수행이나 교육훈련, 즉 경계·수색·매복·정찰, 첩보활동, 화생방·탄약·폭발물·유류 등 위험물 취급, 장비·물자 등 군수품의 정비·보급·수송 및 관리, 대량살상무기(WMD)·마약 수송 등 해상불법행위 단속, 군 범죄의 수사·재판, 검문활동, 재해 시 순찰활동, 해난구조·잠수작업, 화학물질·발암물질 등 유해물질 취급, 인명구조·재해구호 등 대민지원 또는 그 밖에 이에 준하는 행위 등을 직접적인 원인으로 발생한 사고나 재해로 상이를 입었다고 보기는 어려우므로, '경추간판탈출증 C3-4'가 공상공무원 요건 상이에 해당하지 아니함을 이유로 피청구인이 청구인에게 한 이 사건 처분 1은 위법·부당하다고 할 수 없다. 2) 한편, 공무원이 입은 상이가 공상공무원 내지 재해부상공무원 요건에 해당하기 위하여서는 직무수행이나 교육훈련과 부상 사이에 상당인과관계가 있어야 하고, 이와 같은 상당인과관계의 유무는 이를 주장하는 측에서 입증하여야 하는 것이나, 교육훈련 또는 직무수행이 직접의 원인이 되어 부상 또는 질병을 일으키는 경우는 물론이고, 기존의 질병이 교육훈련이나 직무수행으로 인한 과로나 무리 등이 겹쳐서 재발 또는 악화된 경우도 그 인과관계가 있다고 보아야할 것인데, 위 인정사실에 따르면, 청구인이 1984. 11. 1. 군무원으로 임용되어 2009. 2. 27.부터 이 사건 사고 당일인 2012. 1. 31.까지 사지마비 등의 증상 없이 제○○탄약대대 탄약정비반장으로서 직무를 수행한 사실, 청구인이 이 사건 사고 당일인 2012. 1. 31. 제○○탄약대대 영내 영점사격장에서 사선확장 작업을 하던 중 약 2m 높이의 언 흙더미에서 실족하여 낙상한 사실, 청구인이 이 사건 사고 직후 사지마비의 증상을 보이자 ○○대학교 ○○○○병원으로 응급후송 되었다가 ○○○○병원으로 전원된 사실, ○○대학교 ○○○○병원 의사 조○○는 청구인을 '제3-4경추간판 탈출증, 경부척수손상'이라고 진단한 사실, ○○○○병원 의사 김○○은 청구인을 '경부척수의 기타 및 상세불명의 손상'이라고 진단한 사실 등이 인정되는바, 이 사건 사고로 청구인이 경추에 받은 충격은 비록 경추가 골절될 정도의 것은 아니었더라도 적어도 경추간판탈출증이 급격히 악화될 정도의 강한 충격이라고 보는 것이 상당한 점, 청구인은 이 사건 수상 당시까지는 탄약정비반장의 직무를 수행할 수 있을 정도로 건강에 큰 문제가 없었으나 이 사건 사고 직후 사지마비의 증상이 나타나게 된 점, 청구인은 2009. 1. 1.부터 이 사건 사고 당일인 2012. 1. 31. 이전까지는 '경추 신경손상'과 관련하여 건강보험요양급여를 받은 사실이 없는 점, 보훈심사위원회가 의뢰한 의학자문회신에는 '경추 신경손상이'이 '경추간판탈출증 C3-4'의 단순한 후유증인지 여부를 명확히 밝히고 있지 아니한 반면, ○○대학교 ○○○○병원 의사 조○○는 '제3-4경추간판 탈출증'과 '경부척수손상'을 별도로 진단하고 있고, ○○○○병원 의사 김○○ 역시 청구인을 '경부척수의 기타 및 상세불명의 손상'으로 진단하고 있는 점 등을 종합적으로 고려하면, '경추 신경손상'을 별도의 진단명이 아닌 '경추간판탈출증 C3-4'의 단순한 증상 내지 후유증으로 단정하기는 어려우므로, 청구인의 '경추 신경손상'이 국가의 수호·안전보장 또는 국민의 생명·재산 보호와 직접적인 관련이 있는 직무수행이나 교육훈련 중 입은 상이인지는 별론으로 하더라도, '경추 신경손상'이 공상공무원 및 재해부상공무원 요건 상이에 모두 해당하지 아니함을 이유로 피청구인이 청구인에게 한 이 사건 처분 2는 위법·부당하다.

■ 군복무 상세불명의 천식이 발병한 자, 국가유공자유족 등록신청
(사건번호 2017-11112)

[재결 요지]

청구인은 2015. 3. 17. 육군에 입대하여 2016. 12. 16. 병장으로 만기 전역한 자로서, 피청구인에게 '상세불명의 천식'을 신청 상이로 하여 국가유공자 등록신청을 하였고, 피청구인은 청구인에게 이 사건 상이와 군 직무수행 또는 교육훈련과의 상당인과관계가 인정되지 않는다는 이유로 국가유공자 등록거부처분및 보훈보상대상자 등록거부처분을 하였다. 청구인은 수색중대에서 경계근무 파견지원으로 경계근무 시 찬바람 노출로 입대 후 8개월 만에 호흡기 이상증세 발현 이후 상세불명의 천식 진단으로 볼 때, 군복무와의 인과관계가 없다는 이 사건 처분은 위법·부당하다고 주장하는 바, 살피건대 청구인이 군 복무 중에 이 사건 상이로 진단받고 입원치료를 받은 사실은 확인되고, (생략) 향후 스프레이나 가스를 흡입할 만한 작업이나 훈련은 하지 않도록 조치해 주기 바란다고 되어 있는 점 등을 종합해 볼 때, 군 입대 전까지 질병이 없던 청구인이 군 입대 후 전역까지 군 복무의 대부분의 기간 동안 수색중대원으로 복무하면서 이 사건 상이가 발병한 것으로 볼 수 있어 이 사건 상이의 발병 또는 악화와 군 직무수행 또는 교육훈련과의 상당한 인과관계가 인정된다 할 것이므로 이 사건 상이와 직무수행 또는 교육훈련과 상당인과관계가 인정되지 않는다는 이유로 한 피청구인의 이 사건 처분은 위법·부당하다.

■ 경찰공무원으로 임용되어 업무상 과로로 사망한 자, 국가유공자유족 등록신청(사건번호 2017-06180)

[재결 요지]

청구인은 고(故) 정○의 배우자로, 고인은 1995. 2. 5. 경찰공무원으로 임용되어 2016. 2. 22. 사망 퇴직되었는데, 청구인은 고인이 업무상 과로로 인해 '허혈성심장질환'이 발병하여 사망하였다는 이유로 피청구인에게 국가유공자유족 등록신청을 하였으나 보훈심사위원회는 고인이 「국가유공자 등 예우 및 지원에 관한 법률」에서 정하는 국가유공자 요건 및 「보훈보상대상자 지원에 관한 법률」에서 정하는 보훈보상대상자 요건에 해당하지 아니한다고 심의·의결하였으며, 이에 따라 피청구인이 청구인에게 이를 통지하였다. 살피건대, 고인의 부검감정서상 사인은 심관상동맥경화에 의한 허혈성심장질환으로 판단된다는 기록이 확인되나, 경찰 공무와 관련하여 발병하였음이 객관적 자료에 의해 입증되어야 할 필요가 있는 바, 따라서 고인의 사망과 경찰 공무 사이의 상당관계를 인정하기 어렵다는 이유로 한 피청구인의 이 사건 처분이 위법·부당하다고 할 수 없다.

■ 해군에 입대하여 중사로 본인 전공상 퇴역한 자, 국가유공자유족 등록신청
(사건번호 2017-04239)

[재결 요지]

청구인은 1988. 해군에 입대하여 1995. 중사로 본인전공상 퇴역한 자로, '정신(조울증)'을 신청상이로 하여 2016. 피청구인에게 국가유공자 재등록 신청을 하였으나, 피청구인은 '정신(조울증)'이 군 직무수행이나 교육훈련과 상당인과관계가 되어 발병 또는 악화되었다고 인정하기 어렵다는 이유로 2016. 12. 20. 청구인에게 국가유공자 등록거부처분 및 보훈보상대상자 등록거부처분을 하였다. 인정사실에 따르면, 청구인이 군 복무 중 '양극성 정동장애(조울병)'이 발병하여 군병원 및 민간병원에서 진단 및 치료를 받았고, 입대 전 조울병과 관련하여 진료받은 기록은 없는 것으로 확인되나, 일반적인 의학적 견해에 따르면 '정신질환'은 대부분 선천적·기질적 질환으로 공무와 관련하여 두부손상 등 특별한 외상력이 없는 한 공무관련성을 인정하기 어렵다고 알려져 있으며, 「보훈보상대상자 지원에 관한 법률 시행규칙」 별표 1에도 '정신질환'의 경우 외력에 의한 머리부위 손상으로 기질적 정신질환이 발생하여 치료한 기록이 확인되는 경우 등에 해당할 때 공무관련성을 인정하고 있는데, 신청상이 '정신(조울증)'과 관련하여 군 병상일지 및 요건관련 사실확인서상 신청상이와 관련하여 두부손상 등 신청상이를 일으킬만한 특별한 외상력이 있었음이 확인되지 않는 점, 청구인이 다른 동료들과 달리 '정신(조울증)'이 발병할 수 있을 정도로 극심한 정신적·육체적 스트레스를 받는 환경에 처해 있었다고 볼 만한 구체적이고 객관적인 자료도 확인되지 않는 점, 「국가유공자 등 예우 및 지원에 관한 법률」에서 정한 공상군경 요건에 대한 판단은 국가보훈처장이 보훈심사위원회의 심의·의결을 거쳐 독자적으로 결정하는 것이어서 청구인의 소속부대에서 청구인의 신청상이에 대해 공무상병인증서상 '공상'으로 의결하였더라도 이에 기속되지 않는 점, 민간병원 진료기록 등은 진단 당시 청구인의 질환상태에 대한 참고자료로는 볼 수 있으나, '정신(조울증)'의 공무관련성을 입증하는 자료로 보기는 곤란한 점, 달리 '정신(조울증)'이 직무수행이나 교육훈련으로 인하여 발병하였다거나 자연적인 진행경과 이상으로 급속하게 악화되었음을 입증할 만한 자료도 없는 점 등을 고려할 때, 신청상이 '정신(조울증)'이 직무수행이나 교육훈련으로 인하여 발병 또는 악화되었다고 인정하기 어려우므로 피청구인의 이 사건 처분 1, 2는 위법·부당하다고 할 수 없다.

■ 만기전역후 군복무중 상이를 입은 자, 국가유공자유족 등록신청(사건번호 2017-00793)

[재결 요지]

청구인은 2014. 8. 25. 육군에 입대하여 2016. 5. 24. 전역한 사람으로서, '좌측 슬관절 반월상연골 파열' 및 '우측 슬관절 반월상연골 파열, 우측 슬관절 내측 연골판 파열, 우측 슬관절 내측 추벽증후군, 요추 제5번 척추분리증'을 신청상이로 하여 2016. 6. 28. 피청구인에게 국가유공자 등록신청을 하였으나, 피청구인은 이 사건 상이 1은 보훈보상대상자 요건으로 인정하나 이 사건 상이 2는 국가유공사 및 보훈보상대상자 요건으로 인정하기 어렵다는 이유로 2016. 10. 17. 청구인에게 국가유공자 등록거부처분 및 상이처 일부인정 거부처분을 하였다. 이에 청구인은 2015. 6. 5. 오후 2~3시경 5분대기훈련 중 트럭에서 뛰어내리다가 자갈밭에서 미끄러져 허리와 양측 무릎에 부상을 입었으나, 선임의 전역으로 인원이 부족하여 병원진료를 가지 못한 채 지상군협동훈련 등을 모두 수료하였고, 8월이 되어서야 이 사건 상이 1, 2로 진단받았는바, 이 사건 상이 1, 2는 마땅히 국가유공자 요건으로 인정되어야 할 것이며 '우측 무릎'과 관련하여 피청구인은 반월상연골이 파열된 소견은 보이지 않는다고 판단하였으나, 민간병원의 소견서에 따르면 '우 슬관절 내측 반월상 연골 내부 파열'로 기재되어 있는바, 위 상이는 적어도 좌측 무릎과 마찬가지로 보훈보상대상자 요건으로는 인정되어야 할 것이라고 주장 하였으나 군 직무수행이나 교육훈련과 상당인과관계가 되어 발병 또는 자연경과적인 진행속도 이상으로 급격히 악화되었다고 인정할 만한 객관적이고 구체적인 자료가 보이지 아니하는 점 등을 종합적으로 고려할 때, 군 공무수행 사이에 상당인과관계가 있다고 인정하기 어려우므로, 피청구인의 이 사건 처분이 위법·부당하다고 할 수 없으므로 청구인의 청구를 모두 기각하였다.

■ 해군복무중 상이를 입은 자, 국가유공자유족 등록신청(사건번호 2017-08339)

[재결 요지]

청구인은 1958. 4. 28. 해군에 입대하여 1963. 1. 31. 전역한 사람으로서, '좌측 둔부 흉터상 및 좌측 대퇴부 무력감'(이하 '이 사건 상이'라 한다)을 신청상이로 하여 2015. 12. 31. 피청구인에게 국가유공자 재등록신청을 하였으나, 피청구인은 이 사건 상이가 군 직무수행이나 교육훈련과 상당인과관계가 되어 발병 또는 악화되었다고 인정하기 어렵다는 이유로 2016. 7. 7. 청구인에게 국가유공자 등록거부처분(이하 '이 사건 처분 1'이라 한다) 및 보훈보상대상자 등록거부처분(이하 '이 사건 처분 2'라 한다)을 하였다. 청구인은 2016. 10. 31. 이 사건 처분 1, 2의 취소를 구하는 행정심판을 청구하여 2017. 2. 21. 기각 재결을 받았음에도 불구하고, 2017. 4. 14. 재차 이 사건 처분 1, 2의 취소를 구하는 이 사건 행정심판을 청구하였는바, 이 사건 심판청구는 「행정심판법」이 금지하는 재심판청구에 해당하여 부적법하다고 할 것이다.

■ 군복무중 상이를 입은 자, 국가유공자유족 등록신청(사건번호 2017-23939)

[재결 요지]

청구인은 2001. 육군에 입대하여 2016. 전역한 사람으로서, ◆◆요추, 무릎 ◆◆을 신청상이로 하여 피청구인에게 국가유공자 등록신청을 하였으나, 피청구인은 ◆◆추간판탈출증, 좌측 내측반월상연골파열(부분반월상 연골절제술반달연골 아전절제술 후 상태)◆◆은 국가유공자 요건에 해당하지 않으나 보훈보상대상자 요건에 해당하고,◆◆추간판탈출증, 우측 외측반월상연골파열(부분반월상연골절제술 후 상태)◆◆은 국가유공자 및 보훈보상대상자 요건에 해당하지 않는다는 이유로 청구인에게 국가유공지 등록거부처분 및 상이처 일부인정 거부처분을 하였다. 살피건대 유격입소행군 등에 의하여 추간판탈출증이 급성으로 발병하였다고 보기는 어려우나, 상이의 악화는 직무수행 또는 교육훈련과 상당한 인과관계가 있다고 할 수 있음에도 불구하고 단순히 청구인이 영외거주가 가능하여 일상생활에서도 이 사건 상이가 악화될 수 있다는 이유로 한 피청구인의 이 사건 처분 중 상이처 일부인정 거부처분은 위법.부당하다.

■ 소집해제한 사람으로 복무중 상이를 입은 자, 국가유공자유족 등록신청(사건 번호 2017-02167)

[재결 요지]

청구인은 2014. 해군에 입대하여 2016. 전역(소집해제)한 사람으로서, '관절의 재발성 탈구 및 불완전 탈구, 어깨 부분'을 신청상이로 하여 2016. 피청구인에게 국가유공자 등록신청을 하였으나, 피 청구인은 이 사건 상이가 군 직무수행이나 교육훈련과 상당인과관계가 되어 발병 또는 악화되었다고 인정하기 어렵다는 이유로 청구인에게 국가유공자 등록거부처분 및 보훈보상대상자 등록거부처분을 하였다. 살피건대 이 사건 상이가 군 공무수행으로 인해 급성으로 발병하였다고 인정하기 어려운 점, 일반적으로 견관절이 탈구된 병력이 있는 경우에는 관절낭이 늘어나거나 관절와순이 파열된 상태가 지속되어 완전 치유가 어렵고, 경미한 외상에도 탈구가 쉽게 재발되는 것으로 알려져 있어 차후에 진행된 증상이 발현된 경우라고 하더라도 이를 자연경과적 진행속도 이상으로 급격히 악화된 것으로 인정하기 어려운 점, 청구인이 제출한 민간병원 소견서는 진단 당시 청구인의 질환상태에 대한 참고자료로는 볼 수 있으나 군 복무 중 이 사건 상이가 발병하였음을 입증하는 자료로 보기는 어려운 점, 「국가유공자 등 예우 및 지원에 관한 법률」에서 정한 공상군경 요건에 대한 판단은 국가보훈처장이 보훈심사위원회의 심의·의결을 거쳐 독자적으로 결정하는 것이어서 청구인의 소속부대에서 청구인의 이 사건 상이에 대해 공무상병인증서상 '공상'으로 의결하였더라도 이에 기속되지 않는 점, 일일근무명령서만으로는 청구인이 이 사건 상이가 악화될만한 특수한 근무환경에서 근무하였다고 보기 어려운 점, 청구인의 주장 외에 달리 이 사건 상이가 군 직무수행 또는 교육훈련과 상당인과관계가 되어 발병하였거나 자연경과적 진행 속도 이상으로 악화되었다고 인정할만한 객관적이고 구체적인 자료도 보이지 않는 점 등을 종합적으로 고려할 때, 이 사건 상이와 군 공무수행 사이에 상당인과관계가 있다고 인정하기 어려우므로, 피청구인의 이 사건 처분은 위법·부당하다고 할 수 없다.

■ 장교로 복무중 상이를 입은 자, 국가유공자유족 등록신청(사건번호 2017-22668)

[재결 요지]

청구인은 1993. 1. 1. 임관하여, 1997. 1. 31. 일반하사로 전역하였고, 2000. 3. 20. 기본군사훈련과정에 입교하여, 2000. 7. 1. 임관 후 2016. 5. 31. 소령으로 전역한 사람으로서, '왼쪽 팔꿈치, 왼쪽 손목, 왼쪽 어깨'(이하 '이 사건 상이'라 한다)를 신청상이로 하여 2016. 6. 1. 피청구인에게 국가유공자 등록신청 좌측 팔꿈치와 어깨, 손목에 수술로 인한 후유장애가 발생하였는바, 이 사건 상이와 군 직무수행이나 교육훈련과의 상당인과관계를 인정하지 아니한 피청구인의 이 사건 처분 1, 2는 위법·부당하다 고 주장하였다. 「국가유공자 등 예우 및 지원에 관한 법률」 제4조제1항제6호, 같은 법 시행령 제3조 및 별표 1, 「보훈보상대상자 지원에 관한 법률」 제2조제1항제2호 및 제2항, 같은 법 시행령 제2조 및 별표 1 등 관계규정에 따르면, 군인이나 경찰·소방공무원으로서 국가의 수호·안전보장 또는 국민의 생명·재산 보호와 직접적인 관련이 있는 직무수행이나 교육훈련 중 상이(질병을 포함한다)를 입고 전역하거나 퇴직한 경우에는 공상군경으로, 국가의 수호·안전보장 또는 국민의 생명·재산 보호와 직접적인 관련이 없는 직무수행이나 교육훈련 중 상이를 입고 전역하거나 퇴직한 경우에는 재해부상군경으로 각각 인정하도록 되어 있으며, 청구인의 주장 외에 이 사건 상이가 군 직무수행이나 교육훈련으로 인하여 발병하였다거나 자연적인 진행경과 이상으로 급속하게 악화되었음을 입증할 수 있는 객관적이고 구체적인 입증자료가 보이지 않는 점, 국가유공자 해당 여부를 심의.의결하는 것은 보훈심사위원회의 독자적이고 고유한 권한으로서, 소속기관 등에서 청구인의 상이를 공상으로 인정하였다고 하더라도 보훈심사위원회나 국가보훈처장이 이에 구속되는 것은 아니고, 소속기관 등의 관련 자료를 참고하여 해당 당사자가 국가유공자에 해당되는지의 여부를 결정해야 하는 것인 점 등을 고려할 때, 피청구인의 이 사건 처분 1, 2가 위법·부당하다고 할 수 없다.

■ 육군에 입대하여 만기전역한 사람으로 복무중 상이를 입은 자, 국가유공자유족 등록신청(사건번호 2017-02727)

[재결 요지]

청구인은 육군에 입대하여 만기전역한 사람으로서, '우측 고막천공'을 신청상이로 하여 피청구인에게 국가유공자 등록신청을 하였으나, 피청구인은 이 사건 상이가 군 직무수행이나 교육훈련과 상당인과관계가 되어 발병 또는 악화된 것으로 인정하지 아니한다는 이유로 청구인에게 국가유공자 등록거부처분 및 보훈보상대상자 등록거부처분을 하였다. 이에 관하여 살펴보자면 거주표상 청구인이 군 복무 중 군 병원에서 입원치료를 받은 기록은 확인되나, 국가유공자 등 요건관련 사실확인서상 상이원인 및 원상병명이 공란으로 기재되어 있고, 병상일지가 확인되지 않으므로 청구인이 군 복무 당시 이 사건 상이로 치료를 받았는지에 대한 확인이 불가한 점, 청구인이 제출한 민간병원 진단서는 전역 후 50년 이상 경과한 시점의 자료로서 작성 당시 청구인의 질병상태에 대한 참고자료로는 볼 수 있으나 이 사건 상이의 군 공무관련성을 입증하는 자료로 보기는 어려운 점, 달리 청구인의 진술 외에 이 사건 상이가 군 직무수행이나 교육훈련과 상당인과관계가 되어 발병 또는 악화되었다고 인정할 만한 자료가 보이지 않는 점 등을 고려할 때, 이 사건 상이의 발병 또는 악화와 군 공무수행 사이에 상당인과관계가 있다고 인정하기 어려우므로, 피청구인의 이 사건 처분 1, 2가 위법·부당하다고 할 수 없다.

■ 군복무중 선임들로부터 지속적으로 구타 및 괴롭힘을 당한 자, 국가유공자유족 등록신청(사건번호 2017-02016)

[재결 요지]

청구인은 육군에 입대하여 일병으로 전역한 사람으로서, 군 복무 중 선임들로부터 지속적으로 구타 및 괴롭힘을 당하여 지휘관에게 보고하였으나 지휘관이 적절한 조치를 취하지 않아 '외상 후 스트레스 장애 및 우울증'이 발병 및 악화되었다며 피청구인에게 국가유공자 등록신청을 하였으나, 피청구인은 이 사건 상이가 군 직무수행이나 교육훈련과 상당인과관계가 되어 발병 또는 악화되었다고 인정하기 어렵다는 이유로 청구인에게 국가유공자 등록거부처분 및 보훈보상대상자 등록거부처분을 하였다. 청구인은 군 복무 중 선임들로부터 지속적으로 구타 및 괴롭힘을 당하여 지휘관에게 보고하였으나 지휘관이 적절한 조치를 취하지 않아 이 사건 상이가 발병 및 악화되었다고 주장하고, 의무기록상 청구인이 선임들로부터 구타 및 괴롭힘을 당하였다는 취지로 기재되어 있는 것은 확인되나, 청구인이 이 사건 상이가 발병할 수 있을 정도로 극심한 정신적·육체적 스트레스를 받는 환경에 처해 있었다고 볼 만한 자료도 보이지 않는 점, 달리 청구인의 주장 외에 이 사건 상이가 구타 및 군 공무수행으로 인해 발병 또는 악화되었다고 인정할 만한 객관적이고 구체적인 자료가 보이지 않는 점 등을 종합적으로 고려할 때, 이 사건 상이와 군 공무수행 사이에 상당인과관계가 있다고 인정하기 어려우므로, 피청구인의 이 사건 처분 1, 2가 위법·부당하다고 할 수 없다.

■ 군복무중 결핵성 늑막염, 신장기능 저하'가 발병한 자, 국가유공자유족 등록 신청(사건번호 2017-04675)

[재결 요지]

청구인은 육군에 입대하여 만기전역(병장)하였고, 군 복무 중 '결핵성 늑막염, 신장기능 저하'가 발병하였다는 이유로 피청구인에게 국가유공자 등록 신청을 하였으나, 피청구인은 이 사건 상이가 군 공무수행과 상당인과관계가 되어 발병 또는 악화된 것으로 인정하지 아니한다는 이유로 청구인에게 국가유공자 등록거부처분 및 보훈보상대상자 등록거부처분을 하였다. 청구인은 위 상이가 이라크 파병에 의해 발병한 것이고 그 당시 제대로 된 치료를 받지 못하였다가 잠복기를 거쳐 전역 후 발현된 것이므로, 군 직무수행 사이에 상당인과관계가 있는데도 불구하고 이러한 사정을 고려하지 않은 피청구인의 처분이 위법·부당하므로 취소되어야 한다고 주장하여 살펴보자면, 청구인이 입대하여 이라크에 파병되었다가 만기전역(병장)하였으며, 제대 후 6개월경에 이 사건 상이로 민간병원에서 진단 및 치료를 받은 기록은 확인되나, 「보훈보상대상자 지원에 관한 법률 시행규칙」별표 1에 의하면 '세균·바이러스 등의 병원체로 인한 질환'의 경우 폐결핵이 결핵균에 노출될 수 있는 환경에서의 근무로 인하여 발생하였거나, 군부대 등 외부와 통제된 환경에서 발생되었음이 의학적으로 판정되거나 인정된 경우 보훈보상대상자 요건상이로 인정하고 있는데, 요건관련 사실확인서상 '상이연월일· 상이원인, 상이장소'가 모두 '미상'으로 통보되었고, 이 사건 상이와 관련하여 병상일지 등이 확인되지 아니하여 발병경위 등을 알 수 없어 이 사건 상이가 군 직무수행 중 발병한 상이라고 인정하기 곤란한 점, 설령 청구인이 군 복무 중 '결핵'이나 이 사건 상이가 발병하였다고 하더라도 일반적인 의학적 견해에 따르면 '결핵'은 폐결핵 환자가 기침을 할 때 가래에 결핵균이 섞여 나가 공기 중에 떠다니다가 건강한 사람의 폐에 들어가 발병하는 전염성 질환으로 알려져 있어, '결핵' 및 이 사건 상이가 발병할 만한 사적 요인들을 배제하고 오로지 군 직무수행 중 발병하였다고 단정할 수 없는 점, 달리 청구인의 주장 외에 이 사건 상이가 직무수행 또는 교육훈련과 관련하여 결핵균에 노출될 수 있는 환경에서의 근무로 인하여 발생하였거나, 군부대 등 외부와 통제된 환경에서 발생되었음이 의학적으로 판정되거나 인정되었다고 볼 만한 객관적이고 구체적인 자료가 없는 점 등을 종합적으로 고려할 때, 청구인의 이 사건 상이의 발병 또는 악화와 군 직무수행 사이에 상당인과관계가 있다고 인정하기는 어려우므로, 이를 이유로 한 피청구인의 처분이 위법·부당하다고 할 수 없다.

■ 군복무중 정신분열증이 발병한 자, 국가유공자유족 등록신청(사건번호 2017-02619)

[재결 요지]

청구인은 육군에 입대하여 전역하였고, '정신분열증'을 신청상이로 하여 피청구인에게 국가유공자 등록신청을 하였으나, 피청구인은 이 사건 상이가 군 직무수행이나 교육훈련과 상당인과관계가 되어 발병 또는 악화된 것으로 인정하지 아니한다는 이유로 청구인에게 국가유공자 등록거부처분 및 보훈보상대상자 등록거부처분을 하였다. 그러나 청구인은 과거 같은 취지의 행정심판을 청구하였고, 이에 대하여 기각재결을 하였는데, 청구인은 다시 이 사건 처분들을 취소하라는 행정심판을 청구하였는바, 이 사건 심판청구는 이미 재결된 사건에 대하여 행정심판을 청구한 것이므로, 이 사건 심판청구는 행정심판 청구요건을 결한 부적법한 청구이다.

■ 군 입대전 질병이 없던 자가 복무중 반복적인 훈련으로 발병한 자, 국가유공자유족 등록신청(사건번호 2017-20140)

[재결 요지]

이 사건 상이는 군 입대 전까지 이비인후과 질병이 없던 청구인이 군 입대 후 전역하기 직전까지 군 복무의 대부분의 기간 동안 특전화기담당관 또는 특전화기부사관으로 복무하면서 반복적이고 지속적으로 화기의 소음에 노출되어 이 사건 상이가 발병한 것으로 볼 수 있어 이 사건 상이의 발병 또는 악화와 군 직무수행 또는 교육훈련과의 상당한 인과관계가 인정된다 할 것이므로 이 사건 상이와 직무수행 또는 교육훈련과 상당인과관계가 인정되지 않는다는 이유로 한 피청구인의 이 사건 처분은 위법·부당하다.

■ 군 직무수행이나 교육훈련과 상당인과관계가 되어 발병한 자, 국가유공자유족 등록신청(사건번호 2017-21148)

[재결 요지]

청구인의 주장 외에 이 사건 상이가 군 직무수행이나 교육훈련과 상당인과관계가 되어 발병 또는 악화되었다고 인정할만한 객관적이고 구체적인 자료가 보이지 않는 점 등을 종합적으로 고려할 때 청구인의 이 사건 상이가 군 공무수행과 상당인과관계가 되어 발병 또는 악화되었다고 인정하기 어려우므로, 피청구인의 이 사건 처분이 위법·부당하다고 할 수 없다.

■ 상이처일부불인정처분취소청구(사건번호 06-06293)

[재결 요지]

전상으로 인정된 "좌측 슬관절내 파편"의 상이뿐만 아니라 "달리 분류되지 않은 목척수 신경뿌리 장애, 상세불명의 비화농성 중이염, 우측 제4수지 신근건 파열"의 상이에 대하여도 전상으로 인정되어야 한다는 청구인의 주장에 대하여, "달리 분류되지 않은 목척수 신경뿌리 장애, 상세불명의 비화농성 중이염, 우측 제4수지 신근건 파열"의 상이는 병상일지 상 군 복무로 인하여 발병하였다는 명백한 기록이 없는 점, 특별한 외상력이나 부상경위에 대한 기록이 없어서 6·25전쟁 당시 전투 중 입은 파편 및 벌레제거로 인한 귀의 상이로 인하여 위 상이가 발생하였다는 청구인의 주장과 6·25전쟁 당시 위 상이가 발병한 것으로 추정된다는 진단서만으로 위 상이와 공무수행과의 관련성을 인정하기 어려운 점 등을 종합적으로 고려할 때, 청구인의 "달리 분류되지 않은 목척수 신경뿌리 장애, 상세불명의 비화농성 중이염, 우측 제4수지 신근건 파열"을 전상으로 인정하기는 어려우므로 피청구인의 이 건 상이처일부불인정처분이 위법·부당하다고 할 수 없다.

■ 보국수훈자로 등록된 후 사망한 자의 선순위유족 등록신청(사건번호 2017-01750)

[재결 요지]

청구인은 고인(보국수훈자로 등록된 후 사망하였음)의 여섯째 자녀로서, 피청구인에게 본인이 국가유공자를 주로 부양한 자에 해당한다는 이유로 국가유공자 선순위유족등록을 신청하였고, 고인의 일곱 자녀도 같은 주장을 하며 서류를 제출하자, 보훈심사위원회는 그를 주로 부양한 자녀에 해당한다고 심의·의결하였으며, 이에 따라 피청구인이 선순위유족으로 지정하면서 청구인에게 국가유공자 선순위유족 등록거부처분을 하였다. 고인이 국가유공자로 인정된 사실과 고인의 여섯번째 자녀와 일곱번째 자녀 간 선순위유족에 대한 다툼이 있어 관계법령에 따라 주로 부양한 자에 대하여 보훈심사위원회에서 심의·의결한 사실은 확인되고 청구인이 고인에게 일부 도움을 준 사실이 인정되나, 청구인이 제출한 우리은행 계좌 이체 내역, 가계부 정리 기준 내역, 인우보증인들의 진술서 등의 자료만으로는 통상적인 자녀의 도리로서 고인을 부양한 것 이상으로 청구인이 고인을 주로 부양하였다고 인정하기 어려운 점, 보훈심사위원회는 서간문, 출금거래내역 확인서 등을 통해 일곱 자녀가 고인이 질병으로 인하여 생활능력이 없을 때 주도적으로 병간호와 생활 등을 적극적으로 지원하였던 점을 인정하였고, 피청구인은 위와 같은 보훈심사위원회의 심의 결과를 토대로 그를 선순위유족으로 지정하였는바, 피청구인이 관계법령을 잘못 해석·적용하였거나 사실을 오인하였다고 보기 어려운 점, 달리 청구인이 제출한 자료만으로는 청구인이 고인을 주로 부양한 사람으로 단정하기 어려운 점 등을 종합적으로 고려할 때, 피청구인의 이 사건 처분이 위법·부당하다고 할 수 없다.

부 록

- 행정심판법
- 행정심판법시행령

행정심판법

[시행 2018.11.1] [법률 제15025호, 2017.10.31, 일부개정]

제1장 총칙

제1조(목적) 이 법은 행정심판 절차를 통하여 행정청의 위법 또는 부당한 처분(處分)이나 부작위(不作爲)로 침해된 국민의 권리 또는 이익을 구제하고, 아울러 행정의 적정한 운영을 꾀함을 목적으로 한다.

제2조(정의) 이 법에서 사용하는 용어의 뜻은 다음과 같다.

1. "처분"이란 행정청이 행하는 구체적 사실에 관한 법집행으로서의 공권력의 행사 또는 그 거부, 그 밖에 이에 준하는 행정작용을 말한다.
2. "부작위"란 행정청이 당사자의 신청에 대하여 상당한 기간 내에 일정한 처분을 하여야 할 법률상 의무가 있는데도 처분을 하지 아니하는 것을 말한다.
3. "재결(裁決)"이란 행정심판의 청구에 대하여 제6조에 따른 행정심판위원회가 행하는 판단을 말한다.
4. "행정청"이란 행정에 관한 의사를 결정하여 표시하는 국가 또는 지방자치단체의 기관, 그 밖에 법령 또는 자치법규에 따라 행정권한을 가지고 있거나 위탁을 받은 공공단체나 그 기관 또는 사인(私人)을 말한다.

제3조(행정심판의 대상) ① 행정청의 처분 또는 부작위에 대하여는 다른 법률에 특별한 규정이 있는 경우 외에는 이 법에 따라 행정심판을 청구할 수 있다.

② 대통령의 처분 또는 부작위에 대하여는 다른 법률에서 행정심판을 청구할 수 있도록 정한 경우 외에는 행정심판을 청구할 수 없다.

제4조(특별행정심판 등) ① 사안(事案)의 전문성과 특수성을 살리기 위하여 특히 필요한 경우 외에는 이 법에 따른 행정심판을 갈음하는 특별한 행정불복절차(이하 "특별행정심판"이라 한다)나 이 법에 따른 행정심판 절차에 대한 특례를 다른 법률로 정할 수 없다.

② 다른 법률에서 특별행정심판이나 이 법에 따른 행정심판 절차에 대한 특례를 정한 경우에도 그 법률에서 규정하지 아니한 사항에 관하여는 이 법에서 정하는 바에 따른다.

③ 관계 행정기관의 장이 특별행정심판 또는 이 법에 따른 행정심판 절차에 대한 특례를 신설하거나 변경하는 법령을 제정·개정할 때에는 미리 중앙행정심판위원회와 협의하여야 한다.

제5조(행정심판의 종류) 행정심판의 종류는 다음 각 호와 같다.

1. 취소심판: 행정청의 위법 또는 부당한 처분을 취소하거나 변경하는 행정심판
2. 무효등확인심판: 행정청의 처분의 효력 유무 또는 존재 여부를 확인하는 행정심판
3. 의무이행심판: 당사자의 신청에 대한 행정청의 위법 또는 부당한 거부처분이나 부작위에 대하여 일정한 처분을 하도록 하는 행정심판

제2장 심판기관

제6조(행정심판위원회의 설치) ① 다음 각 호의 행정청 또는 그 소속 행정청(행정기관의 계층구조와 관계없이 그 감독을 받거나 위탁을 받은 모든 행정청을 말하되, 위탁을 받은 행정청은 그 위탁받은 사무에 관하여는 위탁한 행정청의 소속 행정청으로 본다. 이하 같다)의 처분 또는 부작위에 대한 행정심판의 청구(이하 "심판청구"라 한다)에 대하여는 다음 각 호의 행정청에 두는 행정심판위원회에서 심리·재결한다. <개정 2016.3.29.>

1. 감사원, 국가정보원장, 그 밖에 대통령령으로 정하는 대통령 소속기관의 장
2. 국회사무총장·법원행정처장·헌법재판소사무처장 및 중앙선거관리위원회사무총장
3. 국가인권위원회, 그 밖에 지위·성격의 독립성과 특수성 등이 인정되어 대통령령으로 정하는 행정청

② 다음 각 호의 행정청의 처분 또는 부작위에 대한 심판청구에 대하여는 「부패방지 및 국민권익위원회의 설치와 운영에 관한 법률」에 따른 국민권익위원회(이하 "국민권익위원회"라 한다)에 두는 중앙행정심판위원회에서 심리·재결한다. <개정 2012.2.17.>

1. 제1항에 따른 행정청 외의 국가행정기관의 장 또는 그 소속 행정청
2. 특별시장·광역시장·특별자치시장·도지사·특별자치도지사(특별시·광역시·특별자치시·도 또는 특별자치도의 교육감을 포함한다. 이하 "시·도지사"라 한다) 또는 특별시·광역시·특별자치시·도·특별자치도(이하 "시·도"라 한다)의 의회(의장, 위원회의 위원장, 사무처장 등 의회 소속 모든 행정청을 포함한다)
3. 「지방자치법」에 따른 지방자치단체조합 등 관계 법률에 따라 국가·지방자치단체·공공법인 등이 공동으로 설립한 행정청. 다만, 제3항제3호에 해당하는 행정청은 제외한다.

③ 다음 각 호의 행정청의 처분 또는 부작위에 대한 심판청구에 대하여는 시·도지사 소속으로 두는 행정심판위원회에서 심리·재결한다.

1. 시·도 소속 행정청

2. 시·도의 관할구역에 있는 시·군·자치구의 장, 소속 행정청 또는 시·군·자치구의 의회(의장, 위원회의 위원장, 사무국장, 사무과장 등 의회 소속 모든 행정청을 포함한다)

3. 시·도의 관할구역에 있는 둘 이상의 지방자치단체(시·군·자치구를 말한다)·공공법인 등이 공동으로 설립한 행정청

④ 제2항제1호에도 불구하고 대통령령으로 정하는 국가행정기관 소속 특별지방행정기관의 장의 처분 또는 부작위에 대한 심판청구에 대하여는 해당 행정청의 직근 상급행정기관에 두는 행정심판위원회에서 심리·재결한다.

제7조(행정심판위원회의 구성) ① 행정심판위원회(중앙행정심판위원회는 제외한다. 이하 이 조에서 같다)는 위원장 1명을 포함하여 50명 이내의 위원으로 구성한다. <개정 2016.3.29.>

② 행정심판위원회의 위원장은 그 행정심판위원회가 소속된 행정청이 되며, 위원장이 없거나 부득이한 사유로 직무를 수행할 수 없거나 위원장이 필요하다고 인정하는 경우에는 다음 각 호의 순서에 따라 위원이 위원장의 직무를 대행한다.

1. 위원장이 사전에 지명한 위원

2. 제4항에 따라 지명된 공무원인 위원(2명 이상인 경우에는 직급 또는 고위공무원단에 속하는 공무원의 직무등급이 높은 위원 순서로, 직급 또는 직무등급도 같은 경우에는 위원 재직기간이 긴 위원 순서로, 재직기간도 같은 경우에는 연장자 순서로 한다)

③ 제2항에도 불구하고 제6조제3항에 따라 시·도지사 소속으로 두는 행정심판위원회의 경우에는 해당 지방자치단체의 조례로 정하는 바에 따라 공무원이 아닌 위원을 위원장으로 정할 수 있다. 이 경우 위원장은 비상임으로 한다.

④ 행정심판위원회의 위원은 해당 행정심판위원회가 소속된 행정청이 다음 각 호의 어느 하나에 해당하는 사람 중에서 성별을 고려하여 위촉하거나 그 소속 공무원 중에서 지명한다. <개정 2016. 3. 29.>

1. 변호사 자격을 취득한 후 5년 이상의 실무 경험이 있는 사람

2. 「고등교육법」 제2조제1호부터 제6호까지의 규정에 따른 학교에서 조교수 이상으로 재직하거나 재직하였던 사람

3. 행정기관의 4급 이상 공무원이었거나 고위공무원단에 속하는 공무원이었던 사람

4. 박사학위를 취득한 후 해당 분야에서 5년 이상 근무한 경험이 있는 사람

5. 그 밖에 행정심판과 관련된 분야의 지식과 경험이 풍부한 사람

⑤ 행정심판위원회의 회의는 위원장과 위원장이 회의마다 지정하는 8명의 위원(그중 제4항에 따른 위촉위원은 6명 이상으로 하되, 제3항에 따라 위원장이 공무

원이 아닌 경우에는 5명 이상으로 한다)으로 구성한다. 다만, 국회규칙, 대법원규칙, 헌법재판소규칙, 중앙선거관리위원회규칙 또는 대통령령(제6조제3항에 따라 시·도지사 소속으로 두는 행정심판위원회의 경우에는 해당 지방자치단체의 조례)으로 정하는 바에 따라 위원장과 위원장이 회의마다 지정하는 6명의 위원(그중 제4항에 따른 위촉위원은 5명 이상으로 하되, 제3항에 따라 공무원이 아닌 위원이 위원장인 경우에는 4명 이상으로 한다)으로 구성할 수 있다.

⑥ 행정심판위원회는 제5항에 따른 구성원 과반수의 출석과 출석위원 과반수의 찬성으로 의결한다.

⑦ 행정심판위원회의 조직과 운영, 그 밖에 필요한 사항은 국회규칙, 대법원규칙, 헌법재판소규칙, 중앙선거관리위원회규칙 또는 대통령령으로 정한다.

제8조(중앙행정심판위원회의 구성) ① 중앙행정심판위원회는 위원장 1명을 포함하여 70명 이내의 위원으로 구성하되, 위원 중 상임위원은 4명 이내로 한다. <개정 2016.3.29.>

② 중앙행정심판위원회의 위원장은 국민권익위원회의 부위원장 중 1명이 되며, 위원장이 없거나 부득이한 사유로 직무를 수행할 수 없거나 위원장이 필요하다고 인정하는 경우에는 상임위원(상임으로 재직한 기간이 긴 위원 순서로, 재직기간이 같은 경우에는 연장자 순서로 한다)이 위원장의 직무를 대행한다.

③ 중앙행정심판위원회의 상임위원은 일반직공무원으로서 「국가공무원법」 제26조의5에 따른 임기제공무원으로 임명하되, 3급 이상 공무원 또는 고위공무원단에 속하는 일반직공무원으로 3년 이상 근무한 사람이나 그 밖에 행정심판에 관한 지식과 경험이 풍부한 사람 중에서 중앙행정심판위원회 위원장의 제청으로 국무총리를 거쳐 대통령이 임명한다. <개정 2014.5.28.>

④ 중앙행정심판위원회의 비상임위원은 제7조제4항 각 호의 어느 하나에 해당하는 사람 중에서 중앙행정심판위원회 위원장의 제청으로 국무총리가 성별을 고려하여 위촉한다. <개정 2016.3.29.>

⑤ 중앙행정심판위원회의 회의(제6항에 따른 소위원회 회의는 제외한다)는 위원장, 상임위원 및 위원장이 회의마다 지정하는 비상임위원을 포함하여 총 9명으로 구성한다.

⑥ 중앙행정심판위원회는 심판청구사건(이하 "사건"이라 한다) 중 「도로교통법」에 따른 자동차운전면허 행정처분에 관한 사건(소위원회가 중앙행정심판위원회에서 심리·의결하도록 결정한 사건은 제외한다)을 심리·의결하게 하기 위하여 4명의 위원으로 구성하는 소위원회를 둘 수 있다.

⑦ 중앙행정심판위원회 및 소위원회는 각각 제5항 및 제6항에 따른 구성원 과반수의 출석과 출석위원 과반수의 찬성으로 의결한다.

⑧ 중앙행정심판위원회는 위원장이 지정하는 사건을 미리 검토하도록 필요한 경우에는 전문위원회를 둘 수 있다.

⑨ 중앙행정심판위원회, 소위원회 및 전문위원회의 조직과 운영 등에 필요한 사항은 대통령령으로 정한다.

제9조(위원의 임기 및 신분보장 등) ① 제7조제4항에 따라 지명된 위원은 그 직에 재직하는 동안 재임한다.

② 제8조제3항에 따라 임명된 중앙행정심판위원회 상임위원의 임기는 3년으로 하며, 1차에 한하여 연임할 수 있다.

③ 제7조제4항 및 제8조제4항에 따라 위촉된 위원의 임기는 2년으로 하되, 2차에 한하여 연임할 수 있다. 다만, 제6조제1항제2호에 규정된 기관에 두는 행정심판위원회의 위촉위원의 경우에는 각각 국회규칙, 대법원규칙, 헌법재판소규칙 또는 는 중앙선거관리위원회규칙으로 정하는 바에 따른다.

④ 다음 각 호의 어느 하나에 해당하는 사람은 제6조에 따른 행정심판위원회(이하 "위원회"라 한다)의 위원이 될 수 없으며, 위원이 이에 해당하게 된 때에는 당연히 퇴직한다.

1. 대한민국 국민이 아닌 사람
2. 「국가공무원법」 제33조 각 호의 어느 하나에 해당하는 사람

⑤ 제7조제4항 및 제8조제4항에 따라 위촉된 위원은 금고(禁錮) 이상의 형을 선고받거나 부득이한 사유로 장기간 직무를 수행할 수 없게 되는 경우 외에는 임기 중 그의 의사와 다르게 해촉(解囑)되지 아니한다.

제10조(위원의 제척·기피·회피) ① 위원회의 위원은 다음 각 호의 어느 하나에 해당하는 경우에는 그 사건의 심리·의결에서 제척(除斥)된다. 이 경우 제척결정은 위원회의 위원장(이하 "위원장"이라 한다)이 직권으로 또는 당사자의 신청에 의하여 한다.

1. 위원 또는 그 배우자나 배우자이었던 사람이 사건의 당사자이거나 사건에 관하여 공동 권리자 또는 의무자인 경우
2. 위원이 사건의 당사자와 친족이거나 친족이었던 경우
3. 위원이 사건에 관하여 증언이나 감정(鑑定)을 한 경우
4. 위원이 당사자의 대리인으로서 사건에 관여하거나 관여하였던 경우
5. 위원이 사건의 대상이 된 처분 또는 부작위에 관여한 경우

② 당사자는 위원에게 공정한 심리·의결을 기대하기 어려운 사정이 있으면 위원장에게 기피신청을 할 수 있다.

③ 위원에 대한 제척신청이나 기피신청은 그 사유를 소명(疏明)한 문서로 하여야 한다. 다만, 불가피한 경우에는 신청한 날부터 3일 이내에 신청 사유를 소명할

수 있는 자료를 제출하여야 한다. <개정 2016.3.29.>

④ 제척신청이나 기피신청이 제3항을 위반하였을 때에는 위원장은 결정으로 이를 각하한다. <신설 2016.3.29.>

⑤ 위원장은 제척신청이나 기피신청의 대상이 된 위원에게서 그에 대한 의견을 받을 수 있다. <개정 2016.3.29.>

⑥ 위원장은 제척신청이나 기피신청을 받으면 제척 또는 기피 여부에 대한 결정을 하고, 지체 없이 신청인에게 결정서 정본(正本)을 송달하여야 한다. <개정 2016.3.29.>

⑦ 위원회의 회의에 참석하는 위원이 제척사유 또는 기피사유에 해당되는 것을 알게 되었을 때에는 스스로 그 사건의 심리·의결에서 회피할 수 있다. 이 경우 회피하고자 하는 위원은 위원장에게 그 사유를 소명하여야 한다. <개정 2016.3.29.>

⑧ 사건의 심리·의결에 관한 사무에 관여하는 위원 아닌 직원에게도 제1항부터 제7항까지의 규정을 준용한다. <개정 2016.3.29.>

제11조(벌칙 적용 시의 공무원 의제) 위원 중 공무원이 아닌 위원은 「형법」과 그 밖의 법률에 따른 벌칙을 적용할 때에는 공무원으로 본다.

제12조(위원회의 권한 승계) ① 당사자의 심판청구 후 위원회가 법령의 개정·폐지 또는 제17조제5항에 따른 피청구인의 경정 결정에 따라 그 심판청구에 대하여 재결할 권한을 잃게 된 경우에는 해당 위원회는 심판청구서와 관계 서류, 그 밖의 자료를 새로 재결할 권한을 갖게 된 위원회에 보내야 한다.

② 제1항의 경우 송부를 받은 위원회는 지체 없이 그 사실을 다음 각 호의 자에게 알려야 한다.

1. 행정심판 청구인(이하 "청구인"이라 한다)
2. 행정심판 피청구인(이하 "피청구인"이라 한다)
3. 제20조 또는 제21조에 따라 심판참가를 하는 자(이하 "참가인"이라 한다)

제3장 당사자와 관계인

제13조(청구인 적격) ① 취소심판은 처분의 취소 또는 변경을 구할 법률상 이익이 있는 자가 청구할 수 있다. 처분의 효과가 기간의 경과, 처분의 집행, 그 밖의 사유로 소멸된 뒤에도 그 처분의 취소로 회복되는 법률상 이익이 있는 자의 경우에도 또한 같다.

② 무효등확인심판은 처분의 효력 유무 또는 존재 여부의 확인을 구할 법률상 이익이 있는 자가 청구할 수 있다.

③ 의무이행심판은 처분을 신청한 자로서 행정청의 거부처분 또는 부작위에 대

하여 일정한 처분을 구할 법률상 이익이 있는 자가 청구할 수 있다.

제14조(법인이 아닌 사단 또는 재단의 청구인 능력) 법인이 아닌 사단 또는 재단으로서 대표자나 관리인이 정하여져 있는 경우에는 그 사단이나 재단의 이름으로 심판청구를 할 수 있다.

제15조(선정대표자) ① 여러 명의 청구인이 공동으로 심판청구를 할 때에는 청구인들 중에서 3명 이하의 선정대표자를 선정할 수 있다.

② 청구인들이 제1항에 따라 선정대표자를 선정하지 아니한 경우에 위원회는 필요하다고 인정하면 청구인들에게 선정대표자를 선정할 것을 권고할 수 있다.

③ 선정대표자는 다른 청구인들을 위하여 그 사건에 관한 모든 행위를 할 수 있다. 다만, 심판청구를 취하하려면 다른 청구인들의 동의를 받아야 하며, 이 경우 동의받은 사실을 서면으로 소명하여야 한다.

④ 선정대표자가 선정되면 다른 청구인들은 그 선정대표자를 통해서만 그 사건에 관한 행위를 할 수 있다.

⑤ 선정대표자를 선정한 청구인들은 필요하다고 인정하면 선정대표자를 해임하거나 변경할 수 있다. 이 경우 청구인들은 그 사실을 지체 없이 위원회에 서면으로 알려야 한다.

제16조(청구인의 지위 승계) ① 청구인이 사망한 경우에는 상속인이나 그 밖에 법령에 따라 심판청구의 대상에 관계되는 권리나 이익을 승계한 자가 청구인의 지위를 승계한다.

② 법인인 청구인이 합병(合倂)에 따라 소멸하였을 때에는 합병 후 존속하는 법인이나 합병에 따라 설립된 법인이 청구인의 지위를 승계한다.

③ 제1항과 제2항에 따라 청구인의 지위를 승계한 자는 위원회에 서면으로 그 사유를 신고하여야 한다. 이 경우 신고서에는 사망 등에 의한 권리·이익의 승계 또는 합병 사실을 증명하는 서면을 함께 제출하여야 한다.

④ 제1항 또는 제2항의 경우에 제3항에 따른 신고가 있을 때까지 사망자나 합병 전의 법인에 대하여 한 통지 또는 그 밖의 행위가 청구인의 지위를 승계한 자에게 도달하면 지위를 승계한 자에 대한 통지 또는 그 밖의 행위로서의 효력이 있다.

⑤ 심판청구의 대상과 관계되는 권리나 이익을 양수한 자는 위원회의 허가를 받아 청구인의 지위를 승계할 수 있다.

⑥ 위원회는 제5항의 지위 승계 신청을 받으면 기간을 정하여 당사자와 참가인에게 의견을 제출하도록 할 수 있으며, 당사자와 참가인이 그 기간에 의견을 제출하지 아니하면 의견이 없는 것으로 본다.

⑦ 위원회는 제5항의 지위 승계 신청에 대하여 허가 여부를 결정하고, 지체 없이 신청인에게는 결정서 정본을, 당사자와 참가인에게는 결정서 등본을 송달하여

야 한다.

⑧ 신청인은 위원회가 제5항의 지위 승계를 허가하지 아니하면 결정서 정본을 받은 날부터 7일 이내에 위원회에 이의신청을 할 수 있다.

제17조(피청구인의 적격 및 경정) ① 행정심판은 처분을 한 행정청(의무이행심판의 경우에는 청구인의 신청을 받은 행정청)을 피청구인으로 하여 청구하여야 한다. 다만, 심판청구의 대상과 관계되는 권한이 다른 행정청에 승계된 경우에는 권한을 승계한 행정청을 피청구인으로 하여야 한다.

② 청구인이 피청구인을 잘못 지정한 경우에는 위원회는 직권으로 또는 당사자의 신청에 의하여 결정으로써 피청구인을 경정(更正)할 수 있다.

③ 위원회는 제2항에 따라 피청구인을 경정하는 결정을 하면 결정서 정본을 당사자(종전의 피청구인과 새로운 피청구인을 포함한다. 이하 제6항에서 같다)에게 송달하여야 한다.

④ 제2항에 따른 결정이 있으면 종전의 피청구인에 대한 심판청구는 취하되고 종전의 피청구인에 대한 행정심판이 청구된 때에 새로운 피청구인에 대한 행정심판이 청구된 것으로 본다.

⑤ 위원회는 행정심판이 청구된 후에 제1항 단서의 사유가 발생하면 직권으로 또는 당사자의 신청에 의하여 결정으로써 피청구인을 경정한다. 이 경우에는 제3항과 제4항을 준용한다.

⑥ 당사자는 제2항 또는 제5항에 따른 위원회의 결정에 대하여 결정서 정본을 받은 날부터 7일 이내에 위원회에 이의신청을 할 수 있다.

제18조(대리인의 선임) ① 청구인은 법정대리인 외에 다음 각 호의 어느 하나에 해당하는 자를 대리인으로 선임할 수 있다.

1. 청구인의 배우자, 청구인 또는 배우자의 사촌 이내의 혈족
2. 청구인이 법인이거나 제14조에 따른 청구인 능력이 있는 법인이 아닌 사단 또는 재단인 경우 그 소속 임직원
3. 변호사
4. 다른 법률에 따라 심판청구를 대리할 수 있는 자
5. 그 밖에 위원회의 허가를 받은 자

② 피청구인은 그 소속 직원 또는 제1항제3호부터 제5호까지의 어느 하나에 해당하는 자를 대리인으로 선임할 수 있다.

③ 제1항과 제2항에 따른 대리인에 관하여는 제15조제3항 및 제5항을 준용한다.

제18조의2(국선대리인) ① 청구인이 경제적 능력으로 인해 대리인을 선임할 수 없는 경우에는 위원회에 국선대리인을 선임하여 줄 것을 신청할 수 있다.

② 위원회는 제1항의 신청에 따른 국선대리인 선정 여부에 대한 결정을 하고,

지체 없이 청구인에게 그 결과를 통지하여야 한다. 이 경우 위원회는 심판청구가 명백히 부적법하거나 이유 없는 경우 또는 권리의 남용이라고 인정되는 경우에는 국선대리인을 선정하지 아니할 수 있다.

③ 국선대리인 신청절차, 국선대리인 지원 요건, 국선대리인의 자격·보수 등 국선대리인 운영에 필요한 사항은 국회규칙, 대법원규칙, 헌법재판소규칙, 중앙선거관리위원회규칙 또는 대통령령으로 정한다.

[본조신설 2017.10.31.]

제19조(대표자 등의 자격) ① 대표자·관리인·선정대표자 또는 대리인의 자격은 서면으로 소명하여야 한다.

② 청구인이나 피청구인은 대표자·관리인·선정대표자 또는 대리인이 그 자격을 잃으면 그 사실을 서면으로 위원회에 신고하여야 한다. 이 경우 소명 자료를 함께 제출하여야 한다.

제20조(심판참가) ① 행정심판의 결과에 이해관계가 있는 제3자나 행정청은 해당 심판청구에 대한 제7조제6항 또는 제8조제7항에 따른 위원회나 소위원회의 의결이 있기 전까지 그 사건에 대하여 심판참가를 할 수 있다.

② 제1항에 따른 심판참가를 하려는 자는 참가의 취지와 이유를 적은 참가신청서를 위원회에 제출하여야 한다. 이 경우 당사자의 수만큼 참가신청서 부본을 함께 제출하여야 한다.

③ 위원회는 제2항에 따라 참가신청서를 받으면 참가신청서 부본을 당사자에게 송달하여야 한다.

④ 제3항의 경우 위원회는 기간을 정하여 당사자와 다른 참가인에게 제3자의 참가신청에 대한 의견을 제출하도록 할 수 있으며, 당사자와 다른 참가인이 그 기간에 의견을 제출하지 아니하면 의견이 없는 것으로 본다.

⑤ 위원회는 제2항에 따라 참가신청을 받으면 허가 여부를 결정하고, 지체 없이 신청인에게는 결정서 정본을, 당사자와 다른 참가인에게는 결정서 등본을 송달하여야 한다.

⑥ 신청인은 제5항에 따라 송달을 받은 날부터 7일 이내에 위원회에 이의신청을 할 수 있다.

제21조(심판참가의 요구) ① 위원회는 필요하다고 인정하면 그 행정심판 결과에 이해관계가 있는 제3자나 행정청에 그 사건 심판에 참가할 것을 요구할 수 있다.

② 제1항의 요구를 받은 제3자나 행정청은 지체 없이 그 사건 심판에 참가할 것인지 여부를 위원회에 통지하여야 한다.

제22조(참가인의 지위) ① 참가인은 행정심판 절차에서 당사자가 할 수 있는 심판 절차상의 행위를 할 수 있다.

② 이 법에 따라 당사자가 위원회에 서류를 제출할 때에는 참가인의 수만큼 부본을 제출하여야 하고, 위원회가 당사자에게 통지를 하거나 서류를 송달할 때에는 참가인에게도 통지하거나 송달하여야 한다.

③ 참가인의 대리인 선임과 대표자 자격 및 서류 제출에 관하여는 제18조, 제19조 및 이 조 제2항을 준용한다.

제4장 행정심판 청구

제23조(심판청구서의 제출) ① 행정심판을 청구하려는 자는 제28조에 따라 심판청구서를 작성하여 피청구인이나 위원회에 제출하여야 한다. 이 경우 피청구인의 수만큼 심판청구서 부본을 함께 제출하여야 한다.

② 행정청이 제58조에 따른 고지를 하지 아니하거나 잘못 고지하여 청구인이 심판청구서를 다른 행정기관에 제출한 경우에는 그 행정기관은 그 심판청구서를 지체 없이 정당한 권한이 있는 피청구인에게 보내야 한다.

③ 제2항에 따라 심판청구서를 보낸 행정기관은 지체 없이 그 사실을 청구인에게 알려야 한다.

④ 제27조에 따른 심판청구 기간을 계산할 때에는 제1항에 따른 피청구인이나 위원회 또는 제2항에 따른 행정기관에 심판청구서가 제출되었을 때에 행정심판이 청구된 것으로 본다.

제24조(피청구인의 심판청구서 등의 접수·처리) ① 피청구인이 제23조제1항·제2항 또는 제26조제1항에 따라 심판청구서를 접수하거나 송부받으면 10일 이내에 심판청구서(제23조제1항·제2항의 경우만 해당된다)와 답변서를 위원회에 보내야 한다. 다만, 청구인이 심판청구를 취하한 경우에는 그러하지 아니하다.

② 피청구인은 처분의 상대방이 아닌 제3자가 심판청구를 한 경우에는 지체 없이 처분의 상대방에게 그 사실을 알려야 한다. 이 경우 심판청구서 사본을 함께 송달하여야 한다.

③ 피청구인이 제1항 본문에 따라 심판청구서를 보낼 때에는 심판청구서에 위원회가 표시되지 아니하였거나 잘못 표시된 경우에도 정당한 권한이 있는 위원회에 보내야 한다.

④ 피청구인은 제1항 본문에 따라 답변서를 보낼 때에는 청구인의 수만큼 답변서 부본을 함께 보내되, 답변서에는 다음 각 호의 사항을 명확하게 적어야 한다.

1. 처분이나 부작위의 근거와 이유
2. 심판청구의 취지와 이유에 대응하는 답변
3. 제2항에 해당하는 경우에는 처분의 상대방의 이름·주소·연락처와 제2항의 의무 이행 여부

⑤ 제2항과 제3항의 경우에 피청구인은 송부 사실을 지체 없이 청구인에게 알려야 한다.

⑥ 중앙행정심판위원회에서 심리·재결하는 사건인 경우 피청구인은 제1항에 따라 위원회에 심판청구서 또는 답변서를 보낼 때에는 소관 중앙행정기관의 장에게도 그 심판청구·답변의 내용을 알려야 한다.

제25조(피청구인의 직권취소등) ① 제23조제1항·제2항 또는 제26조제1항에 따라 심판청구서를 받은 피청구인은 그 심판청구가 이유 있다고 인정하면 심판청구의 취지에 따라 직권으로 처분을 취소·변경하거나 확인을 하거나 신청에 따른 처분(이하 이 조에서 "직권취소등"이라 한다)을 할 수 있다. 이 경우 서면으로 청구인에게 알려야 한다.

② 피청구인은 제1항에 따라 직권취소등을 하였을 때에는 청구인이 심판청구를 취하한 경우가 아니면 제24조제1항 본문에 따라 심판청구서·답변서를 보낼 때 직권취소등의 사실을 증명하는 서류를 위원회에 함께 제출하여야 한다.

제26조(위원회의 심판청구서 등의 접수·처리) ① 위원회는 제23조제1항에 따라 심판청구서를 받으면 지체 없이 피청구인에게 심판청구서 부본을 보내야 한다.

② 위원회는 제24조제1항 본문에 따라 피청구인으로부터 답변서가 제출되면 답변서 부본을 청구인에게 송달하여야 한다.

제27조(심판청구의 기간) ① 행정심판은 처분이 있음을 알게 된 날부터 90일 이내에 청구하여야 한다.

② 청구인이 천재지변, 전쟁, 사변(事變), 그 밖의 불가항력으로 인하여 제1항에서 정한 기간에 심판청구를 할 수 없었을 때에는 그 사유가 소멸한 날부터 14일 이내에 행정심판을 청구할 수 있다. 다만, 국외에서 행정심판을 청구하는 경우에는 그 기간을 30일로 한다.

③ 행정심판은 처분이 있었던 날부터 180일이 지나면 청구하지 못한다. 다만, 정당한 사유가 있는 경우에는 그러하지 아니하다.

④ 제1항과 제2항의 기간은 불변기간(不變期間)으로 한다.

⑤ 행정청이 심판청구 기간을 제1항에 규정된 기간보다 긴 기간으로 잘못 알린 경우 그 잘못 알린 기간에 심판청구가 있으면 그 행정심판은 제1항에 규정된 기간에 청구된 것으로 본다.

⑥ 행정청이 심판청구 기간을 알리지 아니한 경우에는 제3항에 규정된 기간에 심판청구를 할 수 있다.

⑦ 제1항부터 제6항까지의 규정은 무효등확인심판청구와 부작위에 대한 의무이행심판청구에는 적용하지 아니한다.

제28조(심판청구의 방식) ① 심판청구는 서면으로 하여야 한다.

② 처분에 대한 심판청구의 경우에는 심판청구서에 다음 각 호의 사항이 포함되어야 한다.

1. 청구인의 이름과 주소 또는 사무소(주소 또는 사무소 외의 장소에서 송달받기를 원하면 송달장소를 추가로 적어야 한다)
2. 피청구인과 위원회
3. 심판청구의 대상이 되는 처분의 내용
4. 처분이 있음을 알게 된 날
5. 심판청구의 취지와 이유
6. 피청구인의 행정심판 고지 유무와 그 내용

③ 부작위에 대한 심판청구의 경우에는 제2항제1호·제2호·제5호의 사항과 그 부작위의 전제가 되는 신청의 내용과 날짜를 적어야 한다.

④ 청구인이 법인이거나 제14조에 따른 청구인 능력이 있는 법인이 아닌 사단 또는 재단이거나 행정심판이 선정대표자나 대리인에 의하여 청구되는 것일 때에는 제2항 또는 제3항의 사항과 함께 그 대표자·관리인·선정대표자 또는 대리인의 이름과 주소를 적어야 한다.

⑤ 심판청구서에는 청구인·대표자·관리인·선정대표자 또는 대리인이 서명하거나 날인하여야 한다.

제29조(청구의 변경) ① 청구인은 청구의 기초에 변경이 없는 범위에서 청구의 취지나 이유를 변경할 수 있다.

② 행정심판이 청구된 후에 피청구인이 새로운 처분을 하거나 심판청구의 대상인 처분을 변경한 경우에는 청구인은 새로운 처분이나 변경된 처분에 맞추어 청구의 취지나 이유를 변경할 수 있다.

③ 제1항 또는 제2항에 따른 청구의 변경은 서면으로 신청하여야 한다. 이 경우 피청구인과 참가인의 수만큼 청구변경신청서 부본을 함께 제출하여야 한다.

④ 위원회는 제3항에 따른 청구변경신청서 부본을 피청구인과 참가인에게 송달하여야 한다.

⑤ 제4항의 경우 위원회는 기간을 정하여 피청구인과 참가인에게 청구변경 신청에 대한 의견을 제출하도록 할 수 있으며, 피청구인과 참가인이 그 기간에 의견을 제출하지 아니하면 의견이 없는 것으로 본다.

⑥ 위원회는 제1항 또는 제2항의 청구변경 신청에 대하여 허가할 것인지 여부를 결정하고, 지체 없이 신청인에게는 결정서 정본을, 당사자 및 참가인에게는 결정서 등본을 송달하여야 한다.

⑦ 신청인은 제6항에 따라 송달을 받은 날부터 7일 이내에 위원회에 이의신청을 할 수 있다.

⑧ 청구의 변경결정이 있으면 처음 행정심판이 청구되었을 때부터 변경된 청구의 취지나 이유로 행정심판이 청구된 것으로 본다.

제30조(집행정지) ① 심판청구는 처분의 효력이나 그 집행 또는 절차의 속행(續行)에 영향을 주지 아니한다.

② 위원회는 처분, 처분의 집행 또는 절차의 속행 때문에 중대한 손해가 생기는 것을 예방할 필요성이 긴급하다고 인정할 때에는 직권으로 또는 당사자의 신청에 의하여 처분의 효력, 처분의 집행 또는 절차의 속행의 전부 또는 일부의 정지(이하 "집행정지"라 한다)를 결정할 수 있다. 다만, 처분의 효력정지는 처분의 집행 또는 절차의 속행을 정지함으로써 그 목적을 달성할 수 있을 때에는 허용되지 아니한다.

③ 집행정지는 공공복리에 중대한 영향을 미칠 우려가 있을 때에는 허용되지 아니한다.

④ 위원회는 집행정지를 결정한 후에 집행정지가 공공복리에 중대한 영향을 미치거나 그 정지사유가 없어진 경우에는 직권으로 또는 당사자의 신청에 의하여 집행정지 결정을 취소할 수 있다.

⑤ 집행정지 신청은 심판청구와 동시에 또는 심판청구에 대한 제7조제6항 또는 제8조제7항에 따른 위원회나 소위원회의 의결이 있기 전까지, 집행정지 결정의 취소신청은 심판청구에 대한 제7조제6항 또는 제8조제7항에 따른 위원회나 소위원회의 의결이 있기 전까지 신청의 취지와 원인을 적은 서면을 위원회에 제출하여야 한다. 다만, 심판청구서를 피청구인에게 제출한 경우로서 심판청구와 동시에 집행정지 신청을 할 때에는 심판청구서 사본과 접수증명서를 함께 제출하여야 한다.

⑥ 제2항과 제4항에도 불구하고 위원회의 심리·결정을 기다릴 경우 중대한 손해가 생길 우려가 있다고 인정되면 위원장은 직권으로 위원회의 심리·결정을 갈음하는 결정을 할 수 있다. 이 경우 위원장은 지체 없이 위원회에 그 사실을 보고하고 추인(追認)을 받아야 하며, 위원회의 추인을 받지 못하면 위원장은 집행정지 또는 집행정지 취소에 관한 결정을 취소하여야 한다.

⑦ 위원회는 집행정지 또는 집행정지의 취소에 관하여 심리·결정하면 지체 없이 당사자에게 결정서 정본을 송달하여야 한다.

제31조(임시처분) ① 위원회는 처분 또는 부작위가 위법·부당하다고 상당히 의심되는 경우로서 처분 또는 부작위 때문에 당사자가 받을 우려가 있는 중대한 불이익이나 당사자에게 생길 급박한 위험을 막기 위하여 임시지위를 정하여야 할 필요가 있는 경우에는 직권으로 또는 당사자의 신청에 의하여 임시처분을 결정할 수 있다.

② 제1항에 따른 임시처분에 관하여는 제30조제3항부터 제7항까지를 준용한다. 이 경우 같은 조 제6항 전단 중 "중대한 손해가 생길 우려"는 "중대한 불이익이나 급박한 위험이 생길 우려"로 본다.

③ 제1항에 따른 임시처분은 제30조제2항에 따른 집행정지로 목적을 달성할 수 있는 경우에는 허용되지 아니한다.

제5장 심리

제32조(보정) ① 위원회는 심판청구가 적법하지 아니하나 보정(補正)할 수 있다고 인정하면 기간을 정하여 청구인에게 보정할 것을 요구할 수 있다. 다만, 경미한 사항은 직권으로 보정할 수 있다.

② 청구인은 제1항의 요구를 받으면 서면으로 보정하여야 한다. 이 경우 다른 당사자의 수만큼 보정서 부본을 함께 제출하여야 한다.

③ 위원회는 제2항에 따라 제출된 보정서 부본을 지체 없이 다른 당사자에게 송달하여야 한다.

④ 제1항에 따른 보정을 한 경우에는 처음부터 적법하게 행정심판이 청구된 것으로 본다.

⑤ 제1항에 따른 보정기간은 제45조에 따른 재결 기간에 산입하지 아니한다.

제33조(주장의 보충) ① 당사자는 심판청구서·보정서·답변서·참가신청서 등에서 주장한 사실을 보충하고 다른 당사자의 주장을 다시 반박하기 위하여 필요하면 위원회에 보충서면을 제출할 수 있다. 이 경우 다른 당사자의 수만큼 보충서면 부본을 함께 제출하여야 한다.

② 위원회는 필요하다고 인정하면 보충서면의 제출기한을 정할 수 있다.

③ 위원회는 제1항에 따라 보충서면을 받으면 지체 없이 다른 당사자에게 그 부본을 송달하여야 한다.

제34조(증거서류 등의 제출) ① 당사자는 심판청구서·보정서·답변서·참가신청서·보충서면 등에 덧붙여 그 주장을 뒷받침하는 증거서류나 증거물을 제출할 수 있다.

② 제1항의 증거서류에는 다른 당사자의 수만큼 증거서류 부본을 함께 제출하여야 한다.

③ 위원회는 당사자가 제출한 증거서류의 부본을 지체 없이 다른 당사자에게 송달하여야 한다.

제35조(자료의 제출 요구 등) ① 위원회는 사건 심리에 필요하면 관계 행정기관이 보관 중인 관련 문서, 장부, 그 밖에 필요한 자료를 제출할 것을 요구할 수 있다.

② 위원회는 필요하다고 인정하면 사건과 관련된 법령을 주관하는 행정기관이나

그 밖의 관계 행정기관의 장 또는 그 소속 공무원에게 위원회 회의에 참석하여 의견을 진술할 것을 요구하거나 의견서를 제출할 것을 요구할 수 있다.

③ 관계 행정기관의 장은 특별한 사정이 없으면 제1항과 제2항에 따른 위원회의 요구에 따라야 한다.

④ 중앙행정심판위원회에서 심리·재결하는 심판청구의 경우 소관 중앙행정기관의 장은 의견서를 제출하거나 위원회에 출석하여 의견을 진술할 수 있다.

제36조(증거조사) ① 위원회는 사건을 심리하기 위하여 필요하면 직권으로 또는 당사자의 신청에 의하여 다음 각 호의 방법에 따라 증거조사를 할 수 있다.

1. 당사자나 관계인(관계 행정기관 소속 공무원을 포함한다. 이하 같다)을 위원회의 회의에 출석하게 하여 신문(訊問)하는 방법
2. 당사자나 관계인이 가지고 있는 문서·장부·물건 또는 그 밖의 증거자료의 제출을 요구하고 영치(領置)하는 방법
3. 특별한 학식과 경험을 가진 제3자에게 감정을 요구하는 방법
4. 당사자 또는 관계인의 주소·거소·사업장이나 그 밖의 필요한 장소에 출입하여 당사자 또는 관계인에게 질문하거나 서류·물건 등을 조사·검증하는 방법

② 위원회는 필요하면 위원회가 소속된 행정청의 직원이나 다른 행정기관에 촉탁하여 제1항의 증거조사를 하게 할 수 있다.

③ 제1항에 따른 증거조사를 수행하는 사람은 그 신분을 나타내는 증표를 지니고 이를 당사자나 관계인에게 내보여야 한다.

④ 제1항에 따른 당사자 등은 위원회의 조사나 요구 등에 성실하게 협조하여야 한다.

제37조(절차의 병합 또는 분리) 위원회는 필요하면 관련되는 심판청구를 병합하여 심리하거나 병합된 관련 청구를 분리하여 심리할 수 있다.

제38조(심리기일의 지정과 변경) ① 심리기일은 위원회가 직권으로 지정한다.

② 심리기일의 변경은 직권으로 또는 당사자의 신청에 의하여 한다.

③ 위원회는 심리기일이 변경되면 지체 없이 그 사실과 사유를 당사자에게 알려야 한다.

④ 심리기일의 통지나 심리기일 변경의 통지는 서면으로 하거나 심판청구서에 적힌 전화, 휴대전화를 이용한 문자전송, 팩시밀리 또는 전자우편 등 간편한 통지 방법(이하 "간이통지방법"이라 한다)으로 할 수 있다.

제39조(직권심리) 위원회는 필요하면 당사자가 주장하지 아니한 사실에 대하여도 심리할 수 있다.

제40조(심리의 방식) ① 행정심판의 심리는 구술심리나 서면심리로 한다. 다만, 당

사자가 구술심리를 신청한 경우에는 서면심리만으로 결정할 수 있다고 인정되는 경우 외에는 구술심리를 하여야 한다.

② 위원회는 제1항 단서에 따라 구술심리 신청을 받으면 그 허가 여부를 결정하여 신청인에게 알려야 한다.

③ 제2항의 통지는 간이통지방법으로 할 수 있다.

제41조(발언 내용 등의 비공개) 위원회에서 위원이 발언한 내용이나 그 밖에 공개되면 위원회의 심리·재결의 공정성을 해칠 우려가 있는 사항으로서 대통령령으로 정하는 사항은 공개하지 아니한다.

제42조(심판청구 등의 취하) ① 청구인은 심판청구에 대하여 제7조제6항 또는 제8조제7항에 따른 의결이 있을 때까지 서면으로 심판청구를 취하할 수 있다.

② 참가인은 심판청구에 대하여 제7조제6항 또는 제8조제7항에 따른 의결이 있을 때까지 서면으로 참가신청을 취하할 수 있다.

③ 제1항 또는 제2항에 따른 취하서에는 청구인이나 참가인이 서명하거나 날인하여야 한다.

④ 청구인 또는 참가인은 취하서를 피청구인 또는 위원회에 제출하여야 한다. 이 경우 제23조제2항부터 제4항까지의 규정을 준용한다.

⑤ 피청구인 또는 위원회는 계속 중인 사건에 대하여 제1항 또는 제2항에 따른 취하서를 받으면 지체 없이 다른 관계 기관, 청구인, 참가인에게 취하 사실을 알려야 한다.

제 6 장 재 결

제43조(재결의 구분) ① 위원회는 심판청구가 적법하지 아니하면 그 심판청구를 각하(却下)한다.

② 위원회는 심판청구가 이유가 없다고 인정하면 그 심판청구를 기각(棄却)한다.

③ 위원회는 취소심판의 청구가 이유가 있다고 인정하면 처분을 취소 또는 다른 처분으로 변경하거나 처분을 다른 처분으로 변경할 것을 피청구인에게 명한다.

④ 위원회는 무효등확인심판의 청구가 이유가 있다고 인정하면 처분의 효력 유무 또는 처분의 존재 여부를 확인한다.

⑤ 위원회는 의무이행심판의 청구가 이유가 있다고 인정하면 지체 없이 신청에 따른 처분을 하거나 처분을 할 것을 피청구인에게 명한다.

제43조의2(조정) ① 위원회는 당사자의 권리 및 권한의 범위에서 당사자의 동의를 받아 심판청구의 신속하고 공정한 해결을 위하여 조정을 할 수 있다. 다만, 그 조정이 공공복리에 적합하지 아니하거나 해당 처분의 성질에 반하는 경우에는

그러하지 아니하다.

② 위원회는 제1항의 조정을 함에 있어서 심판청구된 사건의 법적·사실적 상태와 당사자 및 이해관계자의 이익 등 모든 사정을 참작하고, 조정의 이유와 취지를 설명하여야 한다.

③ 조정은 당사자가 합의한 사항을 조정서에 기재한 후 당사자가 서명 또는 날인하고 위원회가 이를 확인함으로써 성립한다.

④ 제3항에 따른 조정에 대하여는 제48조부터 제50조까지, 제50조의2, 제51조의 규정을 준용한다.

[본조신설 2017.10.31.]

제44조(사정재결) ① 위원회는 심판청구가 이유가 있다고 인정하는 경우에도 이를 인용(認容)하는 것이 공공복리에 크게 위배된다고 인정하면 그 심판청구를 기각하는 재결을 할 수 있다. 이 경우 위원회는 재결의 주문(主文)에서 그 처분 또는 부작위가 위법하거나 부당하다는 것을 구체적으로 밝혀야 한다.

② 위원회는 제1항에 따른 재결을 할 때에는 청구인에 대하여 상당한 구제방법을 취하거나 상당한 구제방법을 취할 것을 피청구인에게 명할 수 있다.

③ 제1항과 제2항은 무효등확인심판에는 적용하지 아니한다.

제45조(재결 기간) ① 재결은 제23조에 따라 피청구인 또는 위원회가 심판청구서를 받은 날부터 60일 이내에 하여야 한다. 다만, 부득이한 사정이 있는 경우에는 위원장이 직권으로 30일을 연장할 수 있다.

② 위원장은 제1항 단서에 따라 재결 기간을 연장할 경우에는 재결 기간이 끝나기 7일 전까지 당사자에게 알려야 한다.

제46조(재결의 방식) ① 재결은 서면으로 한다.

② 제1항에 따른 재결서에는 다음 각 호의 사항이 포함되어야 한다.

1. 사건번호와 사건명
2. 당사자·대표자 또는 대리인의 이름과 주소
3. 주문
4. 청구의 취지
5. 이유
6. 재결한 날짜

③ 재결서에 적는 이유에는 주문 내용이 정당하다는 것을 인정할 수 있는 정도의 판단을 표시하여야 한다.

제47조(재결의 범위) ① 위원회는 심판청구의 대상이 되는 처분 또는 부작위 외의 사항에 대하여는 재결하지 못한다.

② 위원회는 심판청구의 대상이 되는 처분보다 청구인에게 불리한 재결을 하지 못한다.

제48조(재결의 송달과 효력 발생) ① 위원회는 지체 없이 당사자에게 재결서의 정본을 송달하여야 한다. 이 경우 중앙행정심판위원회는 재결 결과를 소관 중앙행정기관의 장에게도 알려야 한다.

② 재결은 청구인에게 제1항 전단에 따라 송달되었을 때에 그 효력이 생긴다.

③ 위원회는 재결서의 등본을 지체 없이 참가인에게 송달하여야 한다.

④ 처분의 상대방이 아닌 제3자가 심판청구를 한 경우 위원회는 재결서의 등본을 지체 없이 피청구인을 거쳐 처분의 상대방에게 송달하여야 한다.

제49조(재결의 기속력 등) ① 심판청구를 인용하는 재결은 피청구인과 그 밖의 관계 행정청을 기속(羈束)한다.

② 재결에 의하여 취소되거나 무효 또는 부존재로 확인되는 처분이 당사자의 신청을 거부하는 것을 내용으로 하는 경우에는 그 처분을 한 행정청은 재결의 취지에 따라 다시 이전의 신청에 대한 처분을 하여야 한다. <신설 2017.4.18.>

③ 당사자의 신청을 거부하거나 부작위로 방치한 처분의 이행을 명하는 재결이 있으면 행정청은 지체 없이 이전의 신청에 대하여 재결의 취지에 따라 처분을 하여야 한다. <개정 2017.4.18.>

④ 신청에 따른 처분이 절차의 위법 또는 부당을 이유로 재결로써 취소된 경우에는 제2항을 준용한다. <개정 2017.4.18.>

⑤ 법령의 규정에 따라 공고하거나 고시한 처분이 재결로써 취소되거나 변경되면 처분을 한 행정청은 지체 없이 그 처분이 취소 또는 변경되었다는 것을 공고하거나 고시하여야 한다. <개정 2017.4.18.>

⑥ 법령의 규정에 따라 처분의 상대방 외의 이해관계인에게 통지된 처분이 재결로써 취소되거나 변경되면 처분을 한 행정청은 지체 없이 그 이해관계인에게 그 처분이 취소 또는 변경되었다는 것을 알려야 한다. <개정 2017.4.18.>

제50조(위원회의 직접 처분) ① 위원회는 피청구인이 제49조제3항에도 불구하고 처분을 하지 아니하는 경우에는 당사자가 신청하면 기간을 정하여 서면으로 시정을 명하고 그 기간에 이행하지 아니하면 직접 처분을 할 수 있다. 다만, 그 처분의 성질이나 그 밖의 불가피한 사유로 위원회가 직접 처분을 할 수 없는 경우에는 그러하지 아니하다. <개정 2017.4.18.>

② 위원회는 제1항 본문에 따라 직접 처분을 하였을 때에는 그 사실을 해당 행정청에 통보하여야 하며, 그 통보를 받은 행정청은 위원회가 한 처분을 자기가 한 처분으로 보아 관계 법령에 따라 관리·감독 등 필요한 조치를 하여야 한다.

제50조의2(위원회의 간접강제) ① 위원회는 피청구인이 제49조제2항(제49조제4항에서 준용하는 경우를 포함한다) 또는 제3항에 따른 처분을 하지 아니하면 청구인의 신청에 의하여 결정으로 상당한 기간을 정하고 피청구인이 그 기간 내에

이행하지 아니하는 경우에는 그 지연기간에 따라 일정한 배상을 하도록 명하거나 즉시 배상을 할 것을 명할 수 있다.

② 위원회는 사정의 변경이 있는 경우에는 당사자의 신청에 의하여 제1항에 따른 결정의 내용을 변경할 수 있다.

③ 위원회는 제1항 또는 제2항에 따른 결정을 하기 전에 신청 상대방의 의견을 들어야 한다.

④ 청구인은 제1항 또는 제2항에 따른 결정에 불복하는 경우 그 결정에 대하여 행정소송을 제기할 수 있다.

⑤ 제1항 또는 제2항에 따른 결정의 효력은 피청구인인 행정청이 소속된 국가·지방자치단체 또는 공공단체에 미치며, 결정서 정본은 제4항에 따른 소송제기와 관계없이 「민사집행법」에 따른 강제집행에 관하여는 집행권원과 같은 효력을 가진다. 이 경우 집행문은 위원장의 명에 따라 위원회가 소속된 행정청 소속 공무원이 부여한다.

⑥ 간접강제 결정에 기초한 강제집행에 관하여 이 법에 특별한 규정이 없는 사항에 대하여는 「민사집행법」의 규정을 준용한다. 다만, 「민사집행법」 제33조(집행문부여의 소), 제34조(집행문부여 등에 관한 이의신청), 제44조(청구에 관한 이의의 소) 및 제45조(집행문부여에 대한 이의의 소)에서 관할 법원은 피청구인의 소재지를 관할하는 행정법원으로 한다.
[본조신설 2017.4.18.]

제51조(행정심판 재청구의 금지) 심판청구에 대한 재결이 있으면 그 재결 및 같은 처분 또는 부작위에 대하여 다시 행정심판을 청구할 수 없다.

제7장 전자정보처리조직을 통한 행정심판 절차의 수행

제52조(전자정보처리조직을 통한 심판청구 등) ① 이 법에 따른 행정심판 절차를 밟는 자는 심판청구서와 그 밖의 서류를 전자문서화하고 이를 정보통신망을 이용하여 위원회에서 지정·운영하는 전자정보처리조직(행정심판 절차에 필요한 전자문서를 작성·제출·송달할 수 있도록 하는 하드웨어, 소프트웨어, 데이터베이스, 네트워크, 보안요소 등을 결합하여 구축한 정보처리능력을 갖춘 전자적 장치를 말한다. 이하 같다)을 통하여 제출할 수 있다.

② 제1항에 따라 제출된 전자문서는 이 법에 따라 제출된 것으로 보며, 부본을 제출할 의무는 면제된다.

③ 제1항에 따라 제출된 전자문서는 그 문서를 제출한 사람이 정보통신망을 통하여 전자정보처리조직에서 제공하는 접수번호를 확인하였을 때에 전자정보처리

조직에 기록된 내용으로 접수된 것으로 본다.

④ 전자정보처리조직을 통하여 접수된 심판청구의 경우 제27조에 따른 심판청구 기간을 계산할 때에는 제3항에 따른 접수가 되었을 때 행정심판이 청구된 것으로 본다.

⑤ 전자정보처리조직의 지정내용, 전자정보처리조직을 이용한 심판청구서 등의 접수와 처리 등에 관하여 필요한 사항은 국회규칙, 대법원규칙, 헌법재판소규칙, 중앙선거관리위원회규칙 또는 대통령령으로 정한다.

제53조(전자서명등) ① 위원회는 전자정보처리조직을 통하여 행정심판 절차를 밟으려는 자에게 본인(本人)임을 확인할 수 있는 「전자서명법」 제2조제3호에 따른 공인전자서명이나 그 밖의 인증(이하 이 조에서 "전자서명등"이라 한다)을 요구할 수 있다.

② 제1항에 따라 전자서명등을 한 자는 이 법에 따른 서명 또는 날인을 한 것으로 본다.

③ 전자서명등에 필요한 사항은 국회규칙, 대법원규칙, 헌법재판소규칙, 중앙선거관리위원회규칙 또는 대통령령으로 정한다.

제54조(전자정보처리조직을 이용한 송달 등) ① 피청구인 또는 위원회는 제52조제1항에 따라 행정심판을 청구하거나 심판참가를 한 자에게 전자정보처리조직과 그와 연계된 정보통신망을 이용하여 재결서나 이 법에 따른 각종 서류를 송달할 수 있다. 다만, 청구인이나 참가인이 동의하지 아니하는 경우에는 그러하지 아니하다.

② 제1항 본문의 경우 위원회는 송달하여야 하는 재결서 등 서류를 전자정보처리조직에 입력하여 등재한 다음 그 등재 사실을 국회규칙, 대법원규칙, 헌법재판소규칙, 중앙선거관리위원회규칙 또는 대통령령으로 정하는 방법에 따라 전자우편 등으로 알려야 한다.

③ 제1항에 따른 전자정보처리조직을 이용한 서류 송달은 서면으로 한 것과 같은 효력을 가진다.

④ 제1항에 따른 서류의 송달은 청구인이 제2항에 따라 등재된 전자문서를 확인한 때에 전자정보처리조직에 기록된 내용으로 도달한 것으로 본다. 다만, 제2항에 따라 그 등재사실을 통지한 날부터 2주 이내(재결서 외의 서류는 7일 이내)에 확인하지 아니하였을 때에는 등재사실을 통지한 날부터 2주가 지난 날(재결서 외의 서류는 7일이 지난 날)에 도달한 것으로 본다.

⑤ 서면으로 심판청구 또는 심판참가를 한 자가 전자정보처리조직의 이용을 신청한 경우에는 제52조·제53조 및 이 조를 준용한다.

⑥ 위원회, 피청구인, 그 밖의 관계 행정기관 간의 서류의 송달 등에 관하여는 제52조·제53조 및 이 조를 준용한다.

⑦ 제1항 본문에 따른 송달의 방법이나 그 밖에 필요한 사항은 국회규칙, 대법

원규칙, 헌법재판소규칙, 중앙선거관리위원회규칙 또는 대통령령으로 정한다.

제8장 보칙

제55조(증거서류 등의 반환) 위원회는 재결을 한 후 증거서류 등의 반환 신청을 받으면 신청인이 제출한 문서·장부·물건이나 그 밖의 증거자료의 원본(原本)을 지체 없이 제출자에게 반환하여야 한다.

제56조(주소 등 송달장소 변경의 신고의무) 당사자, 대리인, 참가인 등은 주소나 사무소 또는 송달장소를 바꾸면 그 사실을 바로 위원회에 서면으로 또는 전자정보처리조직을 통하여 신고하여야 한다. 제54조제2항에 따른 전자우편주소 등을 바꾼 경우에도 또한 같다.

제57조(서류의 송달) 이 법에 따른 서류의 송달에 관하여는 「민사소송법」 중 송달에 관한 규정을 준용한다.

제58조(행정심판의 고지) ① 행정청이 처분을 할 때에는 처분의 상대방에게 다음 각 호의 사항을 알려야 한다.
1. 해당 처분에 대하여 행정심판을 청구할 수 있는지
2. 행정심판을 청구하는 경우의 심판청구 절차 및 심판청구 기간
② 행정청은 이해관계인이 요구하면 다음 각 호의 사항을 지체 없이 알려 주어야 한다. 이 경우 서면으로 알려 줄 것을 요구받으면 서면으로 알려 주어야 한다.
1. 해당 처분이 행정심판의 대상이 되는 처분인지
2. 행정심판의 대상이 되는 경우 소관 위원회 및 심판청구 기간

제59조(불합리한 법령 등의 개선) ① 중앙행정심판위원회는 심판청구를 심리·재결할 때에 처분 또는 부작위의 근거가 되는 명령 등(대통령령·총리령·부령·훈령·예규·고시·조례·규칙 등을 말한다. 이하 같다)이 법령에 근거가 없거나 상위 법령에 위배되거나 국민에게 과도한 부담을 주는 등 크게 불합리하면 관계 행정기관에 그 명령 등의 개정·폐지 등 적절한 시정조치를 요청할 수 있다. 이 경우 중앙행정심판위원회는 시정조치를 요청한 사실을 법제처장에게 통보하여야 한다. <개정 2016.3.29.>
② 제1항에 따른 요청을 받은 관계 행정기관은 정당한 사유가 없으면 이에 따라야 한다.

제60조(조사·지도 등) ① 중앙행정심판위원회는 행정청에 대하여 다음 각 호의 사항 등을 조사하고, 필요한 지도를 할 수 있다.
1. 위원회 운영 실태
2. 재결 이행 상황

3. 행정심판의 운영 현황

② 행정청은 이 법에 따른 행정심판을 거쳐 「행정소송법」에 따른 항고소송이 제기된 사건에 대하여 그 내용이나 결과 등 대통령령으로 정하는 사항을 반기마다 그 다음 달 15일까지 해당 심판청구에 대한 재결을 한 중앙행정심판위원회 또는 제6조제3항에 따라 시·도지사 소속으로 두는 행정심판위원회에 알려야 한다.

③ 제6조제3항에 따라 시·도지사 소속으로 두는 행정심판위원회는 중앙행정심판위원회가 요청하면 제2항에 따라 수집한 자료를 제출하여야 한다.

제61조(권한의 위임) 이 법에 따른 위원회의 권한 중 일부를 국회규칙, 대법원규칙, 헌법재판소규칙, 중앙선거관리위원회규칙 또는 대통령령으로 정하는 바에 따라 위원장에게 위임할 수 있다.

부칙

<제15025호, 2017.10.31.>

제1조(시행일) 이 법은 공포 후 6개월이 경과한 날부터 시행한다. 다만, 제18조의2의 개정규정은 공포 후 1년이 경과한 날부터 시행한다.

제2조(국선대리인 및 조정에 관한 적용례) ① 제43조의2의 개정규정은 이 법 시행 이전에 청구된 사건이라도 적용할 수 있다.

② 제18조의2의 개정규정은 같은 개정규정 시행 이전에 청구된 사건이라도 적용할 수 있다.

행정심판법 시행령

[시행 2018.11.1.] [대통령령 제29270호, 2018.10.30, 일부개정]

제1장 총칙

제1조(목적) 이 영은 「행정심판법」에서 위임된 사항과 그 시행에 필요한 사항을 규정함을 목적으로 한다.

제2장 심판기관

제2조(행정심판위원회의 소관 등) 「행정심판법」(이하 "법"이라 한다) 제6조제1항제1호에서 "대통령령으로 정하는 대통령 소속기관의 장"이란 대통령비서실장, 국가안보실장, 대통령경호처장 및 방송통신위원회를 말한다. <개정 2013.3.23., 2017.7.26.>

제3조(중앙행정심판위원회에서 심리하지 아니하는 특별지방행정기관의 처분 등) 법 제6조제4항에서 "대통령령으로 정하는 국가행정기관 소속 특별지방행정기관"이란 법무부 및 대검찰청 소속 특별지방행정기관(직근 상급행정기관이나 소관 감독행정기관이 중앙행정기관인 경우는 제외한다)을 말한다.

제4조(위원장의 직무 등) ① 법 제6조에 따른 행정심판위원회 및 중앙행정심판위원회(이하 "위원회"라 한다)의 위원장(이하 "위원장"이라 한다)은 위원회를 대표하고, 위원회의 업무를 총괄한다.
② 위원장은 위원회의 원활한 운영을 위하여 필요하다고 인정할 때에는 위원 중 특정 위원을 지정하여 미리 안건을 검토하여 위원회에 보고하게 할 수 있다.
③ 위원장은 위원회의 회의를 소집하고 그 의장이 된다.

제5조(일부 행정심판위원회의 회의 구성) 다음 각 호의 행정청에 두는 행정심판위원회의 회의는 법 제7조제5항 단서에 따라 위원장과 위원장이 회의마다 지정하는 6명의 위원으로 구성한다. <개정 2013.3.23., 2017.7.26.>
1. 대통령비서실장
2. 국가안보실장
3. 대통령경호처장
4. 방송통신위원회
5. 국가정보원장

6. 제3조에 따른 대검찰청 소속 특별지방행정기관의 장

제6조(중앙행정심판위원회의 운영 등) ① 법 제8조제5항에 따라 구성되는 중앙행정심판위원회의 회의에는 2명 이상의 상임위원이 포함되어야 한다.

② 제1항에서 규정한 사항 외에 중앙행정심판위원회의 운영에 필요한 세부적인 사항은 중앙행정심판위원회의 의결을 거쳐 위원장이 정한다.

제7조(소위원회) ① 법 제8조제6항에 따른 소위원회의 위원장은 중앙행정심판위원회의 위원장이 상임위원 중에서 지정한다.

② 소위원회는 중앙행정심판위원회의 상임위원 2명(소위원회의 위원장 1명을 포함한다)과 중앙행정심판위원회의 위원장이 지정하는 2명의 비상임위원으로 구성한다.

제8조(전문위원회) ① 법 제8조제8항에 따른 전문위원회는 중앙행정심판위원회의 위원장이 지정하는 행정심판의 청구(이하 "심판청구"라 한다) 사건을 미리 검토하여 그 결과를 중앙행정심판위원회에 보고한다.

② 전문위원회는 중앙행정심판위원회의 상임위원을 포함하여 중앙행정심판위원회의 위원장이 지정하는 5명 이내의 위원으로 구성한다.

③ 전문위원회의 위원장은 중앙행정심판위원회의 위원장이 지정하는 위원이 된다.

제9조(간사장과 간사) ① 위원회의 사무 처리를 위하여 위원회에 간사장과 간사를 둔다.

② 간사장과 간사는 해당 위원회가 소속된 행정청이 소속 공무원 중에서 임명한다.

③ 간사장과 간사는 위원장의 명을 받아 다음 각 호의 업무를 수행한다. <개정 2018.4.17.>

1. 위원장의 위원회 운영 보좌
2. 위원이 요청하는 자료 협조
3. 위원회의 의사일정 수립 및 위원회 상정 안건의 종합 관리
4. 증거조사
4의2. 제30조의2에 따른 조정절차의 운영 보좌
5. 재결서(裁決書)의 작성에 관한 사무처리
6. 위원회 회의록의 작성 및 보존
7. 제1호부터 제4호까지, 제4호의2, 제5호 및 제6호의 업무 외에 위원회의 운영에 필요한 사무의 처리

④ 간사장은 위원회에 참석하여 발언할 수 있다.

제10조(위원회의 회의 통지) 위원장은 회의를 소집하려면 회의 개최 5일 전까지 회의의 일시, 장소 및 안건을 각 위원에게 서면으로 알려야 한다. 다만, 긴급한 사정이 있을 때에는 그러하지 아니하다.

제11조(수당 등의 지급) 위원회(소위원회 또는 전문위원회를 포함한다)의 회의에

출석하거나 안건을 검토한 위원에게는 예산의 범위에서 출석수당, 안건검토수당 및 여비를 지급한다. 다만, 공무원인 위원이 소관 업무와 직접 관련되어 출석하거나 안건을 검토한 경우에는 그러하지 아니하다.

제12조(제척·기피 신청의 처리 등) ① 삭제 <2016.10.4.>

② 법 제10조제1항에 따른 제척신청 또는 같은 조 제2항에 따른 기피신청의 대상이 된 위원은 위원장이 요구하는 경우에는 지체 없이 그에 대한 의견서를 위원장에게 제출하여야 한다.<개정2016.10.4.>

③ 삭제 <2016.10.4.>

④ 위원장은 제척 또는 기피의 신청이 이유 없다고 인정하는 경우에는 법 제10조제6항에 따라 결정으로 이를 기각한다. <개정 2016.10.4.>

⑤ 위원장은 제척 또는 기피의 신청이 이유 있다고 인정하는 경우에는 법 제10조제6항에 따라 결정으로 이를 인용(認容)하여야 한다. <개정 2016.10.4.>

⑥ 법 제10조제4항 및 제6항에 따른 결정에 대해서는 불복신청을 하지 못한다. <개정 2016.10.4.>

제13조(심판절차의 정지) 법 제10조제1항 및 제2항에 따른 제척 또는 기피의 신청이 있을 때에는 그에 대한 결정이 있을 때까지 해당 심판청구 사건에 대한 심판절차를 정지한다.

제3장 당사자와 관계인

제14조(행정심판 청구인의 지위 승계에 대한 이의신청의 처리) ① 법 제16조제8항에 따른 이의신청은 그 사유를 소명하는 서면으로 하여야 한다.

② 위원회가 법 제16조제8항에 따라 이의신청을 받았을 때에는 지체 없이 위원회의 회의에 부쳐야 한다.

③ 위원회는 제2항에 따른 이의신청에 대한 결정을 한 후 그 결과를 신청인, 당사자 및 법 제20조 또는 제21조에 따라 심판참가를 하는 자(이하 "참가인"이라 한다)에게 각각 알려야 한다.

제15조(피청구인의 경정) ① 당사자가 법 제17조제2항 및 제5항에 따라 행정심판 피청구인(이하 "피청구인"이라 한다)의 경정(更正)을 신청할 때에는 그 뜻을 적은 서면을 위원회에 제출하여야 한다.

② 위원회가 제1항에 따른 신청을 받았을 때에는 지체 없이 이를 심사하여 허가 여부를 결정하여야 한다.

③ 법 제17조제6항에 따른 이의신청의 처리에 관하여는 제14조를 준용한다.

제16조(대리인 선임의 허가) ① 행정심판 청구인(이하 "청구인"이라 한다) 또는 피청구인이 법 제18조제1항 및 제2항에 따라 위원회의 허가를 받아 대리인을 선임하려면 다음 각 호의 사항을 적은 서면으로 위원회에 허가를 신청하여야 한다.

1. 대리인이 될 자의 인적사항
2. 대리인을 선임하려는 이유
3. 청구인 또는 피청구인과 대리인의 관계

② 위원회가 제1항의 신청을 받았을 때에는 지체 없이 이를 심사하여 허가 여부를 결정하고 그 결과를 신청인에게 알려야 한다.

제16조의2(국선대리인 선임 신청 요건 및 절차) ① 법 제18조의2제1항에 따라 위원회에 국선대리인을 선임하여 줄 것을 신청할 수 있는 청구인은 다음 각 호의 어느 하나에 해당하는 사람으로 한다.

1. 「국민기초생활 보장법」 제2조제2호에 따른 수급자
2. 「한부모가족지원법」 제5조 및 제5조의2에 따른 지원대상자
3. 「기초연금법」 제2조제3호에 따른 기초연금 수급자
4. 「장애인연금법」 제2조제4호에 따른 수급자
5. 「북한이탈주민의 보호 및 정착지원에 관한 법률」 제2조제2호에 따른 보호대상자
6. 그 밖에 위원장이 경제적 능력으로 인하여 대리인을 선임할 수 없다고 인정하는 사람

② 제1항에 따라 국선대리인의 선임을 신청할 수 있는 청구인은 법 제38조제1항에 따른 심리기일 전까지 신청하여야 하며, 제1항 각 호의 어느 하나에 해당하는 사람이라는 사실을 소명하는 서류를 함께 제출하여야 한다.
[본조신설 2018.10.30.]

제16조의3(국선대리인의 자격) 위원회는 법 제18조의2제2항에 따라 국선대리인 선정 결정을 하는 경우에는 다음 각 호의 어느 하나에 해당하는 사람 중에서 국선대리인을 선정하여야 한다.

1. 「변호사법」 제7조에 따라 등록한 변호사
2. 「공인노무사법」 제5조에 따라 등록한 공인노무사
[본조신설 2018.10.30.]

제16조의4(국선대리인의 선정 취소 등) ① 위원회는 다음 각 호의 어느 하나에 해당하는 경우에는 국선대리인의 선정을 취소할 수 있다. 다만, 제1호부터 제3호까지의 규정에 해당하는 경우에는 선정을 취소하여야 한다.

1. 청구인에게 법 제18조제1항제3호 또는 제4호에 따른 대리인이 선임된 경우
2. 국선대리인이 제16조의3 각 호에 해당하지 아니하게 된 경우

3. 국선대리인이 해당 사건과 이해관계가 있는 등 해당 심판청구를 대리하는 것이 적절하지 아니한 경우
4. 국선대리인이 그 업무를 성실하게 수행하지 아니하는 경우
5. 그 밖에 위원장이 국선대리인의 선정을 취소할 만한 상당한 이유가 있다고 인정하는 경우

② 국선대리인은 다음 각 호의 어느 하나에 해당하는 경우에는 위원회의 허가를 받아 사임할 수 있다.
1. 질병 또는 장기 여행으로 인하여 국선대리인의 직무를 수행하기 어려운 경우
2. 청구인, 그 밖의 관계인으로부터 부당한 대우나 요구를 받아 국선대리인으로서 공정한 업무를 수행하기 어려운 경우
3. 그 밖에 국선대리인으로서의 직무를 수행할 수 없다고 인정할 만한 상당한 사유가 있는 경우

③ 위원회는 제1항제2호부터 제5호까지의 규정에 따라 국선대리인의 선정이 취소되거나 제2항에 따라 국선대리인이 사임한 경우 다른 국선대리인을 선정할 수 있다.
[본조신설 2018.10.30.]

제16조의5(국선대리인의 보수) ① 위원회는 선정된 국선대리인이 대리하는 사건 1건당 50만원 이하의 금액을 예산의 범위에서 그 보수로 지급할 수 있다.
② 제1항에 따른 보수 지급의 세부기준은 국선대리인이 해당 사건에 관여한 정도, 관련 사건의 병합 여부 등을 고려하여 위원장이 정한다.
[본조신설 2018.10.30.]

제16조의6(국선대리인 선정 예정자 명부 관리) ① 위원장은 법 제18조의2에 따른 국선대리인 제도의 효율적인 운영을 위하여 필요한 경우 제16조의3 각 호의 어느 하나에 해당하는 사람 중에서 국선대리인 선정 예정자를 위촉하는 방법으로 국선대리인 선정 예정자 명부를 관리할 수 있다.
② 국선대리인 선정 예정자의 임기는 2년으로 하고, 한 차례만 연임할 수 있다.
③ 제1항 및 제2항에서 규정한 사항 외에 국선대리인 선정 예정자 위촉 및 명부 관리에 필요한 사항은 위원장이 정한다.
[본조신설 2018.10.30.]

제17조(심판참가에 대한 이의신청의 처리) 법 제20조제6항에 따른 이의신청의 처리에 관하여는 제14조를 준용한다.

제18조(심판참가의 요구) 법 제21조제1항에 따른 위원회의 심판참가 요구는 서면으로 하여야 한다. 이 경우 위원회는 그 사실을 당사자와 다른 참가인에게 알려야 한다.

제4장 행정심판 청구

제19조(제3자의 심판청구의 통지) 법 제24조제2항에 따른 심판청구 사실의 통지는 다음 각 호의 사항을 적은 서면으로 하여야 한다.
1. 청구인의 이름, 주소 및 심판청구일
2. 심판청구의 대상이 되는 처분의 내용
3. 심판청구의 취지 및 이유

제20조(심판청구서의 첨부서류) 법 제28조제1항에 따른 심판청구서에는 법 제19조제1항에 따른 대표자·관리인·선정대표자 또는 대리인의 자격을 소명하는 서면과 법 제34조제1항에 따른 증거서류 또는 증거물을 첨부할 수 있다.

제21조(청구의 변경에 대한 이의신청의 처리) 법 제29조제7항에 따른 이의신청의 처리에 관하여는 제14조를 준용한다.

제22조(집행정지) ① 법 제30조제5항에 따른 서면에는 신청의 이유를 소명하는 서류 또는 자료를 첨부할 수 있다.
② 당사자가 피청구인인 행정청에 집행정지신청서를 제출한 경우에는 피청구인인 행정청은 이를 지체 없이 위원회에 송부하여야 한다.
③ 집행정지의 신청에 대한 위원회의 심리·결정에 관하여는 심판청구에 대한 위원회의 심리·재결에 관한 절차를 준용한다.

제23조(임시처분) 법 제31조제1항에 따른 임시처분에 대한 위원회의 심리·결정에 관하여는 제22조를 준용한다.

제5장 심리

제24조(심판청구의 보정) ① 법 제32조제1항에 따른 보정(補正)의 요구는 다음 각 호의 사항을 적은 서면으로 하여야 한다.
1. 보정할 사항
2. 보정이 필요한 이유
3. 보정할 기간
4. 제1호부터 제3호까지에서 규정한 사항 외에 보정에 필요한 사항
② 위원회는 법 제32조제1항 단서에 따라 직권으로 보정하였을 때에는 보정한 사항, 보정한 이유 등을 당사자에게 알려야 한다.

제25조(증거조사) ① 당사자가 법 제36조제1항에 따른 증거조사를 신청하려면 위원회에 증명할 사실과 증거방법을 구체적으로 밝힌 서면을 제출하여야 한다.

② 위원회가 법 제36조제1항에 따라 증거조사를 하는 경우에는 위원회에 출석한 참고인과 감정(鑑定)을 하는 자에게 예산의 범위에서 실비(實費)를 지급할 수 있다.

③ 위원회가 법 제36조제1항제4호에 따른 방법으로 증거조사를 하였을 때에는 증거조사조서를 작성하여야 한다.

④ 제3항의 증거조사조서에는 다음 각 호의 사항을 적고, 위원장이 기명날인하거나 서명하여야 한다.

1. 심판청구사건의 표시
2. 증거조사의 일시와 장소
3. 증거조사에 참여한 위원의 이름
4. 출석한 당사자·대표자·대리인 등의 이름
5. 증거조사의 방법 및 대상
6. 증거조사의 결과

⑤ 위원회가 법 제36조제2항에 따라 위원회가 소속된 행정청의 직원이나 다른 행정기관에 촉탁하여 증거조사를 하게 하는 경우에는 그 조사자로 하여금 증거조사조서를 작성하게 할 수 있다. 이 경우 제3항 및 제4항을 준용한다.

제26조(심리기일의 통지) 위원회는 심리기일 7일 전까지 당사자와 참가인에게 서면 또는 법 제38조제4항에 따른 간이통지방법으로 심리기일을 알려야 한다.

제27조(구술심리) 당사자가 법 제40조제1항 단서에 따라 구술심리를 신청하려면 심리기일 3일 전까지 위원회에 서면 또는 구술로 신청하여야 한다.

제28조(회의록의 작성) 위원회(소위원회를 포함한다. 이하 이 조에서 같다)는 위원회의 회의를 개최하였을 때에는 회의록을 작성하여야 하며, 회의록에는 회의에 출석한 당사자 등의 구술 내용 등을 적어야 한다.

제29조(비공개 정보) 법 제41조에서 "대통령령으로 정하는 사항"이란 다음 각 호의 어느 하나에 해당하는 사항을 말한다.

1. 위원회(소위원회와 전문위원회를 포함한다)의 회의에서 위원이 발언한 내용이 적힌 문서
2. 심리 중인 심판청구사건의 재결에 참여할 위원의 명단
3. 제1호 및 제2호에서 규정한 사항 외에 공개할 경우 위원회의 심리·재결의 공정성을 해칠 우려가 있다고 인정되는 사항으로서 총리령으로 정하는 사항

제30조(심판청구 등의 취하) ① 법 제42조제1항 및 제2항에 따라 청구인 또는 참가인이 심판청구 또는 참가신청을 취하하는 경우에는 그 청구 또는 신청의 전부 또는 일부를 취하할 수 있다.

② 제1항에 따라 심판청구 또는 참가신청을 취하하는 경우에는 상대방의 동의

없이도 취하할 수 있다.

③ 제1항에 따른 심판청구 또는 참가신청의 취하가 있으면 그 취하된 부분에 대해서는 처음부터 심판청구 또는 참가신청이 없었던 것으로 본다.

제6장 재결

제30조의2(조정절차 등) ① 위원회는 법 제43조의2에 따라 조정을 하려는 경우에는 결정으로써 조정을 개시한다. 이 경우 위원회는 조정개시 결정을 당사자와 참가인에게 서면 또는 법 제38조제4항에 따른 간이통지방법으로 알려야 한다.

② 위원회는 제1항 전단에 따라 조정을 개시한 경우 조정을 위한 회의를 개최할 수 있다.

③ 위원장은 조정의 원활한 운영을 위하여 필요한 경우 위원 중 특정 위원을 지정하여 조정안을 작성하여 위원회에 보고하게 할 수 있다.

④ 위원회는 조정이 성립하지 아니한 경우에는 법 제38조제1항에 따라 심리기일을 지정한다.

[본조신설 2018.4.17.]

제31조(재결의 경정) ① 법 제46조에 따른 재결서에 오기(誤記), 계산착오 또는 그 밖에 이와 비슷한 잘못이 있는 것이 명백한 경우에는 위원장은 직권으로 또는 당사자의 신청에 의하여 경정 결정을 할 수 있다.

② 제1항에 따른 경정 결정의 원본은 재결서의 원본에 첨부하고, 경정 결정의 정본(正本) 및 등본은 법 제48조에 준하여 각각 당사자 및 참가인에게 송달한다.

제32조(처분취소 등의 공고 및 통지) ① 처분을 한 행정청이 법 제49조제5항에 따라 처분이 취소 또는 변경되었다는 것을 공고하거나 고시하는 경우에는 다음 각 호의 사항을 분명하게 밝혀야 한다. <개정 2017.10.17.>

1. 원처분(原處分)이 공고 또는 고시된 날짜와 내용

2. 취소 또는 변경된 경위와 내용

3. 공고 또는 고시의 날짜

② 처분을 한 행정청이 법 제49조제6항에 따라 처분의 상대방 외의 이해관계인에게 처분이 취소 또는 변경되었다는 것을 알리는 경우에는 제1항을 준용한다. <개정 2017.10.17.>

제33조(재결 불이행에 대한 위원회의 직접 처분 등) 위원회가 법 제50조제1항 본문에 따라 직접 처분을 할 경우에는 재결의 취지에 따라야 하며, 같은 항 단서에 따라 직접 처분할 수 없는 경우에는 지체 없이 당사자에게 그 사실 및 사유를 알려야 한다.

제33조의2(간접강제의 신청 및 결정) ① 청구인이 법 제50조의2제1항에 따라 간접강제를 신청하거나 당사자가 같은 조 제2항에 따라 간접강제 결정내용의 변경을 신청할 때에는 신청의 취지와 이유를 적은 서면을 위원회에 제출하여야 한다. 이 경우 신청 상대방(이하 "피신청인"이라 한다)의 수만큼 부본을 함께 제출하여야 한다.
② 위원회는 제1항에 따라 간접강제 신청 또는 간접강제 결정내용의 변경신청에 관한 서면을 받으면 그 부본을 피신청인에게 송달하여야 한다.
③ 제2항의 경우 위원회는 피신청인에게 7일 이상 15일 이내의 기간을 정하여 간접강제 신청 또는 간접강제 결정내용의 변경신청에 대한 의견을 제출하도록 하여야 한다.
④ 위원회는 제1항의 간접강제 신청 또는 간접강제 결정내용의 변경신청에 관하여 심리·결정하면 지체 없이 당사자에게 결정서 정본을 송달하여야 한다.
[본조신설 2017.10.17.]

제7장 전자정보처리조직을 통한 행정심판 절차의 수행

제34조(전자정보처리조직의 지정·운영) 법 제52조제1항에 따라 위원회에서 지정·운영하는 전자정보처리조직(이하 "전자정보처리조직"이라 한다)은 다음 각 호와 같이 구분한다.
1. 법 제6조제2항에 따른 중앙행정심판위원회: 온라인행정심판시스템
2. 법 제6조제1항·제3항 및 제4항에 따른 행정심판위원회(전자정보처리조직을 갖춘 행정심판위원회만 해당한다): 해당 행정심판위원회에서 지정하는 시스템

제35조(사용자등록) ① 전자정보처리조직을 이용하려는 자는 위원회가 지정하는 방식으로 다음 각 호의 사항을 기재하여 사용자등록을 하여야 한다. <개정 2015.12.30.>
1. 사용자의 이름
2. 사용자의 생년월일
3. 사용자의 주소
4. 사용자의 전화번호
5. 사용자의 아이디(전자정보처리조직의 사용자를 식별하기 위한 식별부호를 말한다. 이하 같다)
6. 사용자의 전자우편주소
② 전자정보처리조직을 이용한 행정심판 절차의 수행을 위하여 위원회가 필요하다고 인정하는 경우 피청구인은 위원회가 지정하는 방식으로 전자정보처리조직에 다음 각 호의 사항을 기재하여 등록하여야 한다.
1. 피청구인의 명칭

2. 피청구인의 주소

3. 피청구인의 아이디

4. 전자정보처리조직을 사용할 담당부서 및 담당자

제36조(다른 행정기관에 제출된 전자문서의 처리) ① 청구인 또는 참가인이 피청구인 또는 위원회를 잘못 지정하여 전자문서를 제출한 경우 해당 행정기관은 전자정보처리조직을 통하여 이를 정당한 권한이 있는 피청구인에게 보내야 하며, 청구인 또는 참가인에게 그 사실을 알려야 한다.

② 제1항에 따라 전자정보처리조직을 통하여 정당한 권한이 있는 피청구인에게 보낼 수 없는 경우에 해당 행정기관은 이를 서면으로 출력하여 보내야 한다.

제37조(전자서명 등) ① 전자정보처리조직을 통하여 행정심판 절차를 밟으려는 자는 「전자서명법」 제2조제3호에 따른 공인전자서명이나 다른 법령에 따라 본인임을 확인하기 위하여 인정되는 전자적 수단에 의한 서명을 하여야 한다.

② 전자정보처리조직을 통하여 행정심판 절차를 밟으려는 대표자·관리인·선정대표자 또는 대리인은 법 제19조에 따른 서면을 전자적인 이미지형태로 변환하여 전자정보처리조직을 통하여 제출할 수 있다. 다만, 위원회가 필요하다고 인정하여 그 원본의 제출을 요청하면 이에 따라야 한다.

제38조(전자정보처리조직을 이용한 송달 등) ① 법 제54조제1항 본문 및 제5항에 따라 전자정보처리조직과 그와 연계된 정보통신망을 통하여 서류를 송달받은 청구인 또는 참가인은 송달된 문서를 출력할 수 있다. 이 경우 출력한 문서 중 정본 전자파일에 의하여 출력된 재결서 또는 결정서를 정본으로 본다.

② 청구인 또는 참가인이 전자정보처리조직과 그와 연계된 정보통신망을 이용한 송달에 동의하지 않는 경우에는 전자정보처리조직을 통하여 그 뜻을 밝혀야 한다.

③ 피청구인 또는 위원회는 전자정보처리조직과 그와 연계된 정보통신망의 장애 등의 사유로 송달할 수 없거나, 청구인 또는 참가인이 본인의 책임이 없는 사유로 송달된 서류를 확인할 수 없는 경우에는 법 제57조에 따라 송달하여야 한다.

제39조(등재 사실의 통지) 법 제54조제2항에 따라 재결서 등 서류의 등재 사실을 알릴 때에는 청구인 또는 참가인이 전자정보처리조직에 기재한 전자우편주소나 휴대전화번호를 이용하는 등 간편한 통지방법으로 할 수 있다.

제40조(전자정보처리조직의 운영 등 지원) 중앙행정심판위원회는 다른 행정심판위원회 전자정보처리조직의 적정한 운영을 위하여 전자정보처리조직의 구축과 운영에 필요한 지도 및 지원을 할 수 있다.

제8장 보칙

제41조(증거서류 등의 반환) 위원회는 법 제55조에 따라 증거서류 등의 원본을 제출자에게 반환하는 경우 필요하다고 인정할 때에는 그 사본을 작성하여 사건기록에 철할 수 있다.

제42조(행정소송 결과 등의 통지) 법 제60조제2항에서 "그 내용이나 결과 등 대통령령으로 정하는 사항"이란 다음 각 호의 사항을 말한다.

1. 행정소송이 제기된 사건 목록과 해당 사건의 처리 상황 및 결과
2. 행정소송 결과 원고의 승소판결이 확정된 경우 그 판결문 사본

제43조(권한의 위임) 위원회는 법 제61조에 따라 다음 각 호의 권한을 위원장에게 위임한다. <개정 2018.4.17., 2018.10.30.>

1. 법 제15조제2항에 따른 선정대표자 선정권고
2. 법 제16조제5항에 따른 지위 승계 허가
3. 법 제17조제2항 및 제5항에 따른 피청구인의 경정 결정
4. 법 제18조제1항제5호에 따른 대리인 선임허가
4의2. 법 제18조의2제2항에 따른 국선대리인의 선정 여부 결정 및 통지
5. 법 제20조제5항에 따른 심판참가 허가 및 법 제21조제1항에 따른 심판참가 요구
6. 법 제29조제6항에 따른 청구의 취지 또는 이유의 변경허가 여부 결정
7. 법 제32조제1항에 따른 보정 요구 및 직권보정
8. 법 제40조제2항에 따른 구술심리 신청의 허가 여부 결정
8의2. 제16조의4에 따른 국선대리인의 선정 취소, 사임 허가 및 재선정
9. 제30조의2제1항 전단에 따른 조정개시 결정

제44조(고유식별정보의 처리) ① 위원회(제43조에 따라 위원회의 권한을 위임받은 위원장을 포함한다)는 다음 각 호의 사무를 수행하기 위하여 불가피한 경우 「개인정보 보호법 시행령」 제19조에 따른 주민등록번호, 여권번호, 운전면허의 면허번호 또는 외국인등록번호가 포함된 자료를 처리할 수 있다. <개정 2017.10.17., 2018.10.30.>

1. 법 제16조에 따른 청구인의 지위 승계에 관한 사무
2. 법 제18조에 따른 대리인의 선임에 관한 사무
2의2. 법 제18조의2에 따른 국선대리인 선정에 관한 사무
3. 법 제20조에 따른 심판참가에 관한 사무
4. 법 제26조에 따른 심판청구서 등의 접수·처리에 관한 사무
5. 법 제50조의2제5항 후단에 따른 집행문 부여에 관한 사무

② 피청구인은 법 제24조에 따른 심판청구서 등의 접수·처리에 관한 사무를 수행하기 위하여 불가피한 경우 「개인정보 보호법 시행령」 제19조에 따른 주민등록번호, 여권번호, 운전면허의 면허번호 또는 외국인등록번호가 포함된 자료를 처리할 수 있다.
[본조신설 2017.3.27.]

부칙

<제29270호, 2018.10.30.>

이 영은 2018년 11월 1일부터 시행한다.

◙ 편 저 김용환 ◙

• 현(現) 대한실무법률연구편찬회 회장

• 저서 : 행정소송 실무편람
          국가계약 소송과 행정 심판 사례연구
          법률용어사전 대표편집
          채권 채무 법리와 소송 집행 연구(공저)
          등 다수

부당하게 권리와 이익을 침해받은 경우
행정심판청구 쉽게 해결합시다

정가 18,000원

2019年 5月 15日 인쇄
2019年 5月 20日 발행
저   자 : 김 용 환
발 행 인 : 김 현 호
발 행 처 : 법문 북스
공 급 처 : 법률미디어

저자와 협의 하에
인지 생략

서울 구로구 경인로 54길4 (우편번호 : 08278)
TEL : 2636-2911-2, FAX : 2636-3012
등록 : 1979년 8월 27일 제5-22호
Home : www.lawb.co.kr

▎ISBN 978-89-7535-729-9 (13360)
▎파본은 교환해 드립니다.
▎이 도서의 국립중앙도서관 출판예정도서목록(CIP)은 서지정보유통지원시스템 홈페이지
  (http://seoji.nl.go.kr)와 국가자료종합목록시스템(http://www.nl.go.kr/kolisnet)에
  서 이용하실 수 있습니다. (CIP제어번호 : CIP2019018379)